语篇语法研究

The Study of Text Grammar

史铁强 著

图书在版编目(CIP)数据

语篇语法研究/史铁强著.—北京：北京师范大学出版社，
2016.11

(国家社科基金后期资助项目)
ISBN 978-7-303-20423-6

Ⅰ.①语… Ⅱ.①史… Ⅲ.①语言学－研究 Ⅳ.①H0

中国版本图书馆 CIP 数据核字(2016)第 095065 号

营 销 中 心 电 话 010－58805072 58807651
北师大出版社学术著作与大众读物分社 http://xueda.bnup.com

出版发行：北京师范大学出版社 www.bnup.com
北京市海淀区新街口外大街 19 号
邮政编码：100875

印　　刷：	大厂回族自治县正兴印务有限公司
经　　销：	全国新华书店
开　　本：	787 mm×1092 mm　1/16
印　　张：	20.75
字　　数：	365 千字
版　　次：	2016 年 11 月第 1 版
印　　次：	2016 年 11 月第 1 次印刷
定　　价：	65.00 元

策划编辑：曾忆梦　　　责任编辑：王　宁
美术编辑：王齐云　　　装帧设计：王齐云
责任校对：陈　民　　　责任印制：马　洁

版权所有　侵权必究
反盗版、侵权举报电话：010-58800697
北京读者服务部电话：010-58808104
外埠邮购电话：010-58808083
本书如有印装质量问题，请与印制管理部联系调换。
印制管理部电话：010-58805079

国家社科基金后期资助项目
出 版 说 明

　　后期资助项目是国家社科基金设立的一类重要项目，旨在鼓励广大社科研究者潜心治学，支持基础研究多出优秀成果。它是经过严格评审，从接近完成的科研成果中遴选立项的。为扩大后期资助项目的影响，更好地推动学术发展，促进成果转化，全国哲学社会科学规划办公室按照"统一设计、统一标识、统一版式、形成系列"的总体要求，组织出版国家社科基金后期资助项目成果。

全国哲学社会科学规划办公室

目 录

绪 论 ……………………………………………………………（ 1 ）
 第一节　语篇语法学的对象和任务 ………………………（ 1 ）
 第二节　语篇语法学的研究课题和方法 …………………（ 4 ）
 第三节　语篇语法学的发展历史 …………………………（ 5 ）
 第四节　语篇语法学的研究现状 …………………………（ 10 ）

上编　语篇句法学

第一章　句子的实义切分 ……………………………………（ 17 ）
 第一节　实义切分概述 ……………………………………（ 17 ）
 第二节　实义切分的手段 …………………………………（ 20 ）
 第三节　主位、述位与已知、新知 ………………………（ 27 ）
 第四节　倒装词序与主观词序 ……………………………（ 33 ）
 第五节　主语、主体、主位 ………………………………（ 40 ）

第二章　句子类型 ……………………………………………（ 44 ）
 第一节　句子类型概述 ……………………………………（ 44 ）
 第二节　主体主位句 ………………………………………（ 48 ）
 第三节　被动主位句 ………………………………………（ 53 ）
 第四节　宾语主位句 ………………………………………（ 62 ）
 第五节　受事主语句 ………………………………………（ 71 ）
 第六节　述体主位句 ………………………………………（ 80 ）
 第七节　主述体主位句 ……………………………………（ 84 ）
 第八节　半主位句 …………………………………………（ 87 ）
 第九节　零主位句 …………………………………………（ 94 ）
 第十节　全句限定语主位句 ………………………………（107）

下编　语篇章法学

第三章　句组与句际关系 ……………………………………（127）
　第一节　句际关系 …………………………………………（127）
　第二节　有双向关系的句组 ………………………………（128）
　第三节　有单向关系的句组 ………………………………（133）

第四章　句际联系手段之一——重复 ………………………（139）
　第一节　句际联系手段概述 ………………………………（139）
　第二节　各种词类的重复 …………………………………（141）
　第三节　重复中的词类转换 ………………………………（146）
　第四节　重复的形式 ………………………………………（155）
　第五节　重复的理据 ………………………………………（159）

第五章　句际联系手段之二——代词替代 …………………（184）
　第一节　代词替代的类型 …………………………………（185）
　第二节　"他"的用法 ………………………………………（193）
　第三节　"它"的用法 ………………………………………（206）

第六章　句际联系手段之三——同义词替代 ………………（211）
　第一节　同义词的谋篇作用 ………………………………（211）
　第二节　同义词的类别 ……………………………………（213）
　第三节　同义词的功能 ……………………………………（237）
　第四节　同义词在各语体中的运用 ………………………（255）
　第五节　同义词衔接在俄汉语中的差异 …………………（264）

第七章　句际联系手段之四——零形式 ……………………（267）
　第一节　零形式的类型 ……………………………………（267）
　第二节　零形式衔接的制约因素 …………………………（275）

第八章　超句统一体 …………………………………………（283）
　第一节　超句统一体的属性 ………………………………（283）
　第二节　超句统一体的划界 ………………………………（287）
　第三节　超句统一体的层次 ………………………………（292）

第四节　超句统一体的分类 …………………………………（299）
　　第五节　超句统一体在教学中的应用 …………………………（311）
结　语 ……………………………………………………………（315）
参考文献 …………………………………………………………（319）

绪　论

第一节　语篇语法学的对象和任务

　　语篇语法学（грамматика текста），顾名思义，是研究语篇的语言学科。所谓"语篇"（текст），狭义指文章，广义指一切言语或言语产品。在中国，人们对文章的研究由来已久。北宋时代，理学家程颐就提出了"文章学"这门学问①。在欧洲，公元前 5 世纪古希腊便产生了雄辩术（риторика）的基本思想，专门研究如何修饰言语②。

　　然而长期以来，由于语篇的特殊地位，它一直被排斥在语言学的研究对象之外。这与索绪尔的结构主义理论不无关系。按照费尔迪南·德·索绪尔（Ferdinand de Saussure）的观点，语言是一个可明确把握的，可从形式上做精细描写的，由相互间的关系限定的形式成分系统；研究这些成分的内在关系是语言学这门独立学科的中心任务。语言学的研究对象是语言，但语言描写只能通过对具体的言语表达的分析来进行③。也就是说，在索绪尔看来，言语不是语言学的研究对象，它只是语言研究的语料。而语篇显然属于言语：它是语言应用而不是语言潜式，它属于每个个体而不属于全社会，它有无数的数量而不是数量有限的，它是随时生成而不是长期稳定的。

　　索绪尔的语言学实际上是"句子语言学"（лингвистика предложения），其对象是语言本身的性质和组词成句的规律，只是为了简便才叫作"语言学"。从 20 世纪中期开始，这个语言学受到了严峻的挑战。语言学家冲破了传统结构主义的束缚，把目光从语言逐渐转向了言语，其中有一系列因素影响了这种变化。

　　首先，传统的结构主义把语言和言语区分开来，使人们对于语言现

---

① 王凯符等：《古代文章学概论》，武汉，武汉大学出版社，1983，第 4 页。
② Топоров В. Н.："Риторика"，*Лингвистический энциклопедический словарь*，Гл. Ред. В. Н. Ярцева，2-е изд.，М.，Большая Российская энциклопедия，2002，c. 416.
③ 〔德〕布斯曼：《语言学词典》，陈慧瑛等编译，北京，商务印书馆，2003，第 525～526 页。

象有了更深刻的认识,这是索绪尔为代表的结构主义语言学家的功绩,但同时也给语言学带来了不便和局限:言语是语言唯一可以直接观察到的东西,却只是语言各学科的语料而已,并未成为研究对象。于是从20世纪中期始,人们希望把言语也纳入语言学的研究对象。

其次,许多语言现象仅从语言体系内部难以给出满意的解释,譬如某一个句子,单独地看,语法和用词都是正确的,但是放到一定的上下文中,就可能不合规范了。

最后,语言学其他学科的兴起和发展,语言学与其他学科的相互交融和渗透,都促成了语篇语法学的诞生。

语篇语法学的对象是语篇。然而究竟什么是语篇,在学界存在着很大的分歧。一种说法认为,只要内容和结构上连贯的句子,构成一个整体,就是语篇。不论它的长度如何,也不管它是全篇作品还是其中的一部分,甚至不管它是笔头还是口头,更不论它是言语成品还是言语过程①②③。这是对语篇的广义解释。狭义的观点则只承认书面的作品,并只认定完整的书面言语才是语篇,因为语篇的核心本质是完整性、整合性、目的性和有组织性,而这些属性只在完整的语篇中才能体现出来,个别句子、片段甚至章节都不能反映语篇整体思想④⑤。

实际上,以上两种观点代表了语篇研究的两大学术方向。一个方向是以语篇的片段作为研究对象,探索句子或更大的单位在语篇中的组织规律及其各单位之间的意义和形式联系;还有一个方向以语篇整体作为研究对象,其任务主要是研究宏观语篇的范畴和属性。本研究属于第一种类型,以全面揭示语篇成分的属性为第一目标,是研究独立句子之间组合规律的科学。

本研究的对象为独立句子和大于句子的语篇单位(超句统一体),任务是探索句子的交际结构、单句之间的联系和联句成篇的规律。具体地讲,分为三大方向:实义切分、句际联系手段和超句统一体。

实义切分(актуальное членение)是语篇语法学最早的学术方向,为

---

① Halliday, M. A. K. & Ruqaiya Hasan: *Cohesion in English*,北京,外语教学与研究出版社,2001,第 1 页。

② 黄国文:《语篇分析概要》,长沙,湖南教育出版社,1988,第 7 页。

③ 吴贻翼等:《现代俄语语篇语法学》,北京,商务印书馆,2003,第 6 页。

④ Лосева Л. М.: *Как строится текст*, Под ред. Г. Я. Солганика, М., Просвещение, 1980, с. 4.

⑤ Гальперин И. Р.: *Текст как объект лингвистического исследования*, М., Наука, 1981, с. 18.

捷克斯洛伐克语言学家马泰休斯(V. Mathesius)所开创。实义切分理论打破了传统的句子形式分析方法，导入了功能—意义分析方法，即根据词语在句中不同的交际功能，把句子切分为两个表意部分：一是叙述的出发点(已知)，称为"主位"；二是叙述的核心(新知)，称为"述位"。与句法分析法不同的是，句子的任何成分都可以成为主位或述位[1]。这样一来，语篇中的句子分析，不再以句子成分为核心，而更加关注词在句中的排列顺序。具体语境中的句子，每个词的位置都有其理据。我们在分析中注意语言的民族差异，以及作为外语学习者在运用语言时应注意的词序问题。

句子之间的表层和意义联系是语篇语法学的第二个研究方向。这个方向的研究成果表明，语篇中句子之间不仅有着意义上的，而且还有形式上的联系，这个联系区别于词组内部和句子内部词与词之间的联系，在语言上表现为重复、替代和零形式三个类别。两个或更多的句子组成句组，句组中成分之间存在着语义和形式上的联系。划分意义类型有助于搞清楚句子之间的逻辑联系，便于进行语篇分析和说出合乎情理的连贯话语。语篇要表达一系列的事件等，而事件之间存在着某种联系，这些联系要用语言手段表达出来。对于句际联系手段的研究，国内外成果已很丰硕，因此本研究较少涉及。我们设定的任务主要是探寻制约各种手段使用的因素以及不同语言的对比。

语篇语法学的第三个研究方向，是研究语篇的基本单位——超句统一体。该语篇单位由一组意义和语法上相联系的单句构成。个别时候，意义和语法形式上完全独立的句子也可以直接进入语篇单位。俄罗斯学者索尔加尼克(Г. Я. Солганик)将超句统一体分为"带链式联系的"和"带平行式联系的"两种，对于揭示连贯话语的展开规律有着积极的意义[2]。超句统一体有其结构特点。对于超句统一体的研究有助于厘清语篇作者的思路和事件发展的脉络，搞清言语类型的组织规律和话题转换的规律。人们讲话从一个话题转入另一个话题，从一个情节过渡到另一个情节，这些都是有规律可循的。它的外部标志是段落和章节的划分，实质上体现了说话人的言语思路。这个层面的分析将把超句统一体与段落、章节

---

[1] Матезиус В.："О так называемом актуальном членении предложений, перевод с чешского языка"，*Пражский лингвистический кружок*，М.，Прогресс，1967，с. 239-245.

[2] Солганик Г. Я.：*Синтаксическая стилистика (сложное синтаксическое целое)*，М.，Высшая школа，1973，с. 35-39.

加以适当地比较。

也有人提出语篇的其他研究方向，如"语篇语义学""语篇修辞学"等。我们认为，这的确是两个非常重要的领域，但从目前学科发展的阶段来看，语篇语义学尚没有成为一个明确的方向，还难以抽象出篇章层面的语义模式；而语篇修辞学由于其特殊的研究对象（主要是文学语篇）应该归属于文学修辞的范畴，更近似于修辞学的一个分支。

第二节 语篇语法学的研究课题和方法

语篇语法学不仅有自己的研究对象，还有其独立的研究课题。

首先，语篇既然属于言语，就与语境和交际有关，因此语篇语法学的任务之一是研究符合语境和交际条件的语言表达形式，比如动词体、词序、指称形式的选择等。这一点语篇语法学不同于句子语法学，后者只限于一种正确的表达形式。同时语篇语法学还不同于修辞学的选择，后者考虑的是哪个语言单位最适合该语体。

其次，语篇不是简单的形式符号，它是内容和意义的载体，是形义结合的产物。因此语篇语法学的任务是探究语篇的内容和语义成分，即如何建立起正确的语篇，探索语篇构成的规律，找到并建立语篇的范畴体系[1]。

句子是构成语篇的基本单位，但语篇的整体思想不等于全部句子意思的简单相加，即整合的结果是"1＋1＞2"的效果。语篇语法研究应从单句层面开始，它是形成语篇的资源，这部分研究包括句子类型、词序和句序等。超句统一体是语篇的基本单位，对它的研究有助于厘清语篇作者的思路和事件发展的脉络，搞清言语类型的组织规律和话题转换的规律。作为一个意义单位，语篇不是语言单位的胡乱堆砌，而是一个有机的织体。以俄罗斯作家别德内（Б. Бедный）的短篇小说《老年》（*Старший возраст*）为例。小说写一对老年夫妇，晚年时儿女们都不在身边，日子孤寂难熬。小说以第三人称写成，只讲故事而不做评论，作品中无一句责备儿女或怜悯老人的话。然而读者在阅读的过程中会不断随着老人的境遇而唏嘘，这是由于作者成功地组织了小说的内容和结构，同时也是艺术地运用语言形式的整合结果。以小说开头的第一句话为例，Шумно

---

[1] Николаева Т. М. ："Лингвистика текста. Современное состояние и перспективы", *Новое в зарубежной лингвистике*, вып. Ⅷ, *Лингвистика текста*, М., Прогресс, 1978, с. 267-268.

и весело было раньше у Федуновых(费杜诺夫一家曾经多么热闹和开心），这句话的用词毫无特别之处，但句子词序很不寻常，把句法上本应置于句末的 шумно(热闹)和 весело(开心）提到了句首，立刻造成了情感传递效应——对比过去与现在，突出昔日的热闹，衬托今日之冷寂。这个感受实际上是小说主人公老两口的心境，但作者并不明说，而在表面客观的叙事中把主人公的情感传递给读者，使读者产生共鸣。可以说，小说的整个结构和各个单句都是围绕这个核心主旨而展开，并最终构成了一个意义整体。

语篇研究的方法沿用了语言学的基本方法，包括如下几个方面。

(1)归纳法。语篇数不胜数，类型数以百计，但借助归纳法可以总结出某类语篇的组织规律，特别是在微观层面所表现出的现象，更是具有很高的重复率。利用手中掌握的语料，不难推出这类事物的所有对象相同或相似的属性。本书采用的主要方法就是归纳法。我们以丰富的俄语、汉语语料作为支撑材料，从浩瀚的语篇中精选出最具典型性的作品，剖析它们的思想和结构，并总结出带有规律性的语篇整合模式。

(2)对比法。这也是语言学常用的方法，指通过两组或更多数据的对比来提示各种现象之间的差异，借以了解某个事物的核心属性。我们在研究中大量使用对比法，将汉语与俄语对比，将作品原版与改版对比，比较不同语体的语篇等。我们收集的语料均为作者的第一手材料，包括数百条中外作家改笔的例文。通过对比，一方面揭示语言的共性和特性；另一方面可以窥视作家修改文章的视角，从中看到文字加工和词语锤炼的方法。

(3)定量法。这也是语篇研究的常用方法之一。通过数量统计，对得出的数据进行加工整理，得出某种现象的使用频率，进而在不同现象间对比其重要程度。定量分析的对象主要是句际联系手段，其功能在于揭示和描述不同手段之间的差异和制约因素，用概率统计的方法来搞清数量规律，并以此确定语篇的本体性质。

(4)实验法。语篇是语言学中最大的研究客体，结构异常复杂。为了搞清楚语篇织体的细微之处，常用替换、改写、调整等方法，尝试用不同的表达方式传达同一内容。我们在分析过程中，也用调整词序或句序，改变句子结构，更换衔接手段等手法来突出某种现象的特点。

第三节 语篇语法学的发展历史

语篇语法学形成于20世纪中期，它的诞生有一系列的理论基础，其中最直接的原因是功能主义语言学的兴起。20世纪50年代,对语言的功能研究趋于活跃,各国语言学的研究方向明显地从探讨语言结构转向探讨功能。在此背景下,许多论述语篇语法学研究对象、课题、概念、范畴以及方法的文章和学术著作相继问世,表明语篇研究已经形成了一个独立的学科。20世纪70年代起,一批重要的语篇语法学专著问世,为这个学科的形成奠定了坚实的理论基础,其中较有影响的著作有韩礼德(Halliday)和哈桑(Hasan)于1976年合著出版的《英语的衔接》①、博格兰德(Beaugrande)和德莱斯勒(Dressler)合著的《篇章语言学入门》②、加利别林(И. Р. Гальперин)的专著《作为语言学研究对象的语篇》③、海曼(Haiman)和汤普森(Thompson)主编的《语法和语篇的小句结合》④。

然而,语篇语法学并非一蹴而就,而是经历了演化过程。这期间,一系列奠基性理论都为该学科的最终形成打下了基础。

一、句子未完结理论

早在1914年,俄罗斯语法学家别什科夫斯基(А. М. Пешковский)就提出了关于句子未完结性(незаконченность предложения)理论,反映在他的著作《俄语句法的科学解说》中⑤。他的句子未完结理论成为后来语篇语法学的奠基理论之一。

别什科夫斯基,于1906年毕业于莫斯科大学。毕业后先后担任过中学教师和莫斯科大学的教授。在莫斯科贵族中学的八年教学中,他积累了大量的语法研究素材和教学案例,后将它们整理成书。别什科夫斯基是俄罗斯形式主义学派的代表,其学术思想主要体现在对句法的研究上,确切地说是关于句子的学说,即认为句子的核心属性具有谓语性(сказуемость),也称述语性(предикативность)。谓语性还应包含语调。

别什科夫斯基认为,个别的句子本身是未完结的,它们不是言语作品的独立单位。他在书中专辟一章讨论句组(сочетание предложений)问

---

① M. A. K. Halliday & Ruqaiya Hasan: *Cohesion in English*,北京,外语教学与研究出版社,1976。
② Beaugrande, R. De & Dressler, W. U.: *Introduction to text Linguistics*, London, Longman, 1981.
③ Гальперин И. Р.: *Текст как объект лингвистического исследования*, М., Наука, 1981.
④ Haiman, J. & Thompson S.: *Clause Combining in Grammar and Discouse*, Amsterdam, John Benjamins, 1988.
⑤ Пешковский А. М.: *Русский синтаксис в научном освещении*, Изд. 6-е, М., Учпедгиз, 1938.

题，并首次提出了"复杂整体"(сложное целое)的概念。他认为，复杂整体是用连接词、关联词或者句法停顿等手段连接起来的句组，这个句组不可以用停顿分割。句子如果作为复杂整体的一个成分，它在语调上没有独立性，但如果不是复杂整体的一部分，则可以有语调完结性。别什科夫斯基称这个单位为语调整体，或者语句(фраза)。他用这个术语指代言语中的任何一个用分隔语调区分出来的片段，不论该片段由几个句子组成。

别什科夫斯基这样阐述句子和语句的关系：第一，语句永远是句子或者句组；第二，句子在大量情况下都是语句（简单的、复杂的或者部分的），只是在极个别的情况下才不构成任何语调整体；第三，句组（复杂整体）永远是语句（复杂的或者在很少情况下是简单的）；第四，部分的语句永远或者是复杂整体内部的句子，或者是单个句子内部联合起来的一组成分①。

由此可见，别什科夫斯基的研究已经十分接近语篇结构特征的系统分析。虽然他尚未提出语篇语法的概念，但是实际上已经注意到了大于句子的语言单位问题。他的句子未完结理论成为俄罗斯语篇语法学的奠基性理论之一。

二、实义切分理论

对于语篇语法学的产生起着巨大影响的是以马泰休斯为代表的布拉格功能语言学派。马泰休斯1905年毕业于布拉格的查理大学，后在该校任教，主讲英语语言文学，1912年起被聘为教授。马泰休斯的早期学术著作是研究英语和英国文学。他最初研究历史语言学，这些成果主要反映在他的专著《关于语言变化的潜力》一书中。

1916年，索绪尔的《普通语言学教程》出版以后，世界语言学研究进入了一个新的阶段。20世纪20年代在马泰休斯身边形成了一个以年轻学者为主体的语言学小组，这些年轻人大多为马泰休斯的学生。后来，居住在捷克斯洛伐克的雅柯布逊(Р. Якобсон)以及居住在维也纳的特鲁别茨科依(Н. С. Трубецкой)也被吸收到这个阵营中来。最终形成了著名的布拉格语言小组(Пражский лингвистический кружок)。截至1939年语言小组解散，该小组出版了一系列的法文著作。马泰休斯是小组中最年长

---

① Пешковский А. М.：*Русский синтаксис в научном освещении*，Изд. 6-е，М.，Учпедгиз，1938，с. 407-410.

的，虽然他身体不好（早在20世纪20年代他的视力就很差，以至于读和写都要有人帮助，30年代又因腰部疾病而长期卧床），但一直是小组的核心。

布拉格语言小组的核心思想反映在马泰休斯的一篇论文《我们的语言学进化到了哪里》("Куда мы пришли в языкознании")。在这篇文章中，作者把当代语言学与19世纪的历史学进行了对比，得出关于语言的两大概念。第一个是来自索绪尔的结构主义概念，它使我们能够改变原来孤立地研究某些现象的做法，转为把语言看作一个完整的系统进行研究；第二个思想源自功能主义的概念，其来源是博杜恩·德·库尔德内（Baudouin de Courtenay）。而属于马泰休斯本人的语言学思想，最著名的则是关于实义切分的理论（该术语也是他提出的）。他把句子的实义切分与形式切分区别开来。如果形式切分是从语法要素的角度研究句子成分的话，那么句子的实义切分就是研究句子以何种方式与具体的语境发生联系，且句子也正是在这种具体上下文的基础上形成的①。马泰休斯在句子中区分出主位和核心两大部分。主位是说话的出发点，即话题；核心也叫述位，是关于话题所展开的内容。任何话语（высказывание），不论书面还是笔头的，都反映了一种普遍的思想展开规律——由已知到新知，这反映了人类思维的基本规律。

布拉格语言小组提出的实义切分理论，为后来语篇语法学的发展奠定了基础。20世纪后半叶实义切分的概念已广为人知，学者们对语言的交际功能产生了巨大的兴趣，即把语言看成是交际的工具。人们更加关注交际条件和交际参加者的立场，言语交际的有效手段以及言语组织等问题。在所有这些方面，实义切分都有着指导意义，因为实义切分反映了说话人对听者或读者的态度，并从已有的话题开始展开话语，即展开对说话人来说具有实际意义的交际。

俄罗斯学者继承了布拉格语言小组的核心思想，根据俄语的特点，进一步深化了实义切分的研究，主要是关于俄语的词序研究。1976年，有两部关于句子词序的著作问世，一个是科夫图诺娃（И. И. Ковтунова）的《现代俄语：词序与句子的实义切分》②，另一部是克雷洛娃（О. А.

---

① Матезиус В.: "О так называемом актуальном членении предложении, перевод с чешского языка", *Пражский лингвистический кружок*, М., Прогресс, 1967, с. 239-245.

② Ковтунова И. И.: *Современный русский язык: Порядок слов и актуальное членение предложения*, М., 1976.

Крылова)和哈夫罗尼娜(С. Хавронина)的《俄语词序》①。紧接着莫斯卡莉斯卡娅(О. И. Москальская)在1981年出版了她的《语篇语法学》②，也是以词序作为主要研究对象，不过她的研究对象不是俄语，而是以德语作为语料。

马泰休斯的思想及其后来俄罗斯学者关于词序和语调的研究，成为语篇语法学一个重要分支——实义切分的基本理论。俄罗斯的学者根据本国语言的特点，探索出了一系列实义切分的基本原则，对于我们了解该语言的特点有很大的借鉴意义。

三、复杂句法整体和句际联系理论

1948年，莫斯科大学的语法学家波斯别洛夫(Н. С. Поспелов)发表了两篇文章，一篇是《复杂的句法整体及其主要结构特征》，另一篇是《现代俄语中的复杂句法整体问题》③。这两篇文章在俄罗斯被称为俄语语篇语言学的奠基作。在这两篇论述中，作者系统地阐述了复杂句法整体的学说，认为句子与句子之间存在着密切的联系和相互制约的关系；认为必须把句子看成为整体的一部分，对于句子的研究不能脱离上下文。连贯言语的句法单位不是句子，而是复杂的句法整体，因为只有复杂的句法整体才能表达复杂完整的思想，并在上下文中具有相对的独立性。

也在1948年，一位名叫菲古罗夫斯基(И. А. Фигуровский)的中学教师发表了一篇重要的文章《从单句句法到完整语篇句法》④，这篇文章以其教学经验为基础，主要谈句子之间语义上的联系和语法上的形式连接手段。他从学生的作业中注意到，孤立地看句子本身都是正确的，但是放在一个大语境中，便显得不甚连贯。根据他进一步的观察，菲古罗夫斯基于1961年又出版了专著《完整语篇的句法和学生的书面作业》⑤，进一步分析了句际关系与句际联系手段。他按照并列复合句和主从复合句的分类原则，确定了句际联系的类型。分析了词语重复、代词、动词形

---

① Крылова О. А., Хавронина С.: *Порядок слов в русском языке*, М., Русский язык, 1976.
② Москальская О. И.: *Грамматика текста*, М., Высшая школа, 1981.
③ Поспелов Н. С.: "Проблема сложного синтаксического целого в современном русском языке", *Ученые записки МГУ, Труды кафедры русского языка*, кн. 2, БЫП. 137, 1948.
④ Фигуровский И. А.: "От синтаксиса отдельного предложения-к синтаксису целого текста", *Русский язык в школе*, 3, 1948.
⑤ Фигуровский И. А.: *Синтаксис целого текста и ученические письменные работы*, М., Учпедгиз, 1961.

式等句际联系手段①。

这两位学者，一位大学教师和一位中学教师，1948 年的文章发表以后，在语言学界引起很大的反响，一度成为语法学讨论的焦点，即语言中是否存在着一个比句子更大的单位。因此，俄罗斯语言学界通常认为 1948 年是语篇语法学研究的元年。

1973 年，莫斯科大学的索尔加尼克教授出版了专著《句法修辞（复杂句法整体）》②，系统地研究了复杂句法整体［他称之为"散文段"（прозаическая строфа）］的特征及其类型。索尔加尼克把复杂句法整体分为两大类：一类用链式连接方式把句子组织起来，另一类用平行式手法组织句子。

1980 年，俄罗斯学者洛谢娃（Л. М. Лосева）出版了专著《话语是怎样构成的》③。书中详尽描述了俄语中的句际联系手段。她把句际联系手段分为两大类：一类叫"通用句际联系手段"（общие средства межфразовой связи），指那些既可以用来连接复合句，也可以用来连接独立句子的词语及其语法形式，如连接词、语气词、插入语、动词谓语的体时、代词、同义词等；另一类叫"纯句际联系手段"（собственно межфразовые средства связи），指只能用来连接各个独立的句子，如在单个句子里不能完全展开语义的词和词组、词语重复、某些用简单不扩展的双成分句形式的表述、个别的疑问句和感叹句、称名句等。表达句子之间关系的连接手段可以借用主从复合句和并列复合句中使用的连接方法，如使用主从或者并列连接词，хотя、так как、однако、но、и，也可以不用这些手段而使用语篇特有的手法，如名词重复、代词替代。

第四节　语篇语法学的研究现状

进入 21 世纪，语篇研究的热潮不但没有消退，反而更加炽烈。不仅语篇语法学自身在蓬勃发展，其他一些新兴的功能主义学科，如语用学、言语行为理论、社会语言学等，也与语篇研究的理论和方法相互交叉，学科的界限变得越来越模糊。

---

①　王福祥：《话语语言学概论》，北京，外语教学与研究出版社，1994，第 20 页。
②　Солганик Г. Я.： *Синтаксическая стилистика（сложное синтаксическое целое）*, М.，Высшая школа, 1973.
③　Лосева Л. М.： *Как строится текст*, Под ред. Г. Я. Солганика, М., Просвещение, 1980.

整体看，现阶段俄罗斯语篇语法学的发展呈现出两大趋势。

第一大趋势，语篇语法研究不断深入。实义切分、句子连贯等领域出现了一些新的成果。克雷洛娃在1992年出版了《俄语交际句法》[①]一书。这部著作非常详尽地描述了俄语的实义切分理论。作者运用这一理论不仅分析单句，而且还描写词组、复合句以及全篇的交际结构，特别是关于倒置和语篇类型的分析，对于了解俄语语言特点有很大的帮助。魏赫曼（Г. А. Вейхман）的《语篇语法》[②]是一部实践性很强的著作。作者在梳理20世纪末至21世纪初的语篇语法学和语法学研究成果基础上，十分详尽地介绍了语篇语法理论。书中对句法和实义切分、言语类型和句际联系手段等都有论述。其中不少理论和分析方法借鉴了西方语篇学说，书中的语料均为英文材料。2007年，博罗特诺娃（Н. С. Болотнова）所著的《语篇的语文学分析》出版了第三版（该书首次出版于2001年）。书中总结了近年来的语篇语言学理论，着重分析语篇定义、语篇特征、语篇范畴、句际连接手段、语篇类型等问题。这部著作的特点在于比较详尽地阐述了语篇基本理论问题，并从语篇修辞角度探索各种类型语篇的语体特点，为语篇分析提供了范本。每章附有参考题[③]。

第二大趋势，语篇教学研究。陆续产生了一批通俗的语篇语法学教科书，以及与语篇教学相关联的成果。2003年，俄罗斯有三部语篇教科书问世。第一部是舍甫琴柯（Н. В. Шевченко）的《语篇语言学基础》[④]。该书主要根据加利别林的语篇理论写成。书的结构和章节安排也几乎与加氏著作相同，只是语言更加通俗易懂。书中概述了语篇的基本理论，每章末尾给出参考问题和作业。第二部是圣彼得堡大学的菲利波夫（К. А. Филиппов）的《语篇语言学》[⑤]，它是根据作者多年的讲义整理成书。这本书的特点在于对语篇语法学的历史整理相当详尽，从亚里士多德到范戴克再到俄罗斯的尼古拉耶娃。书中大量运用对比和实验的方法，比较了大量俄语和德语的语料。第三部是巴卡科（Л. Г. Бабенко）和卡扎

---

① Крылова О. А.：*Коммуникативный синтаксис русского языка*，М.，Изд-во РУДН，1992.
② Вейхман Г. А.：*Грамматика текста*，М.，Высшая школа，2005.
③ Болотнова Н. С.：*Филологический анализ текста*，М.，Флинта，Наука，2007.
④ Шевченко Н. В.：*Основы лингвистики текста*，М.，Приор-издат，2003.
⑤ Филиппов К. А.：*Лингвистика текста*，Изд-во С.-Петербургского университета，2003.

林(Ю. А. Казарин)合著的《语篇的语言学分析(习题集)》①。该书从结构、语义、功能等多个角度指导学生对文学语篇进行分析。书中围绕语篇的属性、基本范畴展开练习,并给出分析的样本和自我检查的问题。

俄罗斯的学者还专门为中学生撰写了一批语篇教科书。莫斯科大学教授索尔加尼克专门为高中生撰写了《从单词到语篇》②和《语篇修辞学》③两部教材。作者用通俗易懂、风趣幽默的语言阐释了语篇的特点,以知名作家作品的例子教给学生如何掌握言语、如何正确地组织语篇。重要的是作者每给出生动的例子,并不直接说出问题的结论,而是启发学生思考,吸引学生参与共同讨论。

特别需要指出的是,俄罗斯许多知名的学者和教授都参与到初高中的教材编写工作中。著名的语言学家罗森塔尔(Д. Э. Розенталь)为高中生编写的《俄语·高中和高考学生用书》④中专辟一章谈词序问题,在为10-11年级学生编写的《俄语》⑤一书中也有专门的章节介绍复杂的句法整体(超句统一体)及其句际连接手段。

如果说罗森塔尔给中学生介绍的语篇知识还属于超句子的"小语篇"的话,那么佐洛托娃(Г. А. Золотова)、戈尔什科夫(А. И. Горшков)、柳比切娃(Е. В. Любичева)等学者编写的三部教材则把语篇知识上升到了宏观框架的层面,为中学生展示了"大语篇"的结构。佐洛托娃教授编写的《俄语:从系统到语篇》⑥是一本10年级教学用书,书中详细给出了语篇的基本问题,包括语篇分析的四个层面(语言手段、话语语域、作者策略、作者意图)。为了帮助中学生掌握语篇分析方法,书中给出了小说和诗歌类语篇的分析样板并列举了文学作品中各种常用的谋篇手段。著名的文学修辞学者戈尔什科夫为10-11年级学生专门撰写了《俄语言语:从单词到作品》⑦一书。该书专门讲授文学作品的语言特点,从语言结构到言语类型,从单句的修辞手法到全篇的表现力。该书是一部系统文学

---

① Бабенко Л. Г., Казарин Ю. А.: *Филологический анализ текста*, *Практикум*, М., Академический проект, Екатеринбург, Деловая книга, 2003.
② Солганик Г. Я.: *От слова к тексту*, М., Просвещение, 1993.
③ Солганик Г. Я.: *Стилистика текста*, М., Флинта, Наука, 2003, с. 21, 31.
④ Розенталь Д. Э.: *Русский язык. Для школьников старших классов и поступающих в вузы*, 4-е изд, М., Дрофа, 1999.
⑤ Розенталь Д. Э.: *Русский язык*, 10-11 кл., 2-е изд., М., Дрофа, 1998, с. 305-311.
⑥ Золотова Г. А. и др: *Русский язык: От системы к тексту.* 10 кл., М., Дрофа, 2002.
⑦ Горшков А. И.: *Русская словесность: От слова к словесности.* 10-11 *классов*, 5-е изд., стереотип, М., Дрофа, 2001.

语篇修辞的通俗版，用中学生可以接受的语言把文学语言的精髓传达给读者，而且它最难能可贵之处是把理论讲解、分析示例与习题结合起来，帮助小读者消化深邃的理论。另一部重要的中学生用书是柳比切娃教授和奥里霍维科(Н. Г. Ольховик)于 2005 年撰写的《从语篇到意义以及从意义到语篇》①一书。该书用简明扼要的语言解释了复杂的语篇现象，包括语篇产生的机理和解读原理。作者的目的主要是教会学生对语篇的分析方法。俄罗斯的学者把语篇理论用于许多相关的教学领域，包括语篇与阅读②、语篇与写作③、语篇分析方法④⑤、语篇分析习题集⑥、中学生的连贯言语操练⑦等，目的在于把语言学的新成果直接用于语文教学。

---

① Любичева Е. В., Ольховик Н. Г.: *От текста к смыслу и от смысла к тексту* (*Текстовая деятельность учащихся*), САГА, Азбука-классика, 2005.

② Городникова М. Д. и др: *Лингвистика текста и обучение ознакомительному чтению в средней школе*, М., Просвещение, 1987.

③ Мещеряков В. Н.: *Учимся начинать и заканчивать текст*, М., Флинта, Наука, 2004.

④ Степанова Л. С.: *Система работы с текстом. На уроках русского языка и литературы*, М., Вербум-М, 2005.

⑤ Гореликова М. И., Магомедова Д. М.: *Лингвистический анализ художественного текста*, М., Русский язык, 1983.

⑥ Бабенко Л. Г., Казарин Ю. А: *Филологический анализ текста*, Практикум, М., Академический проект, Екатеринбург, Деловая книга, 2003.

⑦ Бурвикова Н. Д: *Типология текстов для аудиторной и внеаудиторной работы*, М., Русский язык, 1988.

上编　语篇句法学

第一章　句子的实义切分

第一节　实义切分概述

　　语法学是研究语言结构规律的科学，而描写语言结构的重要任务，是对句子进行语法分析。

　　传统的句子分析，主要是为了确定句子成分，因此亦称"成分分析法"。譬如"我写文章"这个句子，"我"是主语，"写"是谓语，它们一起构成句子的述谓核心，是句子的主要成分；而"文章"是句子的次要成分。

　　句子成分分析法帮助我们了解语法结构，使人们说话或作文符合语法规则。但是主要成分是不是一定表达主要信息，这一点成分分析法不能给出回答，因为它只管语法正确与否，而不关心信息内容。"我写文章"如果回答"你在干什么"，答话中主要信息是"写文章"。如果把问题换成"你在写什么"，回答"文章"就行了，"我写"变成了次要信息。

　　布拉格功能语言学派开创的实义切分理论打破了传统语法形式分析的框框，它从功能的角度出发，根据具体的交际任务来确定哪些话该先说哪些话应后讲。所谓的"实义切分"，就是根据句子的实际意义进行的划分。由于具体的交际任务不同，一个句子可以分为两部分：一部分是叙述的出发点（исходный пункт），即说话人想要说的话题。出发点经常（但不总）是听话人所知道的，或者根据语境或上下文可以推测出的，是句子的已知信息（данное）；句子的另一部分是关于第一部分话题的内容，它是主要的交际内容，第二部分经常包含新知（новое），是读者或听者不知道的内容。

　　与传统的语法成分分析法相比，实义切分有四个特点：第一，把句子结构与信息结合起来，考察用何种句式表达什么样的信息；第二，把句子和语境结合起来，哪个句子成分最重要，从句子本身看不出来，要依赖上文；第三，不再把句子分为主语、谓语、宾语、定语、状语等多个成分，而只分为两个部分，一部分为已知信息，一部分为新信息；第四，同一个句子，不论词序如何颠倒，句法切分出来的成分总是固定的，而实义切分的划分却可能完全不一样，取决于词的位置①。

传统的语言学在考察词序时，多是从形式的角度出发，先找出句子的各种成分，然后分析主语、谓语、状语等谁前谁后的问题。这种办法固然也能找到一些规律性的东西，但毕竟很难从实质上把握词序的根本所在。我们不妨看一个俄罗斯作家修改的例子：

原文：Он каждый день встречался с Уваровым в институтских коридорах... Был Уваров простодушно приветлив *при встречах*... (Ю. Бондарев. *Тишина*)他每天都与乌瓦洛夫在学院的走廊里碰面……乌瓦洛夫总是和蔼可亲地碰面……

改文：Он каждый день встречался с Уваровым в институтских коридорах... *При встречах* Уваров был простодушно-приветлив... 他每天都与乌瓦洛夫在学院的走廊里碰面……遇见时乌瓦洛夫总是和蔼可亲……

这个例子中修改的地方不多，只把词序做了个别调整。按照传统的成分分析法，很难解释为什么改文把 при встречах（遇见时）提到句首，因为俄语里该状语既可以放在句首，也可以置于句尾。只有用实义切分理论才能解释作家的修改原因：前句讲"他"每天碰到 Уваров，后句的 при встречах 成为已知信息，故应置于句子的开头，而非末尾。

再看两个中文的修改例子。

原文："一定要吃我们吗？"小林问。
"你们要送我几件珠宝，就可以不吃"。（张天翼：《大林和小林》）
改文："一定得吃我们吗？"小林问。
"不吃你们也可以，可是你们得送我几件珠宝。"
原文：梅娘："怎么不告诉我？"
维汉："你又不能同我去。我告诉你有什么用呢？"
（田汉：《回春之曲》）
改文：梅娘："怎么不告诉我？"

---

① Солнцев В. М.: "Грамматическая структура и актуальное членение предложения", *Восточное языкознание: грамматическое и актуальное членение предложения*, М., Наука, с. 5.

维汉："告诉你有什么用呢？你又不能同我回去。"

第一个例子的上文只说到"要吃人"，并没有提到"珠宝"，因此答话应该顺着这个话题先说吃不吃的事，然后才能提出新的条件。第二个例子也是如此：前面说"怎么不告诉我"，后句应先说"告诉不告诉"，然后才说"去不去"。从信息的性质（已知和新知）看，改文更符合逻辑规律。

一般来说，话题是已知的信息，它通常处在句子前部分的位置，叫"主位"（тема）。焦点是句子的主要信息，是围绕话题展开的交际重点，一般放在主位的后面，叫作"述位"（рема）。切分时，主位和述位之间用双斜线"//"隔开。句子中只有述位承担交际任务。为了有别于句法分析，实义切分的基本单位通常不叫句子（предложение），而叫"话语"（высказывание），这不仅是术语上的区分，而且还表明它已经不再是语言体系单位，而是言语交际单位。但是，出于表述习惯，汉语里我们仍把实义切分的单位称为"句子"。

实义切分不是否定传统的句子成分分析法（亦称"句法切分"），而是对它的重要补充，特别是对于词序的安排有很大的意义。譬如"父亲买计算机"这件事，可以有以下几种表达：

父亲买了计算机。
计算机是父亲买的。
计算机嘛，父亲买了。

以上不同的说法，反映了交际任务的不同：第一句的交际任务是回答"父亲做了什么"，第二句回答"谁买的计算机"，第三句则回答"父亲是否已经买了计算机"。

由此可见，不同的词序解决不同的交际任务。完成交际任务就是回答对方的问题，给对方最想知道的信息。以"给老师送作业"为例：

交际任务	句子的实义切分
Ты пришел сюда по делу? 你来这里有事吗？	Я // принес преподавателю тетрадь. 我来//给老师送作业。
Кто принес тетрадь преподавателю? 是谁给老师送了作业？	Тетрадь принес преподавателю // я. 给老师送作业的是//我。

Принес ли ты тетрадь преподавателю? 你把作业给老师送去了吗？	Я тетрадь преподавателю // принес. 作业我给老师//送去了。
Кому ты принес тетрадь? 你把作业给了谁？	Я принес тетрадь // преподавателю. 我把作业给了//老师。

并不是所有的句子都可以切分为主位和述位。述位是表述的中心，因此是每个句子都有的。但主位的情况有所不同，有的句子处于一定的上下文时可以省略主位，如回答"你写什么？"时，可以简答"文章"；有的句子从交际角度看没有叙述的出发点和对象，句子的交际目的在于报道某处存在或出现某个现象，也就是说，整个句子构成一个述位，表达未知的信息。由于这类句子不能切分成主位和述位两部分，因此称作交际上的不可切分句（нерасчлененное предложение）或零主位句（высказывание с нулевой темой）。例如：

　　Близился вечер.（В. Великанов. *Разбойник и Мишка*）傍晚降临了。
　　飘雪了。（肖复兴：《海河边的小屋》）
　　突然闪出一道电火。（徐迟：《长江源头》）

这几个句子都没有说话的出发点，一上来就把整个信息说出来了。这类零主位的句子在结构上有个特点：一般不是主谓的顺序，而是先说出谓语，然后才跟着表示事物的主语。关于这个句型我们在后面还有详细的分析。

第二节　实义切分的手段

　　表达实义切分的手段主要有三种：词序手段、语音手段以及词汇手段。

一、词序手段

　　在完成交际任务时，说话人总是先说对方已经知道的内容，然后再说新的内容，即按照"已知信息→新信息"的规律来安排词序。例如：

　　Центральная фигура в учебном заведении — это учитель,

от его подготовки и квалификации в определенной степени зависит и качество образования.

(a) 学校的主体是教师，教育质量在一定程度上取决于师资培养及其水平。

(b) 学校的主体是教师，师资培养及其水平在一定程度上决定了教育质量。

这是《上海合作组织教育部长 2008 年度报告》中的一段话。俄文的词序遵从"已知→新知"原则：第一句提到 учитель（教师），第二句就先说 его подготовки и квалификации（师资培养及其水平）。译文（a）在处理第二句话时，把已知的信息放在了句末，有些欠妥。而译文（b）更贴近于原文，保持了说话角度的一致性。

词序作为实义切分的手段在各种语言里发挥着不同的作用。具有丰富词形变化的屈折语，由于词形变化用来表示语法关系的主要手段，使得词序被解放出来，得以充当实义切分的最主要手段。俄语里一个由五个单词组成的句子 Я завтра утром пойду гулять.（我明天早晨去散步）可以排列出 120 种不同的词序！仅举其中几种词序：

① Я завтра утром пойду гулять. 我—明天—早晨—去—散步

② Я пойду гулять завтра утром. 我—去—散步—明天—早晨

③ Я завтра утром гулять пойду. 我—明天—早晨—散步—去

④ Завтра утром гулять пойду я. 明天—早晨—散步—去—我

俄语的四种词序表示不同的交际意义：第一句是基本意义；第二句的交际背景是谈话对方已经知道"我"要去散步，只是不清楚什么时候去，因此新信息"明天早晨"放置句尾；第三句的意思是明天早晨去散步而不是去做别的事情；第四句指出明天早晨去散步的不是别人，而是"我"。

即使只有两个词的句子，词序颠倒也将导致意义的变化。例如：

Миша // рисует. 米沙在画画。

> Рисует// Миша. 画画的是米沙。

与屈折语相比，分析语的词序作为实义切分的手段受到很大的限制。分析语由于缺少词形变化，词序便用作表达语法意义的主要手段，因此很难再用来担负实义切分的任务。例如前面例子中的④句，俄语里可以说 Завтра утром гулять пойду я，但汉语如果逐词按此顺序翻译"明天—早晨—散步—去—我"，就完全不是正常的句子。

再看一个汉语外译的例子：

> 我又找了胖校长去，她没在家。一个青年把我让进去。（老舍：《月牙儿》）Я пошла к директрисе, ее не было дома. Меня пригласил войти молодой человек.（Перевод А. Тишкова）

"我"和"一个青年"相比，显然"我"是已知，"一个青年"是新知，照理应说"我被一个青年让进去"，但这不符合汉语的表达方式。而俄语有得天独厚的条件，它凭借词形变化优势（меня "我"用宾格，молодой человек "一个青年"用主格形式），可以较自由地处置词的顺序，译者在翻译后句话时就用了"我—邀请—进去—一个青年"这样的词序。

我们再看一个类似情景的英语例子：

> Soon we stopped in front of a very old house, with a very clean front doorstep, and fresh white curtains at the window. A strange-looking person, dressed in black, with short red hair and a very thin white face came out to meet us.（Charles Dickens. *David Copperfield*）很快我们在一幢十分古旧的房子前停了下来。门前的台阶十分干净，窗户挂着洁白的窗帘。有一位相貌古怪、身着黑衣、留红色短发、面孔精瘦苍白的男子出来迎接我们。

a strange-looking person 明明是新信息，却放在句首先说，而已知的 us 被置于句子的最末尾，这也是因为英语的词序主要用来表达语法意义的缘故。

二、语音手段

各种语言的结构有差异，但人们表述思想的规律是相同的，都要在说话中完成交际任务，说话人要想办法把该语境中最重要的信息传递给对方。

前面提到，在屈折语中表达实义切分的手段主要是词序——说话人把最重要的信息放在句尾。分析语则往往不能随意处置词序，它必须选择其他手段来突出主要信息。而这个手段就是逻辑重音（логическое ударение）。

所谓"逻辑重音"，指说话人为了表示对比或为了强调句子中某一个词的意义而特别重读。逻辑重音可以作为语调手段，充当实义切分的一个重要方法，这一点已经有学者明确指出①。这种特别的重读音节称为逻辑重音，如前面的俄文例子 Я завтра утром пойду гулять. 四种词序所表达的不同含义，在汉语里就要用逻辑重音来加以区分：

Я завтра утром *пойду гулять*. 我明天早晨去散步。
Я *пойду гулять* завтра утром. 我明天早晨去散步。
Я завтра утром гулять *пойду*. 我明天早晨去散步。
Завтра утром гулять пойду *я*. 我明天早晨去散步。

每句俄文的末尾都是语义中心，而每个相应的汉语表达都用逻辑重音的方式来突出这个核心。

在大多数情况下，英语也把逻辑重音作为实义切分的主要手段。试比较：

He speaks English *well*. 他英语说得好。
He speaks English well. 他英语说得好。
He speaks *English* well. 他英语说得好。
He *speaks* English well. 他英语说得好。

即使在富于形态变化的俄语里，词序也不是万能的，有时它也不能解决交际的重点。例如：

Студенты // едут в Москву. 学生们//去莫斯科。

---

① Распопов И. П.: *Актуальное членение предложения. На материале простого повествования преимущественно в монологической речи*, Под ред. Д. Г. Киекбаева, Изд. второе, М., Либроком, 2009, с. 114.

Студенты едут // в Москву. 学生们去//莫斯科。

俄文两个句子的用词和词序完全相同，但交际重点却不一样：一个回答"学生们在干什么"；另一个回答"学生们去哪里"。这种情况下，词序已经不能起到区分语义重心的作用，俄语也可以像汉语和英语那样，通过重读的方式强调句子的核心信息，比如第二句可以在 в Москву 上落有逻辑重音。

不管怎样，更多的时候，俄语不是依靠逻辑重音，而是用语调（интонация）作为实义切分的辅助手段。

语调指说话时句子里声音高低、快慢、轻重的变化。作为实义切分重要手段的语调，与语段（синтагма）有密切的关系。

所谓"语段"，在语调上指不可分割的言语意义片断。语段包含句子意义相对完整部分或不完整部分。语段在语调上都是完整的、不可分解的，因为每个语段都被一种调型连接成整体。语段按所处位置可分为句末语段和非句末语段；按意义表达程度可分为语意完结语段和语意未完结语段。

前面谈到的 Студенты // едут в Москву 和 Студенты едут // в Москву 词序相同，但语段切分却不同。第一句可以是一个语段：Студенты едут в Москву，即用陈述句语调（调型-1）一口气读完整个句子；也可以是两个语段：Студенты ｜ едут в Москву，即 Студенты 用上升调（调型-3）读，然后作短暂的停顿，表示这个词是主位，接下来用调型-1 读第二个语段 едут в Москву；而第二句只切分为两个语段：Студенты едут ｜ в Москву，即 Студенты едут 是一个语段，用调型-3 读，表示主位和述位的界限，剩余部分 в Москву 为一个语段，用调型-1 来读。

三、词汇手段

语气词是表达实义切分的补充手段，起加强和突出某信息的作用。语气词或是突出主位，或是突出述位。俄语里常用的语气词有 же, то, тоже, даже, и, только, лишь, ещё, именно 等。

突出主位的语气词有 же, то 等。

在非疑问句中，主位由后置的语气词 же 加以突出，же 起着对比连接的作用。语气词 то 依附在名词的后面，表示这是句子的话题。例如：

— И зачем эти дачники сюда ездят? В городе *же* интереснее! (Н. И. Дубов. *Небо с овчинку*)"这些住别墅的人来这儿干什么？城里不是更有意思吗！"

— Ночка-*то* какая славная, — заговорил вдруг незнакомец. (А. И. Куприн. *Чудесный доктор*)"夜晚多美呀"，陌生人忽然开口说道。

汉语的语气词"嘛""呢""呀"等也起着类似的作用。例如：

上述是我们家乡人的月子洗澡方法，<u>城里嘛</u>，求简单……

水边常有两样静物，是垂钓的一位老人和一位少年。据说老人身患绝症，活不多久了。但他一心把最后的时光留在水边，留给自己的倒影；<u>少年呢</u>，中学生模样，总是在黄昏中出现。（韩少功：《山南水北》）

院子里已有两棵枣树了，一高一矮。高的我伸手都够不上树梢；<u>矮的呢</u>，我只有蹲伏在地上才可与它交流。（刘成章：《种枣》）

俄语里突出述位的语气词有 даже、тоже、и、только、лишь、ещё、именно 等。语气词 даже（甚至）标记它后面跟着述位。例如：

Смеялись *даже* взрослые.（笑了—甚至—成年人）
Даже взрослые смеялись. 甚至成年人也笑了。

这是俄罗斯学者阿普列相（Ю. Д. Апресян）[①]比较的例子。两个句子的用词相同，词序各异，但不论怎样排列，都可以判定 взрослые（成年人）为述位，因为语气词 даже（甚至）提示它是新信息：上文一定说到有人笑了，下文才能讲"甚至……也笑了"，或"连……都（也）笑了"。

的确，汉语的"连"字与俄语的 даже 功能极为相似，"连……都（也）"结构也起着突出述位的作用。例如：

[①] Апресян Ю. Д.："Типы коммуникативной информации для толкового словаря"，*Язык: система и функционирование*. М.，Наука，1988，с. 13.

他连我也不认识了。
连我他也不认识了。

以上两句中，无论"我"置于何处，听话人都可以辨别出它是新信息，原因就在于"连"字的作用。

俄语的 тоже 和汉语的"也"也是突出述位的重要手段，它们标记其前面的部分为新信息，而它们之后的词语是已知信息。例如：

И салатик, оттого что постоял в холодильнике, стал ещё вкуснее, и торт *тоже* стал вкуснее. (Е. В. Гришковец. *Одновременно*)
凉菜因为在冰箱里放了一会儿，味道更好了，蛋糕也更好吃了。

针对第一句来讲，第二句里的 торт（蛋糕）是新信息，而 вкуснее（更好吃）属于已知信息，两者之间的分水岭是 тоже，它起到突出述位的作用。

汉语里类似的情况很多，以下例子后句的"也"都用来标记其前面的词表示新信息：

"你还哭不哭？我想不哭了。""好，我也懒得哭了。走吧。"（张天翼：《大林和小林》）

他读的都是大本的书，他的笔记本也是庞大的……（老舍：《大悲寺外》）

阿普列相[①]还分析了照应语气词 тоже（也）、также（还）的作用。他认为 тоже 标记它前面的部分为新信息，后面部分为旧信息，而 также 正相反，是述位的标记。试比较：

Он любит читать газеты, но специальную литературу он *тоже* читает. 他喜欢看报纸，但专业书他也读。

Он любит читать газеты, но он читает *также* специальную литературу. 他喜欢看报纸，但他还阅读专业书籍。

---

① Апресян Ю. Д.: "Типы коммуникативной информации для толкового словаря", *Язык: система и функционирование*. М., Наука, 1988, с. 13.

无论俄语的 тоже 还是汉语的"也"，都标记它前面的词是述位，也就意味着它主位落到了句子的后部，这与实际切分的基本原则产生了一些冲突。于是俄语便想办法改变这种情况，出现了以语气词 и 代替 тоже 的用法。我们看一个作家改笔的例子：

原文：Несколько человек остановились. Гринька *тоже* остановился.（В. Шукшин. *Гринька Малюгин*）几个人站住了，格林卡也站住了。

改文：Несколько человек остановились. Остановился и Гринька... 几个人站住了，格林卡也停了下来……

原文用了 тоже(也)，但打乱了表述的连贯性：前面说有几个人停下来了，后句本该接着说停下脚步的还有谁，可是 тоже 要求它前面是新信息，而已知的信息放在其后。于是作者在修改时，用 и(也)替换掉 тоже，意思没有变，词序却理顺了。原因就在于 и 标记它前面的信息是已知。

不仅俄语力图保持语气的连贯，英语在尽可能情况下也力求遵守实义切分的原则。还拿"也"字为例：

"We must start for the work-site now." "*So must we.*" "我们该动身去工地了。""我们也该去了。"

I am quite willing to help and *so are* the other comrades in our class. 我很愿意帮忙，别的同学也都很愿意。

Society has changed and *so have* the people in it. 社会变了，人也跟着变了。

上述英语各例中，本可用 also、too 等表示"也"的意思，但为了保持表述的一致性，英语用 so 替代上文说过的话，以此形成"主位→述位"的词序。

第三节　主位、述位与已知、新知

已知，指读者或听话人从上文获取的或语境提示的信息，而新知则表示对读者、听者来说在上文中未提过的新内容。

一、已知的表现形式

表示已知的词汇手段，可用来确定所在句子与上文的联系。这些手段可以是人称代词、物主代词或指示代词与名词的组合、指示代词 это "这是"表示整个已知情景、前文中提到的任何现象、前文意义逻辑推导出来的、前文提到现象的某些部分或方面。

1. 人称代词

前面的某个话题引出之后，接下来的表述可以不再用名词，而用代词指代它，这是表示已知最常见的手法。

Володя закурил... *Его* опять охватило волнение. (В. Шукшин. *Медик Володя*) 沃洛佳抽起烟来……他又激动起来。

窑前，亮亮妈正费力地劈着一疙瘩树根；一个男孩子帮着她劈，是亮亮。(史铁生：《我的遥远的清平湾》)

2. 物主代词或指示代词与名词的组合

这是代词指代的另一种形式：它不是用人称代词替代前面提过的名词，而是用物主代词或指示代词指代这个人物或事物，因为后续句的主语不是该人或事，而是另有他物。

Морозов, похоже, хмелел, *лицо его* не розовело, а бледнело, он встал и заходил по комнате... (Ю. В. Бондарев. *Тишина*) 莫罗佐夫似乎喝多了，他的脸不是发红，而是变白了，他站起来，在屋里踱起步来……

凌大夫是细菌系的主任，59 岁，是一个老美国留学生。他的出身可能是一个旧的书香世家。(曹禺：《晴朗的天》)

3. 代词"这"表示整个已知情景

指示代词"这"有一种功能：能够指代前面所说的整件事情，还能表示语境中交际双方所见的情景。用"这"表示已知的手段在各种语言中都很普遍。

Двадцать один выстрел прогрохотал над Петербургом. *Это* салютовала эскадра. (Ю. Тынянов. *Смерть Вазир-Мухтара*) 彼得堡

上空响过了 21 次炮声。这是舰队鸣放礼炮。

На этот раз бабка поняла вопрос и спокойно ответила: — Вы спрашиваете, отчего ребенок плачет? Это всегда так бывает, успокойтесь. (В. Короленко. Слепой музыкант) 这一次老太太听明白了夫人的问题，她平静地回答说："您是在问孩子为什么哭是不是？都是这样的，放心吧。"

我听清楚了，儿子跟我说话的时候用的是你，而不是您。这让我反感，让我有种说不出的厌恶！（叶广芩：《梦也何曾到谢桥》）

4. 前文中提到的任何现象

上文中提到的现象，在下文中还要复现。再次提及除了用代词指代以外，也可以重复使用原来的名词。

В то лето я жил в маленьком северном городе. Город стоял на берегу реки. По реке плыли белые пароходы… (Ю. Казаков. Арктур-гончий пес) 那年夏天我住在北方一座小城。城市坐落在河岸。河上航行着白色的轮船……

我淘完米坐下锅，便往下打量着嫂子。灶洞里透出的火光映照着嫂子的脸庞，这张脸已经全然看不见前几年渍着汗迹和脏水的窘况痕迹了。（林元春：《亲戚之间》）

我们搬来时这里还扔着三毛的书和手迹，书都被虫蛀了，可手迹还在……（尹淼：《闯入三毛的家》）

5. 前文意义逻辑推导出来的

有些事物可能在前文中根本没有提及，但是凭着人们的共有知识可以推导出新事物与上文的关系，因此这种类型的新事物不算作新知，而是也可看作已知的一种。

Прошла неделя, и между ними завелась переписка. Почтовая контора учреждена была в дупле старого дуба. (А. Пушкин. Повести Белкина) 过了一周，他们就通信了。信箱就定在老橡树的树洞里。

这个别墅区走的是高端路子，格调是欧洲风情。（李佩甫：

《生命册》)

上文说到了 переписка(通信)，下文的 почтовая контора(信箱)则在情理之中；同样，前句说到了"别墅区"，后句的"格调"属于与此相关的概念，自然可视作已知的信息了。

6. 前文提到现象的某些部分或方面

这是由整体和部分之间的关系推导出来的。一般来说，某个事物由多种成分构成，形成一个整体，如果前面说到了事物的整体，则后面再出现它的一部分，自然应该属于已知的范畴之内。

В дальнем конце сада стояла старая заброшенная мельница. Колеса давно уже не вертелись, валы обросли мхом. (В. Короленко. Слепой музыкант)花园的尽头有个闲置不用的旧碾机。轮子早就不能转动了，轴上长满了青苔。

这是一座八层高的哥特式教堂，中央穹隆，直径 40.6 米；穹顶离地 60.8 米；钟塔高 160 米。(刘震云：《一句顶一万句》)

这个人有点特别。他"全副武装"地穿着洋服，该怎样的就全怎样，例如手绢是在胸袋里掖着，领带上别着个针，表链在背心的下部横着，皮鞋尖擦得很亮等等。(老舍：《牺牲》)

二、主位、述位与已知、新知的关系

主位、述位与已知、新知之间有很大的关联性：主位常表已知，述位常表新知，但它们之间并无对等关系。

已知还是新知，要根据上文来判断：上文提到了，下文里就是已知，反之则为新知。有些事物上文虽未涉及，但听话人可以确知说话人的所指，也可认定为已知。主位和述位则是根据本句说的。主位是句子的始发交际部分，它包含了交际对象。述位是句子的主要交际部分，包含对主位的叙述。主位、述位是话语结构的单位，而已知、新知属于信息结构单位。

总体来看，主位、述位与已知、新知的关系可以有以下几种对应类型。

1. 主位里有新知成分

主位在整体上表示已知的现象，但并不意味着每个信息点都是全新的，主位是一个板块，里面会掺杂着新知的成分。

  Ей было семнадцать лет. Она была очень мала ростом, очень худа и с желтоватым, нездоровым цветом лица. *Шрамов на лице* // не было заметно никаких...（Л. Толстой. *Юность*）她17岁了，身材很矮小，很瘦弱，脸色发黄，看上去不健康。脸上任何伤疤//都看不出……

  陶渊明是我国晋代著名诗人。一天，一个少年向他//请教学习的妙法。（解贞：《陶渊明授学》）

  从上文可以看出，俄语例子的最后一句里，主位中含有新知 шрамов（伤疤）。汉语由于语言结构的制约，主位中含新知的不鲜见，如上例后句中的"一个少年"。

  2. 述位里包含已知信息

  同样道理，述位也常由一组词构成，其中可能会含有已知的信息，譬如"这"字就经常会跑到句子的后部，与新知混在一起。

  Я // пошёл поговорить *об этом* с дядей. （А. Гайдар. *Судьба барабанщика*）我//去找叔叔谈这件事。

  有人透露，岳拓夫很有可能被局党委提名为副局长。还有些迹象//似乎也证实了这种传说的可能性。（张洁：《条件尚未成熟》）

  显然，述位中的 об этом（这件事）是已知信息，这种情况在俄语中并不少见。其原因在于"这"带有明确的已知信号，不会给理解带来任何困难，故俄文常把带 этот（这个）或 это（这件事）的成分后移到述位中。

  3. 主位和述位都是新知

  这种情况一般出现在小说的开头，人物和事件都是第一次提到，自然属于新知。例如：

  Узница //стояла на краю села. （Н. Грибачев. *Кузница*）铁匠炉//在村子边上。

  冰爷//去世了。（刘心武：《冰爷》）

这两个例子都是小说开头的一句话，当然就谈不上已知。但文学作品的特点就在于读者的意识里可以接受某个人或物为设定的客观存在，如这里事先预设有一个铁匠炉，它坐落在村边，以及有一个名叫"冰爷"的人物。

新知作为主位是一种开门见山的写法，免去了某时某地有某个人或物的多余陈述。例如：

Ребенок//родился в богатой семье Юго-западного края, в глухую полночь. (В. Короленко. *Слепой музыкант*) 婴儿//出生在西南边区一个富裕的家庭，正值午夜时分。

这是柯罗连科小说《盲音乐家》开头的第一句话，它没有按照时间、地点、人物的顺序表述，而是直奔主人公，从这个婴儿的出生开始讲起，似乎在读者心中已经知道有这样一个盲人音乐家，只是尚不知他是谁以及关于他的故事。按照时间、地点、人物的出场顺序，这个句子应该是：

В глухую полночь в богатой семье Юго-западного края родился ребенок. 一个深沉的午夜，在西南边区一户富人家里生下了一个男婴。

4. 主位和述位都是已知

有的时候，前面说过的一段话，在后面把它又重复了一遍，此时后面的全句都是已知信息。这种全句皆为已知信息的情况往往发生在对前面所述事实的确认。

Он лег спать с этими мыслями, но думал, что всё это пройдёт и он вернётся к старой жизни. Но старая жизнь // не вернулась. (Л. Толстой. *Казаки*) 他带着这些想法睡下了，他以为一切都会过去，以为自己能够找回原先的生活。然而原先的生活//没有回来。

岳拓夫几步就撵上了小段。在学校的时候，同学们就这样叫他，因为班上数小段年龄最小。现在，小段已经开始谢顶，岳拓夫//还改不了这个口。（张洁：《条件尚未成熟》）

第四节　倒装词序与主观词序

一、两种倒置

所谓"倒装词序"(обратный порядок слов)，指句子成分的排列打破常规的顺序①。换句话说，"倒置"(inversion)指任何把 x+y 说成 y+x②。

词序倒置分为两种情况，一种是句法词序的倒装，一种是实义切分词序的颠倒。前者指句子成分的倒置，如主谓结构中主语置于谓语之后、动宾结构中宾格处于动词之前等；而实义切分的倒装指可切分句中主位与述位的顺序颠倒，与句法结构的倒装不是一回事。例如：

В это время дверь отворилась, вошел Василий Лукич. (Л. Толстой. *Анна Каренина*)这时门开了，进来的是瓦西里·卢基奇。

第二句话先说谓语 вошел(走进来)，后出现名词主语 Василий Лукич，这个词序从句法结构看是倒装，但在实义切分里却是正常的词序：上文说到门开了，下文中走进人来就是已知信息，至于来人是谁，这是新知，应该后说。同样，句法的正装词序可能意味着实义切分的倒置。例如：

Вдруг страшный треск послышался в лесу, шагах в десяти от них. (Л. Толстой. *Казаки*)突然，在树林里，离他们约十米远的地方，响起了一阵可怕的噼啪声。

这个句子在句法上是正装词序，即主语 страшный треск(可怕的噼啪声)置于动词谓语 послышался(响起)和状语 в лесу(在树林里)之前，但从实义切分来看，它是个倒装词序，即把主位和述位的位置颠倒了。这里的语境是：Оленин 和叔叔去森林狩猎，地点和人物都是已知信息，应该置于主位，但此处却把新知放在前面说，旨在强调该新信息。

---

① Розенталь Д. Э. и Теленкова М. А.: *Словарь-справочник лингвистических терминов*, Изд. 2-е, М., Просвещение, 1976, с. 303.
② 〔英〕马修斯：《牛津语言学词典》，上海，上海外语教育出版社，2000，第 186 页。

句法词序与实义切分词序可能吻合，即句子的主语也是说话的话题，谓语同时是关于这个话题的叙述内容。例如：

Вопрос о самобытности поэзии является центральным пунктом статьи. 诗歌的独特性问题是文章的要点。

这个句子的上文语境如果谈到诗歌的独特性，那么这里关于诗歌的独特性问题就是主位，它与句法的主语完全一致。但是语境也可能是另一种情况：上文的话题是这篇文章，此时该句子的词序应该是这样：

Центральным пунктом статьи является вопрос о самобытности поэзии. (Ю. Тынянов. Архаисты и Пушкин) 文章的要点是诗歌的独特性问题。

俄文的句子成分没有变化，主语仍然是 вопрос о самобытности поэзии(诗歌的独特性问题)，但词序却发生了大颠倒：谓语置于主语之前。于是出现了主位与主语不吻合的情况，即句法切分和实义切分不一致。从实义切分的观点看，以上两个句子都属于常规的正装词序，因为它们都遵循着"已知→新知"的原则。

宾语通常在动词之后，但如果宾语表示已知信息，它就要置于动词之前，充当主位。例如：

Меня влекло на Волгу, к музыке трудовой жизни. (М. Горький. Мои университеты) 我向往着伏尔加河，渴望听到劳动的乐章。

俄文句子里的 меня(我)是宾格，受动词 влекло(吸引)的支配。此时实义切分的主位与句法结构的动宾词组顺序不一致：句法结构是倒装，而实义切分是修辞中性词序。

在平常的、修辞中性的表述中，总是先说出话题(主位)，然后围绕它展开叙述(述位)。这种顺序叫客观词序(объективный порядок слов)或修辞中性词序(стилистически нейтральный порядок слов)。但是在富有情感和表现力的言语中，客观词序可能被打破，说话人急于说出最重要的信息，然后再补充该信息的所指对象。在这种富于表现力的言语中述位置于主位之前。这种词序称为**主观词序**(субъективный порядок слов)或**有表现力词序**(экспрессивный порядок слов)。试比较：

Летние ночи не долги. 夏夜很短。(客观词序)
Не долги летние ночи! (И. Тургенев. *Ночное*) 多么短的夏夜！(主观词序)

主观词序经常出现在口语中。口语本身就充满情感和表现力色彩，因此在口语中出现主位和述位倒置的情况是很正常的。

主观词序的句子中，词序已丧失区分主位和述位的功能，语调的功能凸现出来。我们知道，句子的信息中心在述位上，述位总是带句子的语调中心，即句重音。在客观词序中，句重音落在述位的最后一个词上，也就是全句的末尾词上。这是句重音的常态，因此不被人觉察。而在带有表现力的词序中，句重音由句末移至句首或句中，用这种方式将述位突出出来。句重音前置不仅改变了调型中心的位置，而且可能伴有调型的变化。试比较：

Бои//были жаркие. 战斗很激烈。(客观词序)
Жаркие были бои! 战斗异常激烈！(主观词序)

不可切分句也有表情修辞变体，即颠倒原有的中性修辞词序。语调上，原来的调型-1 前移。例如：

Было тихо. 一片寂静。(客观词序)
Тихо было. 静悄悄的一片。(主观词序)

需要指出的是，并非所有"新知→已知"的顺序都是主观词序，这里要排除一种情况，即由于语言的属性限制了话题展开的一般性规律，比如汉语里很多句子都不能先说已知信息，后说新信息，但这样的表述确属客观词序，因为说话人没有任何突出某个词语的主观意图。不仅汉语里有这样的现象，就连俄语这样的屈折语也不能完全遵循实义切分的词序。有时还会出现这样的情况：汉语的表述是"已知→新知"，而俄语却做不到。例如下面一个汉译俄的例子：

谢娘对我说六儿给我缝了一个好看的小布人儿，让我快过去看看。我说，<u>那娃娃穿的什么衣裳呀</u>？（叶广芩：《梦也何曾到谢桥》）Тетушка Се сказала, что Шестой сшил для меня красивую куколку, и велела быстрее пойти посмотреть. — А какая одежда *на куколке*? — спросила я.（Перевод Н. Сомкиной）

上文中提起"小布人儿"，下文里俄文照理应该先说 куколка（布娃娃），但是却先用了 какая одежда（什么衣服）。这个词序的安排并非出自某种修辞目的，而是俄语的疑问句要求置于句首。反倒汉语更符合实义切分的词序原则，但也是说话人故意所为，两种语言皆因自身语言性质所决定，因此此处的俄语和汉语均属客观词序。

二、客观词序（修辞中性词序）

1. 主语充当主位

这种类型的模式是主语指出某个话题，谓语围绕这个话题展开。它的标准词序是先主语后谓语。例如：

Женщины засмеялись...（Н. Емельянова. *Родня*）妇女们笑了……

三天后，爸爸收到了姐姐一封信。（张平：《姐姐》）

2. 零主位

这种类型只有述位而没有主位，主语和谓语一起充当述位。语义上句子没有话题，全句都是新信息，一般表示发生、出现或存在某个事物或现象。这种类型的词序特点是谓语置于主语之前。例如：

ришла весна.（Л. Толстой. *Пришла весна*）春天来了。

Была грустная августовская ночь.（А. П. Чехов. *Дом с мезонином*）这是八月里一个忧郁的夜晚。

Поет море, гудит город, ярко сверкает солнце...（М. Горький. *Сказки об Италии*）大海在歌唱，城市在喧嚣，太阳光芒万丈……

过了十年……（张天翼：《大林和小林》）

这天，下着大雪……（叶广芩：《梦也何曾到谢桥》）

3. 带全句限定语

所谓带全句限定语的句子，是指句中有一个或多个统管全句的限定语，该限定语一定置于句首，它不是说明其后的某个词或词组，而是说明整个后面的成分。较多的时候全句限定语表示时间或地点。例如：

В полдень забежал внук Витя...（Б. Бедный. *Старший возраст*）中午小孙子维佳跑来了……

В зале стояла тишина...（А. Чаковский. *Блокада*）礼堂里一片寂静……

我家后面有一块油菜地……（晓苏：《三座坟》）

在实际使用语言中，说话人要根据具体的语境安排词的顺序。例如：

Я возвращался домой полями. Была самая середина лета. Луга убрали и только что собирались косить рожь.（Л. Толстой. *Хаджи-Мурат*）我回家时经过一片田野。正是盛夏时节。地里的草已经收获了，正准备收割大麦。

这是小说的开头，共有3个句子，每句的词序都不同：第一句是主、谓结构 я возвращался（我回家），第二句是谓、主顺序 была середина лета（正值仲夏），第三句则以宾语开始 луга убрали（草收割完了）。从句法切分的角度看，第一个句子是正词序，后两个句子是倒词序。但从实义切分来看，三个句子都是客观词序，没有说话人的主观色彩。

三、主观词序（有表现力词序）

主观词序也有其规律性。主位和述位顺序的颠倒叫倒置，倒置又分为整体倒置和局部倒置。

整体倒置指所有词和整个句部与客观词序相比都发生了颠倒，好比镜子映照的形象完全相反。例如：

В пустыне вода делает чудеса. 在沙漠中的水能创造奇迹。（客观词序）

Чудеса делает вода в пустыне! 水能在沙漠中创造奇迹！（主观词序）

局部倒置只把述位的一部分移到句首。例如：

Прибежал чертенок на овсяное поле. 小鬼儿跑到麦田。

这里把动词谓语 прибежал（跑到）移到了句首，使主位 чертенок（小鬼儿）插在述位中间，发生了局部的倒置。

主观词序的发生有一系列影响因素。

1. 语法因素

所谓语法因素，指句式的要求，即带有 как（多么）、какой（多么样）等字眼的感叹句要求把疑问词置于句首。此时实义切分原则让位于句法原则。例如：

Я глядел на нее с недоумением и страхом. Как переменилась она в три недели! （Ф. Достоевский. *Униженные и оскорбленные*）我迷惑惊恐地看着她。三个星期里她的变化多大啊！

Рассвело... Как хорошо в поле на рассвете! （Г. Троепольский. *У крутого яра*）天亮了……黎明的田野多好啊！

《Нептун》 был знаменитый пароход, на котором я мечтал прокатиться. Сколько раз мы ждали его, купаясь, чтобы с размаху броситься в волны! （В. Каверин. *Два капитана*）《海神》是一艘有名的轮船，我一直就渴望着能坐一坐这艘轮船。我们在河里游泳的时候，也常常希望它驶来，好乘势投入它所掀起的浪花中。

第一例中，后句的已知是 она（她），因此应该置于句首。但由于感叹句要求谓语紧跟在感叹词后面，故表示新知的 переменилась（变化）提到 она 的前面，形成了主观词序。第二例也是相似的情况：后句里的 на рассвете（在黎明）是已知，应该先说，但语法上要求感叹词 как хорошо（多么好）必须放在句首。第三例把疑问词 сколько раз（多少次）置于已知信息 мы（我们）和 его（它）之前，因为句子本身是一个感叹句。

2. 语义因素

按照交际任务的要求，新的信息本应放在句子的末尾，但是有的时候说话人想突出和强调某个事物，就可以故意把新信息提到前面来，放置于句首。通过位置的颠倒，可以赋予被强调的词以突出的意味。例如：

Славный был этот вечер...（Ф. Достоевский. *Униженные и оскорбленные*）这是个多么美妙的傍晚……

这个例子中的славный（美妙的）是新信息，但作者为了强调这个词，把它放到句子之首，突出性质意义。

突出的事物也可以是表示状态的，例如下例中的副词：

Он перешел на другую кровать, сел, закурил, потом потушил лампу и лег. Горько ему стало, потому что он чувствовал: она от него уходит.（Ю. Казаков. *Двое в декабре*）他换到另一张床上，坐下，点上烟，然后熄灯躺下了。他很难过，因为他觉出她要和他分手了。

这个例子中的第二句的词序本应是ему стало горько（他感到痛苦），却因为要强调горько（痛苦），便把它提到其他两词前面。

表示事物意义的名词也可以被主观地放置在句首：

— Что в аудитории? — Экзамен идет.
"教室里在做什么？""正考试呢。"

这个例子中第二个句子的正常词序应该是идет экзамен（正在进行考试），但为了强调"考试"这层意思，便把экзамен（考试）提前。

3. 修辞因素

与小说相比，诗歌的词序更自由，更不受实义切分的约束。这里主要是情感的表达，同时还要考虑韵律的需要。例如：

Над глухою степью Бесконечной цепью В неизвестный путь Облака плывут. （И. Никитин. *Тихо ночь ложится*）	在空旷的草原上 一条无限的长链 向着不可知的远方 飘浮着朵朵白云。

这本是一个不可切分句。这类句子的词序通常是全句限定语开头，

即本句的 над глухою степью（在空旷的草原上），接下来就应该是句子的谓语 плывут（漂浮着），然后才是主语 облака（白云），最后是其他宾语和状语。然而若严格按照"标准"词序，则诗歌的韵脚和意味将荡然无存。

第五节　主语、主体、主位

这是三个不同性质的概念，应该加以区分。

一、主语

主语（подлежащее）是句法学的术语，是谓语的陈述对象。对于主语的认识，有三种不同的意见。一种根据与动词的关系确定主语，即主语是动词所说明的人或事[①]，是行为的发出者[②][③]；另一种观点来自于词序，认为主语在谓语前[④][⑤]；第三种意见着眼于词的形态特征，即主语在语法上不依附于句子的其他成分[⑥]。

与俄语相比，汉语里关于主语存在很大分歧，一个在俄语看来不成问题的问题，在汉语中却有不小的争议。例如：

Солнце встает на востоке.　太阳在东方升起。
На востоке встает *солнце*.　东方升起了太阳。

这两个句子在俄语里句法成分相同：солнце（太阳）是主语、встает（升起）是谓语、на востоке（在东方）是状语，无论这几个词处在什么位置。除了语义原因以外，俄文里很重要的是词形，该句中 солнце 是主格，应为主语；встает 是说明 солнце 的，动词要变为第三人称形式；на востоке 是名词的前置格，表示地点意义，作状语。汉语在确定上述两句的主语时有分歧。注重逻辑语义分类的学者认为"太阳"在两个句子中都

---

① 麦克米伦出版公司编：《麦克米伦高阶英汉双解词典》，杨信彰等译，北京，外语教学与研究出版社，2005，第 2091 页。
② 〔英〕韦迈尔：《牛津中阶英汉双解词典》，北京，商务印书馆，2001，第 922 页。
③ 〔英〕马修斯：《牛津语言学词典》，上海，上海外语教育出版社，2000，第 358 页。
④ 李行健：《现代汉语规范词典》，北京，外语教学与研究出版社，语文出版社，2004，第 1707 页。
⑤ 辞海编辑委员会：《辞海》，上海，上海辞书出版社，1980，第 1202 页。
⑥ Розенталь Д. Э. и Теленкова М. А.：*Словарь-справочник лингвистических терминов*, Изд. 2-е, М., Просвещение, 1976, с. 290.

是主语，而在坚持位置说的人看来，第一句的主语是"太阳"，第二句的主语则是"东方"。

二、主体

主体(субъект)指逻辑学中的判断对象，也叫"逻辑主体"(логический субъект)或"逻辑主语"(логическое подлежащее)。主体与主语有关系，但两者不是一回事。首先，主体可以是间接格的形式，如以下俄语例子中的 Егорушке 就是第三格形式，是动词 хотеться 要求的，表示主体不由自主的行为或状态。

Егорушке почему-то хотелось думать только о Варламове и графине... (А. Чехов. Степь) 不知为什么，耶果鲁士卡总要去想瓦尔拉莫夫和伯爵夫人……

其次，主体常指动作的实施者，即施事，但施事不总是句子的语法主语，有时作为底层的逻辑主语，如下面例子中的 рабочими：

Дом построен рабочими. 房子是工人盖的。

主体可以针对客体而言，一个是行为的发出者，一个是行为的受众者。但是主体也可以是特征或状态的承载者，在这个意义上，主体既可以是语义上的主体，也可以是语义上的客体。如下列句子的主语也看作主体：

Через несколько минут машина остановилась. (А. Чаковский. Блокада) 过几分钟车停了下来。
Эти глаза смотрели на него, эти губы улыбались ему... (Н. Тихонов. За рекой) 这些眼睛在看着他，这些嘴唇在朝他微笑……
全场的目光从钱工转向龚会计。(柯云路：《三千万》)
店铺在十字路口……(赵本夫：《祖先的坟》)

三、主位

主位是实义切分的术语，是叙述的话题和已知信息。主位处在句子之首,与句子成分没有一一对等的关系。在"太阳在东方升起"里,主位是"太阳",而在"东方升起了太阳"中,主位是"东方"。

主位有时也被称作"心理主体"(психологический субъект),意思是说话人心里所想的说话开头①。罗森塔尔②用一个示例说明主语、主体、主位的关系:

  Птица летит. 鸟儿在飞。

这句话的主语、主位、主体都是 птица(鸟儿)。如果把上面两个词的顺序颠倒一下,变成:

  Летит птица. 飞的是一只鸟儿。

主语仍然是 птица(鸟儿),行为者也是它,但是主位却变了:说话的出发点是有一个东西在飞,但飞行者为何物并不知晓,因此主位是 летит(在飞),而 птица(鸟儿)成了述位。

也有些学者把主位和心理主体区分开来,譬如俄罗斯学者阿鲁秋诺娃(Н. Д. Арутюнова)③认为主位是交际主体,表示叙述的话题和对象,而心理主体是说话的出发点,是句子的开始。心理主体经常与主位吻合,但有时也可能不相同。例如:

  В нашем селе у бригадира жена родила тройню. 我们村队长老婆生了三胞胎。

这句话的心理主体是地点状语 в нашем селе(我们村),主位是 у бригадира(队长),主语和行为主体是 жена(老婆)。阿鲁秋诺娃的区分有很大的实际意义,因为在语言的实际使用中,开头的词并不一定是谈论的对象。故我们在分析中也参考阿鲁秋诺娃的观点,并不把所有的首发

---

① Розенталь Д. Э. и Теленкова М. А.: *Словарь-справочник лингвистических терминов*, Изд. 2-е, М., Просвещение, 1976, с. 350.

② Розенталь Д. Э.: *Русский язык. Для школьников старших классов и поступающих в вузы*, 4-е изд, М., Дрофа, 1999, с. 350.

③ Арутюнова Н. Д.: "Субъект", *Лингвистический энциклопедический словарь*, Гл. Ред. В. Н. Ярцева, 2-е изд., М., Большая Российская энциклопедия, 2002, с. 498.

词作为主位，而把是否作为叙述对象作为确定主位的重要依据。

主位作为叙述对象，其最恰当、最经常的表达方式是用名词或名词性成分。从句子成分的角度看，主位通常是主语，但也可能是谓语、宾语、状语等。

主语做主位：

Он даже стихи сочинял, и *они* тогда нравились приятелю...（Ю. Казаков. *Двое в декабре*）他甚至写了一些诗，朋友很喜欢他的诗……

谓语做主位：

1 октября состоялось заключительное заседание конференции, на котором Молотов сделал обширный доклад. *Выступили и союзники.* （В. Карпов. *Генералиссимус*）10月1日举行了闭幕会议，会上莫洛托夫做了全会报告。他的盟友也做了发言。

宾语做主位：

В город Анна Сергеевна являлась очень редко, большею частью по делам, и то ненадолго. *Ее* не любили в губернии... （И. Тургенев. *Отцы и дети*）安娜·谢尔盖耶夫娜很少进城，总是有事情才去，就是去了也住不久。省城里的人不喜欢<u>她</u>……

地点状语做主位：

Минут через двадцать он вышел покурить на площадку. Стекла в одной половине наружных дверей не было, —*на площадке* разгуливал холодный ветер... （Ю. Казаков. *Двое в декабре*）过了20分钟他走到车厢连接处抽烟。一面车门的玻璃缺了，<u>车厢连接处</u>灌满了冷风……

第二章　句子类型

第一节　句子类型概述

对于句子，可以从多个角度进行分类。根据所表达事实的性质，句子分为肯定句和否定句；根据说话目的，分为陈述句、疑问句和祈使句；根据主要成分的数量，分为单部句和双部句；根据次要成分的有无，分为扩展句和非扩展句；根据述谓单位的多少，分为简单句和复合句。所有这些分类，都是从句法分析的角度进行的。

汉语界目前还没有看到根据实义切分所作的句子分类。已有的分类，基本上从句法出发。其中有两类划分原则：一类根据逻辑类型划分，如王力将句子分为叙述句、描写句和判断句[1]；另一类根据句子的主要成分来划分，如将句子分为主谓句和非主谓句[2][3][4]。根据第二种分类，句子的主要类型有：

1. 非主谓句

指不能分析出主语和谓语的句子，如：

　　好热的天气！
　　出太阳了。

2. 主谓句

(1)动词谓语句。

　　大会开始了。

---

[1]　王力：《中国现代语法》，北京，商务印书馆，1985，第42～55页。
[2]　张志公主编：《现代汉语》(下)，北京，人民教育出版社，1985，第54～59页。
[3]　胡裕树主编：《现代汉语》，上海，上海教育出版社，1981，第348～355页。
[4]　丁声树等：《现代汉语语法讲话》，北京，商务印书馆，1961，第18～28页。

(2) 名词谓语句。

　　明天晴天。

(3) 形容词谓语句。

　　这个办法好。

(4) 主谓谓语句。
主谓谓语句指谓语由主谓结构构成的句子，例如：

　　这棵树叶子大。

　　汉语界这两种句子分类，无论是根据逻辑类型还是述谓主导型，都是在句法层面上进行的，与交际语境不直接挂钩。它们是对语言的静态描写，对于生成正确的句子有积极的指导作用，但是对于在具体的语言环境中怎样使用各种句式，却没有明确的指导。因此我们认为有必要从实义切分的角度出发，根据汉语的结构特点，对汉语句型做新的描述。
　　句子分类还可以从实义切分的角度进行，即根据主、述位的类型划分句子。不论句法上属于什么句子类别，我们只看占据主位或述位的成分，并根据其特点将它们分成若干组别。
　　科夫图诺娃根据俄语双部句(含主语和谓语)及其扩展成分(定语、宾语、状语等)的特点，从词序排列的角度出发，将俄语句子分为 9 种类型[1]：
　　1. 名词主语和动词谓语

　　Цветы цветут. 鲜花盛开。

　　2. 代词主语和动词谓语

　　Я победил. 我胜利了。

---

[1] Ковтунова И. И.: *Современный русский язык：Порядок слов и актуальное членение предложения*，М.，1976，с. 146-194.

3. 主语带一致定语

　　Литературная Москва волновалась. 莫斯科的文艺界起了波澜。

4. 主语带非一致定语

　　Ваза с цветами разбилась. 插着鲜花的花瓶打碎了。

5. 谓语带性质状语

　　Сердце его сильно билось. 他的心跳得厉害。

6. 谓语带宾语

　　Фонари освещают площадь. 街灯照耀着广场。

7. 谓语带双宾语

　　Он пишет друзьям шутливые письма. 他给朋友们写些幽默的信。

8. 谓语带动词不定式

　　Максимов не любил спорить. 马克西莫夫不喜欢争论。

9. 带全句限定语的句子

　　На заре Федя разбудил меня. 一大早费佳就把我叫醒了。

　　每个类别里，科夫图诺娃不仅指出其修辞中性的基本模式，而且逐一列举该模式下可能出现的各种词序变体，即各种主观词序。譬如名词主语和动词谓语的模式，标准的词序是名词＋动词，但是在有表现力的主观词序中，两个成分可能发生颠倒。

科夫图诺娃的句子分类把语言体系与交际环境结合起来，综合考察词序问题，也就意味着：(1)说每句话时，不仅要考虑该句子本身是否正确，是否符合语法规则，还要考虑交际任务，并据此确定词的排列顺序；(2)把交际任务与该语句类型联系起来，确定在什么样的交际任务使用哪些句式；(3)区分语句的修辞中性表达和带主观色彩的表达，并进而了解语言中有多少可供使用的句式变体。

我们依据实义切分的理论，以主位作为观察坐标，从语法(主语)、逻辑(主体)、交际(主题)多个角度综合考虑，确定了 9 种句子类型。考虑到语言的相通性和独特性，也为了更好地对比和比较，我们在每种类型中分别写出相同内容的汉语和俄语句子，借以表明它们属于同一切分类型，但在句法结构上可能存在着差异。

根据主位词的性质，我们划分出以下句子类型。

1. 主体主位句

   我读书。

2. 被动句

   她被大伯领走了。

3. 宾语主位句

   报纸我看了。

4. 受事主语句

   信写好了。

5. 述体主位句

   开门的是房主本人。

6. 主述体主位句

　　她嫁的是一个富翁。

7. 半主位句

　　玻璃是我打碎的。

8. 零主位句

　　飘雪了。

9. 全句限定语主位句

　　街上下着雨。

第二节　主体主位句

　　主体主位句指由表示主动行为的主体构成主位的句子。这种句子的谓语可以是及物或不及物动词，回答"发生了什么"的问题。主位和述位之间可以有片刻停顿。如果有停顿，则通常主位的语调提高，述位的重音加强。

一、基本句式

1. 叙述句

　　叙述句也叫陈述句，指陈述一个事实或表示说话人的看法。叙述句包括两成分的主谓句和三成分的主谓宾句。

　　(1) 主谓句。

　　这种句子只包含单纯的主语和谓语，不带客体宾语。主语是句子的主位，表示已知的事物或谈论对象；谓语是述位，是句子的核心信息，表示所述事物的行为、状态、性质等。

　　这类句子可以是单纯的主语和谓语，也可以是扩展的形式，即主语可以带有定语，谓语可以带有时间、地点、行为方式状语。例如：

他笑了。(乌热尔图:《琥珀色的篝火》)

壁立的岩石,屏风般从车前飞过。(冰心:《到青龙桥去》)

大片大片的雪花,从彤云密布的天空中飘落下来。(峻青:《第一场雪》)

Она застенчиво улыбнулась...(К. Паустовский. *В Гу сторону радуги*)她羞涩地笑了……

Поезд пришел только под вечер. (А. Чаковский. *Блокада*) 火车直到傍晚时分才来。

(2)主谓宾句。

这种结构指由主语加动词谓语与宾语构成的句子结构。谓语表示动作或行为,宾语表示跟这个动作或行为有联系的事物。例如:

他的故事,使我陷入了沉思……(叶文玲:《心香》)

吃过晚饭,父亲和密司宋把他带到舞厅。(张贤亮:《灵与肉》)

Зоя встречала Семена и в поле, и в клубе, и в правлении колхоза.(С. Мелешин. *В дороге*)卓娅在田间、在俱乐部、在集体农庄委员会都能碰到谢苗。

2. 判断句

所谓判断句,是指那些用来判断主语的类属和性质的一类句子。一般用判断动词"是"来联系判断宾语。

二十四年前,我是师范学院艺术系的应届毕业生。(叶文玲:《心香》)

这位刚刚官复原职的丁局长是个很不寻常的人物。(柯云路:《三千万》)

Зоя была старшей в семье. (С. Мелешин. *В дороге*)卓娅是家里的老大。

Это у Мартынова была первая встреча с ним, первый большой разговор...(В. Овечкин. *На одном собрании*)这是马丁诺夫与他的第一次见面、第一次长时间的交谈……

3. 描写句

描写句是指用来形容和描写叙述对象的句子,一般用形容词或象声词作句子的表语。描写句的功能主要是说明什么样的，但也不排除评论性的词语。

陈奂生真是无忧无虑……（高晓声：《陈奂生上城》）
我家很穷困，他家稍微宽裕一些。（玛拉沁夫：《活佛的故事》）
父亲仍然是那样讲究……（张贤亮：《灵与肉》）
松鸦的叫声又嘈又乱。（陈应松：《松鸦为什么鸣叫》）
Окна были холодны и прозрачны...（Ю. Казаков. *Двое в декабре*）车窗很冷，也很透明……
Садовая улица была прежней...（Ю. Бондарев. *Простите нас!*）花园街还是老样子……
Коридор казался бесконечно длинным.（А. Чаковский. *Блокада*）走廊显得无限长。

二、主观词序

所谓主观词序，是指说话人为了强调某个事物而故意将其位置提前。这种词序的目的是表达说话人的主观情态，往往是具有评价意义的词语。

主观词序在以上各种句式中都可以发生。

1. 叙述句的主观词序

这是指主语和谓语的位置发生颠倒的词序。黎锦熙和胡裕树都曾指出这种现象。胡裕树[①]认为这种句子是为了表达强烈的感情，故而把主语放在后边出现。在口头表达时，这类句子当中有个明显的停顿，书面上用逗号来表示。提前的成分带有句重音。例如：

来了吗，他？（黎锦熙例）
都读了吗，你们？（胡裕树例）

在现代汉语里，颠倒的谓语和主语之间常常无须用逗号隔开：

智和住持又拍了一下桌子，说："胡说什么你，谁拿孩子做

[①] 胡裕树主编：《现代汉语》，上海：上海教育出版社，1981，第382页。

买卖了？"（陈继明：《北京和尚》）

"烧什么你？小杂种"，小铁匠说……（莫言：《透明的红萝卜》）

俄语的词序相对自由，因为表意的功能主要由词形担当，故词序被解放出来，可以大量用于表示说话人的各种感情色彩，其中包括主观评价色彩。例如：

Закипела скоро наша уха.（И. Соколов-Микитов）很快就沸腾了，我们的鱼汤。

Он... слышал игру на рояле, и звуки доносились слабые, неясные. Должно быть, Анна Сергеевна играла.（А. Чехов. *Дама с собачкой*）他……听见弹钢琴的声音，而且声音很弱，不清晰。应该是安娜·谢尔盖耶芙娜在弹奏。

Ни души не было кругом...（И. Бунин. *Грамматика любви*）四下里看不见一个人……

Ничего не знаю о тебе с тех самых пор.（И. Бунин. *Темные аллеи*）从那以后我再也没有听到过你的消息。

第一个例子发生了全句倒置：主位 наша уха（我们的鱼汤）退居句尾，动词 закипела（沸腾）提至句首，而说明动词的 скоро（很快）移到动词后面。这个词序的安排是为了突出"沸腾"这个行为特征。第二例的上句说听到弹钢琴的声音，接下来客观的词序应先说 играла（弹钢琴的是），然后才说是谁，即 Анна Сергеевна。而该句子把 Анна Сергеевна 提到 играла 前面，用以强调人。

汉语里由于语言体系的原因，主观词序使用有限。而俄文则可以大量运用调整词序的方式表示说话人的主观色彩。例如下面句子的俄译：

外面，雪越下越大，又起了风，天气变得很冷……（叶广芩：《梦也何曾到谢桥》）Снаружи все сильнее шел снег, да еще и ветер поднялся, стало очень холодно...（Перевод Н. Сомкиной）

在翻译这个句子时，译者为了强调天气的严酷，故意使用了主观词序，把形容词比较级 все сильнее（越来越大）和新信息 ветер（风）往前提，以突出它们的意义。

2. 判断句的主观词序

与陈述句相比，判断句较少发生主谓倒置的情况。这是因为判断句的句式对词序的要求较严，随意颠倒顺序可能造成理解的困难。但这并不意味着判断句没有主观词序，在这种句式中也允许把要突出的特征提到前面。一般来说，判断句的主观词序往往伴有一些强调性的语气词，例如下面例子中的"呀"和"же"：

"什么呀这是？"宋凯接过瓶子。（王朔、王海鸰：《爱你没商量》）

Когда я вернулась, отец не спал и спросил: — Это что же, ухажер твой, что ли？（А. Чаковский. *Блокада*）我回到家时，父亲还没有睡，他问道："这算什么呀，你的追求者还是什么？"

3. 描写句的主观词序

描写句的功能是描述事物的样子，也做一些主观的评论。主观词序的目的是突出"什么样的"，故把它提前放置句首，而本来是已知的信息反而后移。例如：

真年轻啊，这姑娘！（孟伟哉：《夫妇》）

多好啊，生活！多美啊，爱情！（谌容：《人到中年》）

又怎么了你们？（王朔、王海鸰：《爱你没商量》）

И как чисто, приятно у тебя. （И. Бунин. *Темные аллеи*）多干净，多舒服啊，你这儿！

Шел я как-то в августе сорок второго года мимо Зимнего дворца по площади в самый разгар ленинградской осады. Трудные это были дни. （Н. Тихонов）1943年八月正是列宁格勒围困最紧张的时期，有一次我路过冬宫旁边的广场。多么困难啊，那些日子！

Андрей Матвеич Жгутов, восемнадцатый председатель Петровского колхоза, стоя посреди дороги, беседовал с группой колхозников. Трудно быть восемнадцатым. （Ю. Нагибин. *Слезай, приехали*）安德烈·马特维伊奇·日古托夫18岁就已经是佩特罗夫集体农庄的主席。这会儿他正站在路中央，与一伙儿庄员们在谈话。多难啊，18岁的年龄。

Не велика, не знаменита Ворша. Мало связано с ней

легенд.（В. Солоухин. *Владимирские проселки*）沃尔沙河不大，也不知名。很少有与它相关的传说。

Теперь он, прислонив лыжи к стене, слегка потопывал, чтобы не замерзли ноги, смотрел в ту сторону, откуда она должна была появиться, и был покоен. Не радостен он был, нет, а просто покоен...（Ю. Казаков. *Двое в декабре*）现在他把雪橇靠在墙上，轻轻跺着脚，以免冻僵，朝她可能来的方向望去，心里很平静。他不是高兴，不是，而正是平静……

Давно уже можно начать этот разговор, а Ветлугин все оттягивал. Большая выдержка и терпение у человека.（Н. Новиков）早就可以开始这次谈话了，而维特鲁金总是拖延。人的忍受能力和耐心真是大啊！

第三节 被动主位句

被动主位句是客体主位句的一种，是逻辑上的客体充当主位的句子。当主语不表示发出某种行为的发出者，而表示行为所及的事物时，这种句子叫被动句。我们所说的被动主位句，指由被动句的主语充当句子主位的情况。

一、被动句的理据

这里要谈为什么要使用被动句。从生成语法的角度，被动句是从主动句转换生成而来的，如"大伯把她领走了"和"她被大伯领走了"之间存在着转换生成关系。的确，在不少情况下，被动句和主动句讲的是同一件事，只是说话的出发点不同。而实义切分关注的核心正是讲话的出发点问题，如果说语法学把被动句看作主动句的变体，实义切分则把它们视为两种独立的句子。

那么，被动句的语用基础是什么？我们归纳出以下几种情况。

1. 被动句充当话题

被动句最常见的类型是作为说话的出发点。有这样一种情况：某人或某物不是行为的发出者，而是行为所及的对象，但话题需要从这个受事开始，于是便出现了被字结构充当话题主位的句子。在这种句子中，受事是谈论的对象，后面的表述围绕它展开。例如：

<u>我</u>被送进医院后，先后上过两个手术台。（李佩甫：《生命册》）

<u>老牛</u>被牛国兴缠不过，只好收下杨百利。（刘震云：《一句顶一万句》）

<u>家人</u>被我吓坏了，想尽一切办法让我哭出声来。（如月：《通往天堂的电话》）

二姐在我们家的地位很特殊。她是我们家的人，却只在家里待过6年，6年之后，<u>她</u>被大伯领走了，做了人家的女儿。（雪小禅：《二姐》）

兔笼还在，<u>笼门</u>却被谁打开了，两只兔子不见了。（苏童：《黄雀记》）

"被"与"叫"、"给"在这种句子结构中同义，故而也有用"叫"或"给"字的：

村里牲口都<u>叫</u>敌人赶完了……（赵树理：《地板》）

你看你看，兔笼也<u>给</u>你踢坏了……（苏童：《黄雀记》）

2. 用被动句接续话题

始发句提到了某个人或某个物，后续句还要接续谈论这个话题，但在后续句中该人或物不是施事，而是受事。这种情况下，后续句往往使用被动句式，句子的主位经常省略（我们用"0"表示）。例如：

<u>父亲</u>是光绪十四年生人，<u>0</u>被慈禧派出去留学……（叶广芩：《豆汁记》）

<u>他</u>试图从梯级上坐起来，<u>0</u>被旁边的男护工按下去了。（苏童：《黄雀记》）

<u>我</u>出身书香门第，中学时代参加了学生运动并加入了地下党，解放后进了大学。大学毕业后<u>0</u>就被派到苏联进修……（冯骥才：《一百个人的十年》）

<u>一张纸片</u>不小心掉在地上，<u>0</u>被风吹得一掀一掀。（付秀莹：《无衣令》）

晚上，<u>我</u>一个人在院中走，<u>0</u>常被月牙给赶进屋来……（老舍：《月牙儿》）

被动句的使用，大多是为了语句的连贯，保持视角的统一。在一定的上下文中，为了使主语前后一致，语义通畅，语气连贯，用被动句比较好。例如：

她觉得机会来了，可是她还有点胆怯，话到了口边，又被她收回去了。（巴金：《家》）

Когда я вышла из кабинета, *меня* тут же окружили сотрудницы. 我刚走出办公室，就被同事们围了起来。

И...он...стал рассказывать брату историю Крицкого: как *его* выгнали из университета... и как потом он поступил в народную школу учителем, и как *его* оттуда также выгнали, и как потом судили за что-то. （Л. Толстой. *Анна Каренина*）他……开始……给弟弟讲克里茨基的经历：他怎样……被大学开除，后来怎样进民众学校当教师，又怎样从那里被赶出来，后来又为什么事被判刑。

我们观察到一种现象：当始发句的话题不是句子的主语时，后续句仍可用被动结构，也就是说，汉语里更加看重的是话题，而非句子的主语。例如：

夏小羽进了电视台如鱼得水，她主持的栏目受到了广泛的好评，很快0就被提拔为专题部的副主任。（李佩甫：《生命册》）
此时的蒋雨珊，被袁百鸣提拔为财政厅副厅长，还曾承诺几年后提她为正厅长。（黄晓阳：《二号首长》）

3. 用被动句转换话题

有的时候，始发句的述位成为后续句的主位，出现所谓的"链式"结构。此时如果后续句的主位是受事，就用被动句来转换话题。例如：

她没做声，狠命地踩着一棵小草。草终于被她踩死了……（姚鄂梅：《玫瑰》）
她听见里面的手机还在响，她甚至看见了那只手机，它被主人放在一只玻璃花瓶的瓶口处。（苏童：《马蹄莲》）
父亲先舞东洋刀，那把刀被父亲保养得很好，白生生的晃

人眼睛,父亲就舞着这把刀,看得人眼花缭乱。(石钟山:《父亲和他的警卫员》)

二、被动句的结构类型

一般的语法书把被动句分为三元被动句和两元被动句,我们增加了一种类型,分为三种。

1. 三元被动句

所谓三元被动句,指含有主语、谓语、补语三个成分的句子。主语表示受事,补语是施事,施事前有个"被"字,动词在施事之后。

　　这个女人,被她爹妈宠坏了。(滕肖澜:《月亮里没有人》)
　　训话结束后万炳要离去,0被胖子叫住了。(林那北:《龙舟》)
　　张凯刚走到小区门口0就被保安拦住了。(崔曼莉:《求职游戏》)
　　一清早,伊汝就被枝头檐间的麻雀喧闹声吵醒了。(李国文:《月食》)

以上各例的被动结构均表示一次性结果意义,即"被……了",动词的时态动词是一次完成体。有时动词也可以用完成状态体,如:

　　溪水流到这里后,0被四围群山约束成个小潭……(沈从文:《新湘行记》)

还可以是一般时态:

　　唉,月亮还有被云彩遮住的时候……(李国文:《月食》)

2. 两元被动句

三元句的受事和施事同时出现,而在两元句里只有主语和谓语,没有补语。也就是说,受事作主语,施事不必说出,或者不愿说出,或者无从说出。例如:

　　二战后,一个纳粹战犯被处决了。(何贤桂:《穿越黑夜的

精灵》)

　　伊汝深深地被激怒了……（李国文：《月食》）
　　地中海沿岸被称为西方文明的摇篮。（竺可桢：《向沙漠进军》）
　　今年是抗日战争胜利60周年，许多歌曲被重唱起来……（单三娅：《爸爸时代的歌》）
　　人可以被毁灭，但0不能被打败！（何贤桂：《穿越黑夜的精灵》)

两元结构的被动句可以单纯指出被动行为，也可能进一步展开，后面跟随表示目的、方向、地点等意义的词语。例如：

　　他是个工人，为了要住房跟革委会主任吵起来，0被弄进63号。（冯骥才：《一百个人的十年》）

3. 带形式补语的三元句

有一种情况：被动句属于三元结构，但其中的施事补语只起形式象征作用，并无实际意义，我们称这种补语叫作形式补语。一般来说，这种补语用"人"字表示，结构的形式是"被人……"。例如：

　　诗人常被人说成"疯子"……（叶延滨：《喝高了》）
　　窨井盖又被人偷走了……（滕肖澜：《月亮里没有人》）
　　一个17岁的小姑娘来到水池边，冲洗自己满是泥水的双脚。她的鞋子被人偷走了。（李小林：《被音乐拯救》）
　　可存在银行里也不放心，万一银行账号被人盗了呢？（李佩甫：《生命册》）

三、俄汉语被动句对比

1. 俄汉语结构相同

语境和话题，作为被动句的选择因素，在汉语和俄语里都起着同样的作用。往往一种语言里用被动句，译成另一种语言也要优先考虑用被动结构的可能。例如：

　　Звягинцев уже сделал несколько шагов по коридору,

полагая, что у них в номере наверняка кто-нибудь есть, *он* был остановлен голосом дежурной. （А. Чаковский. *Блокада*）兹维亚金采夫盘算着房间里肯定有人，可是他刚在走廊里走了几步，<u>0</u> 就被女值班员的声音叫住了。

Телега с семенами стояла не на рубеже, а на пашне, и *пшеничная озимь* была изрыта колесами и ископана лошадью. （Л. Толстой. *Анна Каренина*）装种子的大车不是停在田边，而是停在田当中，<u>冬小麦</u>被车轮碾过，都被马蹄踩坏了。

Кузьма, разбуженный ею, сонный и босиком выбежал на крыльцо. （Л. Толстой. *Анна Каренина*）<u>库兹马</u>被她叫醒，睡眼惺忪地赤脚跑到台阶上。

...*небо* покрыто тучами... （В. Короленко. *На затмении*）……<u>天空</u>被乌云笼罩着……

这几个例子中，俄语和汉语都采用了三元被动句。原因皆在于行为所及的客体是话题，他或它被某行为所驱使，处于某种状态。俄语里采用"主格＋被动形动词＋第五格"的形式，汉语则一定用"被"字，否则无法分清是行为发出者还是接受者。

两元被动句无须说出行为发出者。

Один брат расстрелян за вредительство, *другой* схвачен как шпион... （Ю. Домбровский. *Хранитель древностей*）<u>一个哥哥</u>以危害罪名被枪毙了，<u>另一个</u>被作为间谍抓起来……

В то время *он* был приглашен работать в Большой театр для постановок некоторых крупных спектаклей. （И. Архипова. *Музыка жизни*）那时<u>他</u>受邀去大剧院工作，排演几个大型剧目。

Все эти книги были переведены на многие языки. （С. Довлатов. *Чемодан*）<u>这些书</u>被译成多种语言。

Он был арестован, затем освобожден... （И. Дьяконов. *Книга воспоминаний*）<u>他</u>被逮捕，然后又被释放……

这几个句子在两种语言里都是两元被动句，都不指出行为的发出者。这种句子在俄语里只需"名词＋被动形动词"即可，而汉语里需用专门的词语指出被动结构。

俄语的谓语既可以是被动形动词短尾，也可以是带-ся的被动态动词。例如：

Мокрый снег *сменился* холодным дождем… (Ф. Горенштейн. *Куча*)潮湿的雪被阴雨取代……

— Соскучился, Агафья Михайловна. В гостях хорошо, а дома лучше, -отвечал он ей и прошел в кабинет. Кабинет медленно *осветился* внесенной свечой. (Л. Толстой. *Анна Каренина*)"我想家了, 阿加菲雅·米哈伊洛夫娜。做客虽好, 总不如家里", 他回答着, 走进了书房。书房被端进来的蜡烛照亮了。

原文：Он посмотрел на окно своего купе. Запыленные стекла ничего не отражали, сквозь них в сумрачной глубине *были видны* смятая постель и грязная пепельница, полная окурков. (Д. Гранин. *Собственное мнение*)

改文：Запыленные стекла его купе ничего не отражали, сквозь них в сумрачной глубине *виднелась* смятая постель, грязная пепельница, полная окурков.

2. 俄汉语不对等

由于俄语词的形态发达, 它可以比较自由地把行为客体放在动词前, 借助于词形很容易看出它不是主语。这样一来, 表示"某事物被……"之意时, 俄语可以不用被动结构, 而是用"名词间接格＋动词＋名词主格"的句式来表达。此时, 俄语与汉语出现了语义相等而句法结构不同的现象, 因为汉语需用被动式表示。

Его остановил деликатный кашель хозяйки: 《Извините, но эту еду я приготовила для своих детей на завтра…》(Д. Мартынкина. *Клятвопреступник Броснан*)他被女主人委婉的咳嗽声叫住了："对不起, 这是我给孩子们准备明天吃的。"

Лишь утром *его* разбудил рев паровоза. (Н. Островский. *Как закалялась сталь*)直到清晨他才被火车头的汽笛叫醒。

他的大侄子被疯狗咬了……(老舍:《牺牲》) *его* старшего *племянника* укусила бешеная собака. (Перевод Е. Рождественской)

月儿忽然被云掩住……(老舍:《月牙儿》) Внезапно *луну* заволакивает облако...(Перевод А. Тишкова)

老六不想去,转过身就往屋里走,被矮他一头的老七一把拉住……(叶广芩:《梦也何曾到谢桥》) Шестой не хотел идти, развернулся и прошествовал было в дом, но *его* задержал Седьмой — малыш на голову ниже него...(Перевод Н. Сомкиной)

这几个例子的汉语原文都用了被动句,但它们的俄文译文却都用了主动句。因为俄文只需将动作所及对象用于宾格,听话人自然理解它不是行为的发出者,而"宾格+谓语+主语"的结构,往往意味着"某人或某物被……了"。因此,俄语的这种结构译成汉语时,大多可以译成"被"字句。

俄语里有一种不定人称句,专门用复数第三人称形式表示行为由不确定的人发出。这种句子往往对应汉语里的两元被动句,因为两者的共同点是不指出行为的发出者。例如:

Только *он* в клетке не сидел: просто *его* взяли да и выпустили. (Ю. Домбровский. *Факультет ненужных вещей*)
只是他没坐过局子:他被抓起来,又被放了。

下面句子的中文译文就犯了视角错误,应该译为被动句:

С 1949 года по март 1956 года Александр Василевский был министром обороны СССР. Вскоре после знаменитого доклада Хрущева по личной просьбе маршала *его* освободили от занимаемой должности. 1949年至1956年3月华西里耶夫斯基担任苏联国防部长的职务。在赫鲁晓夫著名的报告之后不久,根据华西里耶夫斯基的个人请求,解除了他的职务。

这个例子摘自俄罗斯驻中国大使馆网站。该句的叙述对象是华西里耶夫斯基,前后句子都应该始终以该人物作为话题。但俄罗斯使馆网站的译文,仅从语言形式出发,将最后一句的"他"作宾格处理,破坏了视点的一致性。故该句子应译为"他被解除了这一职务"。

不仅不定人称句可以用来表示"被……"的意思,这种用法还出现在单数第三人称的无人称句中，因为此类句子的语义结构也是不以人物的主观意志为转移的。例如：

Петька упал, но палку из рук не выпустил. Его *нанесло* на *большой камень, крепко ударило.* (В. Шукшин. *Демагоги*) 佩琦卡摔倒了，但手里的棍子没有松开。他<u>被摔到</u>一个大石头上，重重地磕了一下。

这里的第三人称中性形式表示一种自然界的力量，主人公佩琦卡就是被这个力量击打到巨石上面。

总之，在俄语里有多种丰富的词法手段来表示主体被另外的行为所左右，并不一定都用被动语态。下面我们举几个作家修改的例子，它们共同的特点都是原文使用了被动形式，而改文则替换为主动句。从中我们可以体会俄文的细微用法。由于这些地方俄语里都是修改的词法形式，在汉语里没有相应的体现，故只将改文标注了译文。

原文：Бутылки с бензином *были приготовлены*, но выяснилось, что почти ни у кого нет спичек. (К. Симонов. *Живые и мертвые*)

改文：Бутылки с бензином *приготовили*, но выяснилось, что почти ни у кого нет спичек. 装汽油的瓶子<u>准备好了</u>，但却发现谁也没有火柴。

原文：В прошлом году отпуска командному составу *были отменены* и имелись некоторые основания предполагать, что их могут отменить и в этом. (К. Симонов. *Товарищи по оружию*)

改文：В прошлом году отпуска командному составу *отменили*; имелись основания предполагать, что их отменят и в этом. 去年军官的休假<u>被取消了</u>，种种迹象表明今年的假期也要取消。

原文：И Синцов сел рядом с другими четырьмя пленными: один из них *был ранен* в руку... (К. Симонов. *Живые и мертвые*)

改文：И Синцов сел рядом с другими четырьмя пленными: одного *ранило* в руку... 辛措夫和其他四个俘虏坐在一起，其中一个是手臂<u>受伤</u>……

原文：Машина остановилась, сопровождающий открыл дверь,

вылез, подождал Алексея. Двор с железными воротами *был окружен* высоким кирпичным забором. (Н. Дубов. *Жесткая проба*)

改文：Машина остановилась, сопровождающий открыл дверь, вылез, подождал Алексея. Двор с железными воротами *окружал* высокий кирпичный забор...汽车停了下来，陪同打开车门，跳了出来，等候阿列克谢。带铁门的院子被高高的砖墙围着……

这几个例子都是作家的改笔，句意本身都没有变化，修改的只是句子结构：原文的句子都用了被动句，但从叙事的视点来看，谈话的对象不是那个"被……"的事物，而是行为发出者，即人物。因此作家在修改时将被动句改为主动句，只是将表示客体的名词仍放在动词之前，这样一改，句子的本意不变，而句型变了，语气就通顺了。

第四节　宾语主位句

宾语主位句也是一种客体主位句。所谓宾语主位句，指宾语位于主语和谓语之前，充当句子的主位。

汉语界对于"这个字我不认得"有不同的看法。一种观点认为，"这个字"是主语，"我不认得"是谓语，此类句子称作主谓谓语句[1]；另一种观点认为这是倒装词序，即宾语提前[2]，黎锦熙管这种句子叫"宾踞句首"或"反宾为主"[3]。我们赞同后一种观点，即把"这个字"视为宾语，理由有两个：一是句子成分的划分不能完全撇开语义因素，本例中"这个字"是行为所及的客体，而非行为发出者；二是所谓的"主谓谓语句"是一个万能筐，凡是无法解释的句子都归入此类："这个字我认得"是主谓谓语句，"象鼻子长"也是主谓谓语句，它们显然是两种完全不同的句子，这样定位不利于搞清句子的语义类型。故我们认为"这个字我认得"是宾语主位句。

---

[1] 张志公主编：《现代汉语》（下），北京，人民教育出版社，1985，第 56 页。
[2] 吕冀平：《主语和宾语的问题》，胡裕树主编：《现代汉语参考资料》（下），上海，上海教育出版社，1982，第 585 页。
[3] 黎锦熙：《新著国语文法》，长沙，湖南教育出版社，2007，第 45 页。

一、宾语的类型

1. 上文提过的事物

前置的宾语是说话的出发点，即句子的话题，因此一般都是有定的。例如：

<u>婚礼</u>爸当然没参加……（叶倾城：《普通人的2012》）

齐鲁父母鱼与熊掌兼得的愿望落了空。<u>父亲要的鱼</u>她是抓住了，但<u>母亲要的熊掌</u>她连一个手指头也没碰着。（阿袁：《鱼肠剑》）

<u>钱</u>我已经花了，怎么样？（苏童：《黄雀记》）

<u>钱</u>越借越多……（何立伟：《玉姐》）

<u>Ночь</u> я провел в чужом отряде.（К. Паустовский. *Романтики*）<u>这一夜</u>我是在别的队伍里度过的。

<u>О жизни в деревне</u> я ничуть не жалею.（В. Каверин）<u>农村的生活</u>我一点儿都不后悔。

既然前置的宾语是上文提过的，本句就是再次提及，也即重复。有时它单纯地重复，有时配以"这个"、"那个"等指示词，以进一步明确这是上文提到的事物。例如：

老郝做好了局。<u>这个局</u>只老郝一人知道，连看店的女大学生也没告诉……（王金昌：《赝品》）

他还给我讲了中国老太太和外国老太太死后见上帝的故事。<u>这个故事</u>我在一百种报纸杂志上都见过……（崔武：《日子》）

<u>这本书</u>你先留下看吧，我还不用呐。（杨朔：《石油城》）

"<u>这个办法</u>我今天可以告给你了……"（赵树理：《李家庄的变迁》）

<u>这些事情</u>，章工作员怎么不知道？（赵树理：《李有才板话》）

<u>那个人</u>你认得不认得？（杨朔：《石油城》）

Людей этих он не замечал...（А. Фадеев. *Разгром*）<u>这些人</u>他没注意……

Этого вопроса биографы даже не коснулись.（Ю. Тынянов.

Безыменная любовь)这个问题生物学家甚至没有涉及。

为了让宾语突出出来,许多时候它用逗号独立出来,以示这是全句的话题。例如:

斯大林,郭大娘是知道的……(李国文:《月食》)
石宽的脾气,小让是知道的。(付秀莹:《无衣令》)
她的痛,没有人知道,包括她的父母。(阿袁:《鱼肠剑》)
所有这些,小让都不曾跟石宽提起过。(付秀莹:《无衣令》)
"没有关系,他,我认识,我和他谈一谈。"(董保存:《钓鱼台往事追踪报告》)

2. 语境导出的关联事物

所谓语境导出的关联事物,是指在下文中用作前置宾语的词在上文并未出现,但上文的语境提示它的存在。这种情况下也会出现宾语前置。例如:

在这之前,还有好几个小时,齐鲁打算去一趟图书馆,书其实有些看不进去了,但她习惯了在图书馆消磨时间。(阿袁:《鱼肠剑》)
他说还是演电视的好,将来我在电视里一露脸,他就可以对人说,这个角儿他认识,打小就认识……(叶广芩:《梦也何曾到谢桥》)
我们教的中文,是主张从良好情怀的心里发芽的中文。这样的一颗心,田维无疑是有的。(梁晓声:《与死神波澜不惊对视的人》)
叫别人愁绝的事,她倒是从容应对。(何立伟:《玉姐》)
邓朝辉笑了:"女人的话,你不能信……"(崔曼莉:《求职游戏》)

第一个例子的上文提到了图书馆,下文里的"书"便自然成为已知,故而提前至主位的位置;第二个例子先讲到了演电视,那就自然是个"角儿"了,所以下文"这个角儿"要先说。

3. 对比的事物

对比的事物往往是谈话的焦点,理所当然地应该放在句首。一般来说，能够拿来对比的事情，两者之间必然有一定的联系：要么是反义词，要么是同义词。

烟他是彻底不吸了，但酒他是不能少的。（石钟山：《机关物语》）
如今伊妹儿和手机短信盛行便捷，传统的信，早已经没什么人写了。（肖复兴：《亲笔信》）
但是显然老汉心里并不高兴，酒可以喝，话却不能再那样说下去……（石定：《公路从门前过》）
烟斗可以珍爱，打火机可以冷落，对于那身西装，龙乾坤简直有些不知所措了。（陈继光：《旋转的世界》）
可除了卖豆腐，别的手艺他不熟，别的手艺人他也不熟。（刘震云：《一句顶一万句》）

在翻译对比类的句子时，应该遵从原文的意思，把比较的意味体现出来。通常，即使上句没有宾语前置，下句也一定让它处于焦点地位，否则便难以反映对比的含义。例如：

Платят им только золотом, бумажных денег они не берут. (В. Каверин)他们只收黄金付款，纸币他们不收。
Других определений он как будто и не знал. (М. Исаковский)别的定义他好像没听说。
家里的事她管，外边的事我管……（老舍：《方珍珠》）Домашними делами ведает она, а делами вне дома — я. (Перевод. Г. Хатунцевского)

4. 列举的事物

列举是并列说出几个同类的事物。一般此种情况是要突出列举的词，故也常常将宾语放在主语的前面。

这种句子在各种语言中都力求突出话题，因此也都尽量用宾语前置的句式表达。请看下面汉译俄的例子：

孟教授还是不骄傲，老实不客气地告诉系主任："东洋史，他不熟；西洋史，他知道一点；中国史，他没念过。"（老舍：

《听来的故事》)Мэн не возгордился должностью преподавателя и, как всегда, не церемонясь, просто сказал декану факультета: 《*Историю Японии* я хорошо не знаю, с *историей Запада* знаком слабо, *историей Китая* не занимался вовсе》. (Перевод Е. Рождественской)

叫他作什么呢，可是？教书，他教不了；训育，他管不住学生；体育，他不会……(老舍：《听来的故事》)Но чем он мог быть полезен? *Преподавать* не умел, *воспитывать*-тем более, он не годился даже в преподаватели физкультуры...(Перевод Е. Рождественской)

"他妈，甭怕，病咱治，媳妇咱娶，娶……"(邵振国：《麦客》)—Его мать, не бойся, *болезнь* мы вылечим, *невестку* мы найдем, найдем...(Перевод О. С. Кузнецовой)

5. 宾语是句子

许多时候，宾语从句也可以整体提前。这种句子的核心在从句上，它是全句的焦点，而主语似乎只是充当补充和附加的含义。例如：

这是墨在引诱她，齐鲁知道。(阿袁：《鱼肠剑》)
这是强词夺理，孟繁知道。(阿袁：《鱼肠剑》)
吕蓓卡是什么人，孟繁还不了解？(阿袁：《鱼肠剑》)
会上人们说了些什么，何维维几乎一句也没听明白。(陈世旭：《爱的旅途》)
赵响特地挑了这么个临街的饭馆跟他见面，说，最闹的地方最安静。静不静的何维维心里根本没感觉。(陈世旭：《爱的旅途》)
...Что ему предстоит тоже ехать в Москву, Звягинцев узнал всего за два дня до отъезда. (А. Чаковский. *Блокада*)
……他也应去莫斯科，兹维亚津采夫在出发前两天才知道。

二、辅助词的作用

在宾语主位句中，虚词和副词往往可以起到辅助的作用。一般来说，虚词和副词可以帮助提升主题，使之成为全句的焦点。

1. "连"字的作用

介词"连"字本身就可以起到引出话题的作用，表示强调意义。通常，"连"字后面跟"也"、"都"等，一起组成一个主位结构，表示"甚至"的意思。

连园子里的松鼠和水牛儿我都认识。（叶广芩：《豆汁记》）

父亲把孩子接二连三地送到部队，就万事大吉了，连信也不去一封，更别说和什么人打招呼了。（石钟山：《父亲和他的警卫员》）

那时的孩子难得有太多的心事，没有钢琴课也没有补习班，连作业也不多……（叶延滨：《星河与灯河》）

大多情况下，"连"字后面跟的是宾语，个别时它也可以放在动词前面，例如下句中的汉语译文：

На Ивана Степановича он и не поглядел...（С. Антонов. Разорванный рубль）伊万·斯捷潘诺维奇他连瞧都没瞧一眼……

2. 副词"都"、"也"

除了与介词"连"字合用以外，副词"都"、"也"还可以单独用来强调某个成分，在宾语主位句中这也是一种辅助手段。例如：

侯己的儿媳没读过几天书，好多事情她都不懂。（晓苏：《侯己的汇款单》）

三、主语的性质

一般来说，宾语主位句中有两个主位：一个是提前的宾语，另外一个是句子的主语，因此这种句子也称为双主位句（предложения с двоиными темами）。

双主位句里，宾语是第一主位，置于句子之首，而主语是第二主位，其位置紧跟宾语之后。实际上，只有宾语才是本句真正的话题，而主语往往是大语境中的已知，也就是说，主语通常是全文或该片段的主人公。

二叔，你的话我都听见了！（老舍：《方珍珠》）

她本来聪明，而所有的参考书孙东坡都替她准备好了……（阿袁：《鱼肠剑》）

主语可以用名词或代词表示，这是一般性的规律。就宾语主位句来讲，主语较多用人称代词，这里原因有两个：第一，宾语是新提出的话题，通常要用名词表示，而主语是语境中已知的人物，故大多可以用代词替代；第二原因在于人们的语言识别习惯可以把"名词＋代词"的结构看成是两个人，如"老张你认识"，这里"老张"是一个人，"你"是另一个人，而反过来说"你老张认识"识别起来有些困难，甚至可以把"你老张"认作同一个人。

我问：夏小羽，你认识吗？（李佩甫：《生命册》）

秀芬的父母他根本不认识。（畀愚：《邮递员》）

谈到主语作为第二主位的句子，不能不说一说周遍句的问题。无论汉语还是外语，都有一种带周遍性成分的句子。所谓周遍性成分，是指用疑问词和副词"都"或"也"同现的成分，用来否定最小的可能性来加强周遍性。周祖谟先生很早就注意到这个类型，他指出，提到句首的宾语是具有周遍性的[①]。周先生提到的是句首的宾语具有周遍性，这种情况的确有。例如：

在乡下你这个岁数早该做阿母了，还是什么都不懂。（张翎：《阿喜上学》）

这个句子中的"什么"就是周遍性的宾语，它提到了动词"不懂"的前面，同时配有副词"都"做辅助性的支撑。周先生的结论无疑是对的。这里我们想补充的是周遍性主语在宾语主位句中的表现形式。我们的研究发现，当有周遍性的主语存在时，宾语也要提至句首，一方面因为宾语是前面提到过的现象；另一方面周遍性主语用来泛指任何人或事物，而不是像前面类型那样是语境中的主人公。

---

① 周祖谟：《关于主语和宾语的问题》，胡裕树主编：《现代汉语参考资料》（下），上海，上海教育出版社，1982，第 595 页。

梦谁不会做，傻瓜专门做白日梦。(滕肖澜：《月亮里没有人》)
家庭烦恼谁也避免不了……(叶兆言：《白天不懂夜的黑》)
我在他心中的地位，谁也无法动摇。(关仁山：《根》)
老尤看吴摩西一眼，在炕沿上敲着烟袋：
"啥时也能发一笔横财。"
横财谁不想发？(刘震云：《一句顶一万句》)

四、述位的类型

前面我们分析了主位的两个成分——宾语和主语，现在我们看一看述位谓语的用法和类型。我们根据谓语的语义特点，划分出几种类型的述位。

1. 表示积极的行为

这是最常见的动词类型，表示某个动作和行为及于某个客体。换句话说，这个类型就是用及物动词充当谓语，而它所及的事物是句子的话题，置于句首。例如：

那些词大家都会……(叶广芩：《小放牛》)
城里的女人万炳从电视上见过……(林那北：《龙舟》)
这个小小的细节除了我的母亲以外，在场的我的几个哥哥都看到了……(叶广芩：《梦也何曾到谢桥》)
天爷，没有老头，他们上哪儿找这个便宜去？房租他掏，保姆费他掏，水电费他掏，连肥皂粉、大便纸也由他买。(张洁《尾灯》)
她向来忌惮明亮的东西：白天、太阳、玻璃以及别人尖锐的注视，她都不喜欢……(阿袁：《鱼肠剑》)

2. 表示性质和程度

这种述位的语义重点不在于做了什么，而是做得怎样，因此在动词谓语的后面要有一个表示程度或性质的补语，谓语与补语一道作为述位，但以补语表示的意思为主，而谓语动词往往是语境中不言而喻的。

这样精彩的厨师母亲似乎并没看上眼……(叶广芩：《豆汁记》)
这层意思，孟繁看得一清二楚……(阿袁：《鱼肠剑》)

　　　　李亦简跟海因兹的对话费舍尔都<u>听清</u>了。(方方:《刀锋上的蚂蚁》)

　　　　爸爸你能不能整点儿新词儿教育我们,这老掉牙的嗑我耳朵都<u>听出茧子</u>来了。(崔武:《日子》)

3. 表示数量意义

　　它与前面的类型近似。但在动词谓语之后,紧跟着表示数量意义的词。当然,有时数量意义与性质意义也无法严格界定,譬如下面的第二个例子就兼有两种意味:

　　　　业主的脸万炳还没认<u>几个</u>……(林那北:《龙舟》)
　　　　炸酱面我吃过<u>不少</u>……(叶广芩:《梦也何曾到谢桥》)

4. 表示行为方式

　　这种类型也是述位的语义重心不在谓语上。与前两种情况不同的是,这里表示核心意思的不是补语,而是行为方式状语,说明行为是怎样进行的,或者结果是如何取得的。状语处在谓语之前。

　　　　后面那句话,孙东坡是<u>放低了声音</u>说的……(阿袁:《鱼肠剑》)

　　但是,这种句子在俄语里的表达略有不同:状语仍在谓语之后。这是因为,在俄语里无论哪种情况,只要是中性表达(无修辞色彩的),总是要将新信息置后。试比较以下两个俄汉语句子的译文:

　　　　Место это он получил через мужа сестры Анны, Алексея Александровича Каренина, занимавшего одно из важнейших мест в министерстве, к которому принадлежало присутствие…(Л. Толстой. Анна Каренина). 这个位置他是<u>通过妹妹安娜的丈夫阿历克赛·阿历山德罗维奇·卡列宁的关系</u>谋得的……
　　　　第一支曲子她是<u>与我们的厂长</u>跳的……第二支曲子她<u>与苏方的专家组长一起</u>跳的。(王蒙:《歌声好像明媚的春光》)Первый танец она танцевала *с директором нашей фабрики*… Второй танец она танцевала *с начальником специалистов советской стороны.* (Перевод А. Желоховцева)

5. 引出他人行为

绝大多数情况下，宾语主位句中的宾语，表示该句主语发出行为的所及客体，即行为是针对主语而言的。但是有一种情况，宾语表示的事物是由主语以外其他人所做出的，此时谓语后面带有兼语句。例如：

该拆洗的被褥，他拿回去让媳妇洗……(叶广芩：《小放牛》)

这口破箱子，年头腊月大扫除她就提议放到床下……(赵树理：《传家宝》)

第五节 受事主语句

受事主语句，顾名思义，指受事作为主语的句子。受事主语句有如下一些特征：首先，主语在语义上是受事，表示一个事物承受另一事物所发出的行为，但施事不出现；其次，谓语通常是及物动词，表示对受事所施加的行为，但形式上却不是被动句，没有"被"字。王力在其著作中指出了这种不带"被"字的被动式，认为它在形式上和主动式一样，只在意义上是被动的[①]。

需要把受事主语句与省略人称句区分开来，前者看不出行为由谁发出，后者可明确推测出行为主体，只是在语境中没有点明。试比较以下例子：

酒和菜都摆上来了，可是老汉只吃了一点点就叫收下去。(石定：《公路从门前过》)

这篇散文那时未能写成，今天却在电脑上用键盘敲击起来。(刘心武：《抱草筐的孩子》)

第一例中的"酒和菜"是谁摆上来的，语境中并未给出，而且也没必要提及。这就是我们所谓的"受事主语句"。第二例虽然也未说出行为主体，但明显看出是第一人称的"我"，因此该例不属于受事主语句，而仅仅是省略人称句。

一、受事主语句的主语

受事主语句在语言中运用很广泛。由于各种原因，表示行为发出者

---

① 王力：《中国现代语法》，北京，商务印书馆，1985，第91页。

的施事没有必要提及，受事被提到主要地位。根据受事的作用，大致可以分为几种类型。

1. 重提前文的话题

紧邻的上句并未出现该事物，但更早的语境显然已经谈及它，因此这个话题不是本句首次提出，属于重新提及的话题。例如：

棉衣晒过了吗？被单洗了吗？（莫应丰：《竹叶子》）

石宽在短信里问她，票买上没有，几时回去。（付秀莹：《无衣令》）

我们商量说，母亲虽然年迈，病还是该怎么治就怎么治，不可延误。（宗璞：《花朝节的纪念》）

400块钱拿回我的桌子……（王蒙：《歌声好像明媚的春光》）

这时候，小乔的电话已经打不通了，夏小羽的电话也打不通了……（李佩甫：《生命册》）

2. 延续上句的话题

这里的话题不是本句首先提及，而是上个句子就已经谈到，一般都是上句的述位，位于句末，在本句中置于句首，形成链式的"顶真"结构。

母亲东借西借，为哥哥再次住院凑钱。钱终于凑够了，却住不进精神病院去。（梁晓声：《兄长》）

张凯便开始给邓朝辉打电话，电话没有人接。（崔曼莉：《求职游戏》）

第二天晚上，破老汉操持着，全村人出钱请两个瞎子说了一回书。书说得乱七八糟，李玉和也有，姜太公也有……（史铁生：《我的遥远的清平湾》）

需要指出，曾经提及的话题，并不意味着上下句的表述完全一样，不少情况下可以是同义词或相同语义场词，即后面的意思是从上文中推导出来的。例如：

有一回汝坤来搞贷款，要请农机局和银行的客，非拉我们两口子作陪。结果饭吃完了，他才说没带那么多钱……（曹征

路：《战友田大嘴的好官生涯》)

别家的炊烟早消歇了，碗筷也洗过了……(鲁迅：《白光》)

3. 省略的主语

上文提到了某个事物，下文顺着这个话题往下讲，此时受事主语句的受事可以不提，即主语省略。

面馆不大，0 收拾得也不干净。(崔曼莉：《求职游戏》)

表弟妹们读住宿小学，0 周末假日接回我家，由母亲照管。(宗璞：《花朝节的纪念》)

虽说这块地小些，可 0 不一会儿就割完了……(邵振国：《麦客》)

饭太硬，又是冷的，0 很难下咽。(赵本夫：《斩首》)

4. 偷换的主语

在汉语里，只要话题不变，句子类型可以随意变换，主动句、被动句、受事主语句等交替使用。所谓"偷换的主语"，是指话题不变的情况下，谓语已经不再是该主语发出的行为，而是属于第三者的，故此种类型我们也归入受事主语句。例如：

匪首马祥坐在囚车里，看不清身体的轮廓，只是黑乎乎一团。(赵本夫：《斩首》)

他手下有许多人，虽然打死了不少，还是有一些逃跑了。(赵本夫：《斩首》)

所长坐在小酒馆里，等到菜上齐了，亲手为仲良斟上酒。(昇愚：《邮递员》)

你毛病好了还会要我吗？(曹征路：《红云》)

这 4 个例子中，每个例子的首尾两句相连，属于同一个主语，但是中间插入的部分都变换了主语，但表面上这个变化并不明显，因为话题本身没变。难怪人们常把汉语称为话题为主的语言。

5. 列举的事物

有的时候，本来可以用通常的动宾结构，但是由于采用了列举结构，要求把做好的事情一样样列举出来，故动宾句常变为受事主语句。例如：

桑也拿了，澡也搓了，胡子也刮了。（荆永鸣：《足疗》）

糕也蒸了，肉也煮了，豆腐也做了，单等着她回去过个团圆年呢。（付秀莹：《无衣令》）

衣服越穿越旧，车子越开毛病越多，然而碗，却是常用常新。（张迪安：《碗》）

到了晌午，饼也烙成了，人也都来了……（赵树理：《李家庄的变迁》）

菜上来了，酒开了，胖子自己一杯接一杯喝。（林那北：《龙舟》）

二、受事主语句的谓语

1. 动词的时态

受事主语句的动词一般都是及物动词，因为主语实际上是该动词所及的对象。动词谓语最常用的时态是完成时，表示行为已经完成，并一直保持这个状态到说话时刻。完成时态可以用于过去、将来、现在等时间。

（1）动词过去时。

过去时是受事主语句中最常见的时态，它的意思是动作已经完成，但其影响仍在。

表示过去时态的鲜明标志是语气词"了"，意味着行为已经发生。"了"字可以单独跟在动词后面：

崔家庄的老崔小气，猪都杀了，中午的菜里还没肉……（刘震云：《一句顶一万句》）

我家的瓷碗，已经很久没有换过了。（张迪安：《碗》）

但是更多的情况是在动词和"了"字之间有其他表示状态的词，如"好"、"完"、"成"等。例如：

茶水早已经沏好了。（付秀莹：《无衣令》）

房子已建好了，有两层楼……（韩少功：《山南水北》）

晚饭摆出来了……（鲁迅：《祝福》）

就此，仇恨也就种下了。（李佩甫：《生命册》）

也有许多时候不用"了"字，而是其他表示完成意义的词，如下面句子中的"已经"：

  祖父的床铺已经收拾干净，一床褥子卷了起来……（苏童：《黄雀记》）

（2）动词将来时。

完成时态既可以是过去时，也可以是将来时，后者表示将要达到的结果及其状态。但是汉语有特殊的一面：明明是未来的行为，却偏要用表示过去时间的语气词"了"，这一点在很多外国人看来十分费解。例如：

  你要是明天走，我的毛裤就织完了。（张翎：《空巢》）
  老姑父要迁坟了，我还没来祭拜过。（李佩甫：《生命册》）

（3）动词现在时。

动词现在时一般为完成现在时，表示行为已经完成，但其状态或性质一直保持到说话时刻。

  小米粥熬得黏稠腻糊，小酱萝卜切得周正讲究……（叶广芩：《豆汁记》）
  榆树下，是她们家的地窨。据说，这地窨挖得还算讲究。（蒋韵：《朗霞的西街》）

现在时也用于一般时态，这个类型往往用于说明某个事物的性质，在动词前有表示性质的副词。例如：

  黄龙比九寨沟难走……（叶文玲：《清风明月共一船》）
  文化确实很难捉摸。（余秋雨：《何谓文化》）
  这是一条古驿道，因为年久失修，坑坑洼洼的不好走。（赵本夫：《斩首》）
  方云中不难找……（刘庆邦：《风中的竹林》）

现在时还可以表示事物所处的状态，既可以用于肯定结构，也能用于否定。

门没锁，轻轻一推就开了。(张翎：《空巢》)

窗子没关严。(滕肖澜：《月亮里没有人》)

(4)动词不定式。

这种情况是指动词受另外一个助动词的支配，两个动词合起来作为句子的谓语。

　　秋天，整个谷城都弥漫着大白菜和芥菜的气味。大白菜要下到窖里存储起来，准备一家人吃一个冬季；而芥菜，则是要切碎了浸到缸里腌制酸菜，那是谷城人一天三顿离不了的主菜。(蒋韵：《朗霞的西街》)

2. 俄语的动词谓语形式

(1)用被动形动词表示。

在汉语里，受事主语句就是一种被动结构，谓语表示的行为不是主语发出的，而是其他的第三者。俄语与汉语一样，也有这种被动句，因此俄语表示这种语义的句子最普遍的类型是动词用被动形动词短尾，表示发出的行为达到了某个结果并使对象一直保持这个状态。请看下面俄汉互译的例子：

　　Дверь *была заперта* на замок. (Н. Островский. *Как закалялась сталь*) 门锁着。

　　《Разве уже все окопы и эскарпы *отрыты*, все доты *построены*, все надолбы *установлены*, все мосты *взорваны*, разве нет применения моим знаниям, моему опыту?!》(А. Чаковский. *Блокада*) "难道所有的战壕和崖壁都挖好了，所有的火力点都建好了，所有的桩子都立起来了，所有的桥梁都炸毁了，难道我的知识、我的经验就无用武之地了？"

　　Материалы *были исчерпаны*. (К. Паустовский. *Золотая роза*) 材料已经用完。

　　К утру обе тетради *были прочитаны*...(Н. Островский. *Как закалялась сталь*) 到了早晨，两本记事册都看完了……

　　Задание *выполнено*, время еще раннее, можно отдохнуть пару часов. (А. Чаковский. *Блокада*) 任务完成了，时间还早，

可以休息两个小时。

……窗户,桌椅,标语,全<u>弄好了</u>……(老舍:《方珍珠》)...окно, стол, стулья — все на месте, плакаты *вывешены*...(Перевод Г. Хатунцевского)

结果第二天睁眼一看,那望不到边的麦全都<u>割倒了</u>……(邵振国:《麦客》)В итоге, на следующий день, как только отец открыл глаза, то увидел, что вся пшеница на необъятном поле уже *скошена*...(Перевод О. Кузнецовой)

(2)用主动句表示。

除了被动形动词以外,俄语里还有其他的表达手段,譬如用主动句的各种形式。主动句中表示第三者行为最常见的形式是动词复数第三人称,这种句子在俄语里叫"不定人称句",意思是行为是由不知名的、不确定的第三者发出的。

北京<u>解放</u>才不很久,可是我们已经由卖唱儿的改成了艺术家。(老舍:《方珍珠》)Пекин *освободили* совсем недавно, а мы из торговцев песнями стали артистами. (Перевод Г. Хатунцевского)

前后台的标语都<u>换上了新的</u>。窗户也糊好。(老舍:《方珍珠》)Все плакаты в театре *заменили новыми*, окна *заклеили*. (Перевод Г. Хатунцевского)

"东西都<u>吃完了</u>,怎么办呢?"大林说。(张天翼:《大林和小林》)— Весь *съели*! — сказал Линь Большой. — Что дальше делать будем? (Перевод Аг. Гатова)

一些时候汉语的受事主语句的确很难辨别是第三者发出的行为还是说话人本人的动作,故而这种句子也可理解为第一人称的省略。因此,它也可以对应为俄语的省略人称句。例如:

"饭<u>做好了</u>,在厨房里呢……"(邵振国:《麦客》)— Я *приготовила* обед, он на кухне...(Перевод О. Кузнецовой)

(3)用反身动词表示。

俄语里有一种表示被动态的动词,在及物动词上加一个后缀-ся,表示该行为返回自身，故也称为"反身动词"。这种动词大量用于受事主语句中，表面看像是行为由主语发出，其实很多时候都是他人的动作。

  Полы *моются* раз в неделю. （Российская грамматика）地板每星期<u>擦</u>一次。
  Скоро сказка *сказывается*, да не скоро дело *делается*. （Российская грамматика）童话<u>讲起来</u>很快，可是事情真<u>做起来</u>却没这么快。

(4) 用形容词表示。
受事主语句在俄语里不一定都用动词表示，还可能是其他的词类，如形容词短尾也是一种选择。例如：

  Наконец яма была *готова*. （Н. Островский. *Как закалялась сталь*）坑终于<u>挖好了</u>。

三、受事主语句的宾语

从语义上看，受事主语句的主语是动词所实施行为的客体，照理不该再带有宾语。然而事实上并非如此，这种句子同样可以引出另外一个客体。

1. 宾语是受事
这种类型的特点在于：行为由第三者发出，主语是予事，受事则是宾语。例如：

  基层的员工每人发到<u>一件用特殊材料做成的衣服</u>……（滕肖澜：《月亮里没有人》）

2. 宾语是予事
这种情况与上一个类型近似，也是由第三者发出的行为，但受事与予事的位置发生了互换：受事作主语，而予事充当宾语。例如：

  企业文化手册发到<u>每个员工的手上</u>……（滕肖澜：《月亮里没有人》）

3. 宾语是数量成分

这种用法的特点是：动词之后不是跟着及物动词的客体，而是一个表示数量意义的词，比如表示重量、体积、时间等。例如：

饭吃到一半……(李铁：《中年秀》)
这东西藏了很多年了……(李佩甫：《生命册》)
叶又买来了三十担。(茅盾：《春蚕》)

4. 宾语是地点成分

这个类型的语义特点是"某人或某物(被)放置何处"。例如：

西装压在箱底了。(陈继光：《旋转的世界》)
我姑父不姓吴，所以并没有埋在吴家坟里。(李佩甫：《生命册》)

四、受事主语句的状语

受事主语句往往不仅仅是告诉别人某事情做过(完)了，而且还要补充说明做得怎样，这就可能带起一个补语成分，这个成分就是各类状语。

1. 表示程度

这种类型的受事主语句带有程度状语，提示行为所产生的结果意义，意思是达到了什么程度、何等状态。例如：

菜炒咸了，母亲说正好；菜炒糊了，母亲说无碍。(张丽钧：《在微饥中惜福》)
日子久了，锅烧穿了底……(叶文玲：《心香》)
今天的祸，闯大了。(张翎：《阿喜上学》)
这笔钱虽然一分也还没花出去，春枝却早已有了打算的。(张翎：《空巢》)
他一进屋门，看见屋子里完全变了样子：地扫得很光，桌椅摆得很齐整……(赵树理：《李家庄的变迁》) Войдя в знакомую комнату, Те-со увидел, что она совершенно преобразилась: пол *чисто* выметен, новая мебель расставлена *в строгом порядке*...(Перевод В. Кривцова)

走进院来，只见这院整饬得利利落落，地扫得净净的……（邵振国：《麦客》）Войдя во двор, он увидел, что все в нем было *аккуратно* расставлено по местам, пол *чисто* выметен...（Перевод О. Кузнецовой）

2. 表示性质

性质与程度十分相似，界限不是非常明显。我们把性质看作回答"怎么样"、"如何"的问题。例如：

— Поверь, что я все расчел, — сказал он, — и лес очень *выгодно* продан...（Л. Толстой. *Анна Каренина*）"请你相信我，我都计算过了"，他说，"这片林子卖得很划算……"

Рожь... была продана пятьюдесятью копейками на четверть *дешевле*, чем за нее давали месяц тому назад,（Л. Толстой. *Анна Каренина*）黑麦……每石比一个月前少卖了五十戈比。

Так была написана повесть 《Судьба Шарля Лонсевиля》.（К. Паустовский. *Золотая роза*）中篇小说《查理·伦瑟维德的命运》就这样完成了。

水香的麦已经全都割倒了。（邵振国：《麦客》）Пшеница на участке Шуйсян была уже *полностью* скошена.（Перевод О. Кузнецовой）

但庙门却紧紧地关着。（鲁迅：《长明灯》）

第六节 述体主位句

所谓述体主位句，顾名思义，是指句子的主位是一个表示行为的动词。述体主位句的使用有条件限制：它的主语不是一般性的称名动作，而是指某具体实施的行为。譬如"结婚是人生的一件大事"这种句子就不是我们所说的述体主位句，而"饭店里有人举办婚礼，结婚的是小李"中的后句话就属于述体主位句，"结婚"两字不是泛泛称名某个动作，而是与具体的人物和情境联系在一起。换句话说，述体主位句的上文明确指出或暗示曾发生过某行为，而该述体主位句进一步说出该行为的实施者是谁。

述体主位句的语法特点是带"是"字的结构，但它与一般的"是"字句有所不同，它的结构模式为"……的是……"。这里，"的"字前面表示行为，"是"字后面表示实施该行为的主体。

一、述体主位句的主语

述体主位句的主语不是名词，而是动词。为了标记该动词作为句子的主语，在动词后加上"的"字，表示该动词的语法作用相当于名词性成分。例如：

走到街角搭公车的地方，田田看见有人摆了水桶在卖花。<u>卖花的</u>是一个年轻的女孩子。（张翎：《空巢》）

有人拦车，<u>上车的</u>是个美艳的妇人，年龄大约在三十多岁吧……（李铁：《中年秀》）

刚进 S 门，忽而车把上带着一个人，慢慢地倒了。<u>跌倒的</u>是一个女人……（鲁迅：《一件小事》）

躲藏的河面并不宽，<u>把它藏起来的</u>是遮天蔽日的雨林。（张长：《躲藏起来的河》）

有的时候，主语可以用逗号与谓语部隔开。例如：

四眼佬的事，是到了第五天才传到家里来的。<u>传话的</u>，是肥仔的一个远房表兄……（张翎：《阿喜上学》）

主语表示的行为既可以在上文中明确指出，也可以是语境中提示的。例如：

他很轻松地上了五级的石阶，走进那间灯火辉煌的大客厅了。满客厅的人！<u>迎面上前的</u>是苏甫和竹斋。（茅盾：《子夜》）

新大楼盖好以后，<u>负责办公室装修的</u>是姚牧……（叶兆言：《苏珊的微笑》）

各种说法铺天盖地。<u>让网民大做文章的</u>是尚书记跳高式身败——刚起跳便摔倒……（尤凤伟：《金山寺》）

在某些场合，述体主位里的"的"可以省略，譬如下面的列举句：

十年……今天在这儿，明天上那儿。<u>打行李</u>是我，<u>解行李</u>是我。<u>做饭</u>是我，<u>洗衣裳</u>是我，<u>跑东到西</u>也是我！（老舍：《方珍珠》）Десять лет... Сегодня здесь, завтра — там. *Укладываю вещи* — я, *распаковываю*-тоже я, *обед готовлю* — я, *стираю* — я, здесь — я, там — я, все — я！（Перевод. Г. Хатунцевского）

述体主位句在俄语里的表达与汉语有异同。相同之处在于：两种语言都从动词开始表述，即先指出行为，然后再围绕该行为展开。不同点主要在表层的语法结构上：汉语为了保持"主语先于谓语"的原则，在动词后添加一个"的"字，把它变为名词性成分，以方便充当主语；而俄语完全不需要这样的变通，它直接把动词放置句首，表示话题和主位（而句子的真正主语在后面）。例如上面这个例子的俄文译文就采用了主谓倒置的词序，其他三个俄汉互译的例子也都采用了倒置词序：

Я принес его в журнал 《Звезда》. *Меня встретил* там Юрий Павлович Герман, который ведал в журнале прозой. （Д. Гранин. *Сильно прибыло красоты*...）我把小说拿到《星星》杂志，<u>接待我的</u>是尤里·巴甫罗维奇·盖尔曼，他在杂志社是小说部负责人。

麦客们蓦地回头，只见<u>说话的</u>是个年轻媳妇家，看上去二十四五，眉清目秀……（邵振国：《麦客》）Жнецы резко обернулись и увидели, что *кричала* молодая женщина лет двадцати четырех-двадцати пяти, с тонкими чертами лица...（Перевод О. Кузнецовой）

Она уже собиралась идти гулять, когда мать, приоткрыв дверь в ее комнату, сказала:
— К тебе, Тонечка, гости. Можно?
В дверях стоял Павел, и Тоня его даже сразу не узнала. (Н. Островский. *Как закалялась сталь*)

这天她正要出去散步，母亲推开她的房门，说："冬妮娅，有客人找你。让他进来吗？"
<u>门口站的</u>是保尔，冬妮娅一开始简直认不出他来了。

二、述体主位句的谓语

述体主位句的谓语是"是＋表语"的复合谓语,"是"为系词,表语是一个名词性成分。

述体主位句的语境是:上文曾指出过某行为,该句的谓语说出行为的实施者。

表语可以表示不定指的人或物,带有"一个""一位""个"等词。

张慰芳的领导一再安慰张慰芳母亲,让老太太不要着急,告诉她做手术的是<u>一位最好的医生</u>……(叶兆言:《苏珊的微笑》)

她重新回到房间里,伊汝这才发现站在他眼前的,是<u>一个真正的美人</u>。(李国文:《月食》)

调还是老细唱的那个调,只是词改了。改词的是<u>一个很斯文的城里社会青年</u>……(陈世旭:《波湖谣》

表语还可以表示特指的人或物。例如:

郭大柱挑起水桶,悄悄地回到烧水房,倚在墙角里发呆。烧水的是<u>老阮头</u>,他的身影老是佝偻在灰腾腾的烟气中。(邓刚:《阵痛》)

何校长不在校;迎接他的是<u>花白胡子的教务长</u>……(鲁迅:《高老夫子》)

没想到,开门的正是刚刚下班回家的<u>曾荫权本人</u>。(伊文:《对不起,我错了》)

围着桌子坐的是<u>父亲跟我们哥儿三个</u>。(朱自清:《冬天》)

在中国,自觉地把文化看成是集体人格的是<u>鲁迅</u>。(余秋雨:《何谓文化》)

这时,我对他说,我倒想离开这儿,想离开的是<u>我</u>,并不是你。(虹影:《校园花开》)

在俄语里,表示行为发出者的名词性成分是句子的主语,由于是述位,故置于动词之后。例如:

隔着竹帘子看，打钟的是本村的教书先生春喜。（赵树理：《李家庄的变迁》）Приподняв бамбуковую занавеску, привратник выглянул в окно и увидел, что в колокол бьет *деревенский учитель Чунь-си*. (Перевод В. Кривцова)

走到了梅花路的路头，我疑惑我的眼是有了毛病：迎面来的是宋伯公！（老舍：《听来的故事》）Подойдя к сливовым деревьям, я не поверил своим глазам-навстречу мне шел *Сун Богун*. (Перевод Е. Рождественской)

四个服务员和一个小伙子共同抬进来一架轮椅，坐在轮椅上的是一个胖得成了方形的人……（王蒙：《歌声好像明媚的春光》）четыре служителя и молодой парень вместе постарались втащить внутрь кресло на колесиках, в котором восседал *квадратный толстяк*... (Перевод А. Желоховцева)

靠东的一座是一间，住着两个学生，其余的三座都是三间，住的就是他们这伙匠人。（赵树理：《李家庄的变迁》）В одной из них жили двое студентов, другие лачуги занимали *плотники*. (Перевод В. Кривцова)

第七节　主述体主位句

主述体主位句与述体主位句相同的地方是它们都以动词行为作为句子的主位，但与后者的差别在于，前者在主位中增加了主体一项，也就是说，句子的已知是某人实施了某行为，句子的核心是展开关于该行为所及的客体。主述体主位句的表语从语义上看不是行为的发出者，而是行为的对象。

主述体主位句的主语有两种类型，一种是句子的主语省略，因为上下文已经足够清楚是谁发出的动作；另一种是行为发出者显现出来的。

一、主体的类型

1. 主体省略

省略是这个类型中常见的形式。一般来讲，这个句型本身都是沿着前面的话题继续展开，因此话题本身是可以省略不提的。例如：

他也是到此送行的。0送走的是一男一女……（沈从文：

《都市一妇人》）

　　周末一般会用来放电影。0 那个周末放的是意大利导演塞尔乔·莱昂内的《美国往事》……（阿袁：《鱼肠剑》）

　　弟弟愣了。酸楚地说："那家伙是谁？不是个白痴吧？"千媚告诉他0 嫁的是一个台湾商人。（叶弥：《成长如蜕》）

2. 主体重复

第二种情况是把前面说过的主语再重复一遍，也可以不是简单的重复，而是换一种说法，用同义词来表示前面提到的事物。例如：

　　阿爸刚刚碾完药，阿爸今天碾的是甘草。（张翎：《阿喜上学》）
　　孟繁不太爱逛街，孟繁最喜欢逛的是书店和宜家家居……（阿袁：《鱼肠剑》）
　　从前过年是想吃，如今酒楼多过厕所，吃太不重要了。过年过的是一种气氛，一种叫作幸福的感觉。（曹征路：《红云》）

重复的主语可以像前面几个例子那样原形不变，也可以是名词与代词之间的替换。例如：

　　爸居然不是在门口小超市买的，他去的，是很远的沃尔玛。（叶倾城：《普通人的 2012》）
　　父亲去桥儿胡同没坐他那辆马车，他坐的是三轮。（叶广芩：《梦也何曾到谢桥》）Отец поехал в хутун Цяо не на коляске, а на рикше. （Перевод Н. Сомкиной）
　　…за кофеем он развернул еще сырую утреннюю газету и стал читать ее. Степан Аркадьич получал и читал либеральную газету…（Л. Толстой. Анна Каренина）……他一面喝咖啡，一面翻开油墨未干的晨报，看了起来。奥勃朗斯基订阅的是一张自由主义的报纸……

还有的时候是换另外一种说法，譬如下面例子中就是一种总结性的用词：

　　第二天，邓朝辉果然带他去买衣服，二人去的都是最好的

专卖店。(崔曼莉:《求职游戏》)

有一次,我和一位姓刘的女士对坐用餐,我们吃的是份饭。(张丽钧:《在微饥中惜福》)

二、述体的类型

1. 重复提过的动词

上文中提到某个人物的行为,下文继续谈及这件事,最简单的做法是把前面用过的动词再重复一遍。

后来他唱了起来,唱的是《黑暗传》。(陈应松:《松鸦为什么鸣叫》)

我说,那娃娃穿的什么衣裳呀?谢娘说穿的是水缎绿旗袍。(叶广芩:《梦也何曾到谢桥》)

Он не мог раскаиваться в том, что... не был влюблен в жену... Он *раскаивался* только в том, что не умел лучше скрыть от жены. (Л. Толстой. *Анна Каренина*)他并不后悔现在已经不再爱妻子了……他后悔的是没有把那件事瞒过妻子。

Он сидел, как часто сиживал раньше, обхватив колени руками, тихонько пел. *Пел* он все печальные старые русские песни... (Ю. Казаков. *На охоте*)他坐在那里,像往常习惯的那样,双手抱膝,轻轻地唱着。他唱的都是忧伤的俄罗斯老歌……

2. 语境中引申出来的动词

上文虽未明确说出该动词,但语境已经清楚地显示了这个行为,此时后续句里的动词是从该语义场中引申出来的。

口琴声又响起来了。隐隐约约的声音时重时轻,听起来像是断断续续。吹的都是广播里经常放的歌……(陈世旭:《波湖谣》)

顾涌一家已经从西头搬到这中间街上来好几年了,住的是李大财主李子俊的房子。(丁玲:《太阳照在桑乾河上》)

女人今天来的目的性非常明确。她想要的是结果。她可不光光玩的是情调,而是想要一个实实在在的结果。(徐坤:《厨房》)Совершенно очевидной стала ему цель ее нынешнего визита. *Ей требовалась* определенность в отношениях. *Ее не устраивали* ни к чему не обязывающие заигрывания, она *пришла* за реальным результатом. (Перевод О. Родионовой)

3. 首次提及的行为

后续句中指出的行为并非已知，而是一个全新的信息，这种句子的信息内容比较紧凑，连动词带客体一并成为语义焦点。

老季第一次来 305 的时候，见的是齐鲁。（阿袁：《鱼肠剑》）
尽管他一再说爱的是她这个人……（叶兆言：《苏珊的微笑》）
我按了铃，有年轻人开门，穿的是保安的衣服……（叶广芩：《梦也何曾到谢桥》）

第八节　半主位句

所谓半主位句，是指句子的两端都表示已知信息，唯一的新信息夹在句子的中间。这种句子结构的典型模式是"是……的"，有学者认为它的特点在于断定和强调的作用①。我们把它看成是一种独立的句型。

一、语法特征

1. 主语部

主语部一般是一个单纯的名词性成分。它实质上是行为所及的客体，但与宾语主位句不同的是，这个成分在句子中不是宾语，而是主语。与此同时它又不同于受事主语句，后者的主语虽然也是受事，但句子的行为主体不出现，而"是"字客体主语句中的行为主体要明确地说出。

这篇文章是我写的。（屈承熹例）
那天的晚饭是吕蓓卡请的。（阿袁：《鱼肠剑》）
这片竹林的第一棵竹子是方云中的曾祖父的曾祖父栽下的……（刘庆邦：《风中的竹林》）
范丽萍说，我可是你从老家带过来的……（李铁：《中年秀》）

---

① 张寿康：《说"结构"》，胡裕树主编：《现代汉语参考资料》（下），上海，上海教育出版社，1982，第 523 页。

在连贯话语中，如果语境很清楚，主语可以省略，以免表述过于啰嗦。例如：

谢娘看着六儿脸上的伤问是怎么了，六儿没言语，我说 <u>0</u> 是我抓的。(叶广芩：《梦也何曾到谢桥》)

2. 谓语部

谓语部是一个静词性合成谓语，结构为"是……的"，这里的省略号替代的当是一个完整的句子，有主语和谓语。但是这个主谓结构只有名词和动词，不含动词时态。例如：

牛爱香和宋解放的婚事，是<u>牛爱香的中学同学胡美丽撮合</u>的。(刘震云：《一句顶一万句》)

报纸是<u>一个骑自行车(我们叫它洋车)的人送来</u>的。(李洱：《邮局的故事》)

有时谓语部里可以带有复指成分，如补语。试比较：

(a) 胖子也来了，是<u>万炳叫来</u>的。
(b) 胖子也来了，是<u>万炳把他叫来</u>的。(林那北：《龙舟》)

在外文中，也有把动作客体提升为主语的句子，即所谓的被动结构。带"是"字的客体主语句在俄语和英语里都可以用三元被动句表达。例如：

历史是<u>人民创造</u>的。	История создана народом.	History *is made by the people.*
这首歌曲是<u>一位大学生谱写</u>的。	Эта песня *сочинена студентом.*	The song *was composed by a student.*
这台机器是<u>我们自己设计</u>的。	Эта машина *проектирована нами самими.*	The machine *was designed by ourselves.*
这个主意是<u>老杨提出来</u>的。	Эта идея *выдвинута Лао Яном.*	The idea *was put forward by Lao Yang.*

实际上，俄语在表达类似现象时，不局限于使用被动句，它也可以用主动句处理。我们再比较以下两个例子的中、英、俄句子：

玻璃杯打破了。它是<u>我妹妹打破</u>的。	Стакан разбился. Его разбила моя сестра.	The glass is broken. It *was broken by my sister*.
书写得很好。这本书是<u>一位战士写</u>的。	Эта книга хорошо написалась. Ее написал один солдат.	The book is well written. The book *was written by a soldier*.

我们看到，俄语既没有像汉语那样谓语套主谓结构，也没有同英语那样用被动结构，而是直接采用了通常的主动句，但词序在三种语言里都是一样，只不过俄语处在句首的不是主语，而是宾语，即表示行为所及的对象。再看一个汉译俄的例子：

"<u>贼</u>是我捉的，<u>树</u>也是我砍的，为什么不叫我说话？"（赵树理：《李家庄的变迁》）— Но <u>вора-то</u> я поймала! <u>Дерево</u> я срубила, почему же вы не даете мне слова сказать？（Перевод В. Кривцова）

俄语的谓语部一般由谓语和主语构成，且谓语大多在主语之前。例如：

Дело *решил* человек. (М. Пришвин) 事是<u>人</u>解决的。

二、语义特征

1. 主语部的语义

主语部在语义上实际表示行为的客体，即谓语行为所及的对象。这个对象在上文已经提到，本句再次提及，作为句子的话题。例如：

<u>后面那句反问</u>，是齐鲁加上去的……（阿袁：《鱼肠剑》）

就在这个时节，春婆婆家发生了一场火灾。<u>火灾</u>是对门的女大学生引起的。（迟子建：《黄鸡白酒》）

小乔说：线还是我牵的。(李佩甫：《生命册》)

宋鱼得到消息，心里酸得怨立本这么大的事没告诉他，也没让他去负责工程，便喝了闷酒。闷酒是在村长家喝的……(贾平凹：《倒流河》)

主语在语义上是行为的客体，如果换成一般的主谓句，它是句子的宾语。试比较：

主谓句	"是"字客体主语句
黄路伦还是被灌倒了。小针觉得是她灌倒了黄路伦。(王秀礼：《北村小针的日子》)	黄路伦还是被灌倒了。小针觉得黄路伦是她灌倒的。
列车长不知听谁说的，昨天夜里是我送女人和孩子进卧铺车厢的……(梅子涵：《火车上的故事》)	列车长不知听谁说的，昨天夜里女人和孩子是我送进卧铺车厢的……

2. 谓语部的语义

根据语义特点，谓语部可以分为不同的类型。

(1)指出行为的发出者。

这类句子单纯为说出事情是谁做的，"谁"是新信息和句子的语义中心，朗读时带有逻辑重音，而其后的动词不含新信息，或者带有减弱的动词意义。例如：

"那个县长小韩，是谁弄来的?"这个县长小韩，就是新乡专署专员老耿弄来的……(刘震云：《一句顶一万句》)

万炳手上有了筷子，是胖子塞过来的。(林那北：《龙舟》)

阴谋是系主任陈季子教唆的……(阿袁：《鱼肠剑》)

家里这场飞来横祸，都是她阿喜带来的。(张翎：《阿喜上学》)

这类句子也可以带复指结构，即在谓语部里把主语表示的事物用人称代词再表示一遍。例如：

他是老于把他选到机关的……（石钟山：《机关物语》）

俄语里这类句子的行为发出者通常放在句子末尾：

Эту небольшую историю рассказал шорник Сверчок... (И. Бунин. Сверчок) 这段不长的故事是一个叫蛐蛐儿的马具匠讲的……

他的试卷很不错，因为是教员们给作的。（老舍：《听来的故事》）Его экзаменационная работа оказалась неплохой. Могла ли она быть иной, если ее писали сами преподаватели. (Перевод Е. Рождественской)

俄文里行为主体也可以不放在句末，此时表示主体的词要重读，这属于主观词序。例如：

酒是王先生拿来的！（老舍：《方珍珠》）Вино господин Ван принес! (Перевод Г. Хатунцевского)

(2)指出行为的地点或来源。

这种类型在主语和动词之间往往还有一个补充成分，指出该行为的发生地点或该事物的来源。回答"在哪里?""从哪里?"的问题。此时动词谓语的语义变弱，句子的语义重心在补语上。例如：

床头小柜上的闹钟是我从家里带来的。（巴金：《随想录》）
吕蓓卡的咖啡在博士公寓，是很有名气的。因为不是速溶，而是现煮。咖啡豆是男朋友从美国寄过来的……（阿袁：《鱼肠剑》）
毕忠良抽了生平第一次烟。烟是他问陈深要的。（海飞：《麻雀》）
这天起了风，风是由西边刮过来的。（刘庆邦：《风中的竹林》）
这女孩是从机床厂的大门口上的车……（李铁：《中年秀》）
那次文代会是在吴淞路的一家原来的日本戏院里举行的，最后还合影留念。（陈子善：《拾遗小笺》）

这种情形在英文和俄语里通常都把地点词放在句尾，表示全句的新信息：

| 这些电脑是上海制造的。 | These computers were made *in Shanghai*. | Эти компьютеры сделаны *в Шанхае*. |

到了星期六，伯纬就赶着一头山羊去接妮子。那山羊是三妹从她娘家牵来的。(陈应松：《松鸦为什么鸣叫》)В субботу Бо Вэй выгнал барана и пошел встречать дочь. Этого барана Саньмэй привела *из своей семьи*. （Перевод Ю. Лемешко）

(3)指出行为的时间。
全句的新信息在时间词上，回答"什么时候"的问题。例如：

　　阿喜把枕头芯子拆开了，拿出里头藏的一双布鞋。鞋是<u>旧年入冬的时候</u>就做下的。(张翎：《阿喜上学》)
　　旧金山也来了一个戏班，是女全班，演全本的《李后主和小周后》。戏是<u>从早上</u>就开始演的……(张翎：《阿喜上学》)
　　父亲已经退休了。父亲是<u>63 岁</u>才退休的……(梁晓声：《忐忑的中国人》)
　　伊汝的父母都是烈士，是<u>红军东渡黄河时</u>牺牲的。(李国文：《月食》)
　　我是<u>在干季一个炎热的中午</u>找到它的。(张长：《躲藏起来的河》)

英语和俄语里把表示新信息的时间词放在句末，且俄语不仅可以用被动句式，还可以用主动句式。试比较：

这座房子是<u>去年</u>建的。	The house was built *last year*.	Дом был построен *в прошлом году*. Дом построили *в прошлом году*.
《波尔塔瓦》是普希金于<u>1828 年</u>创作的。	"Poltava" was written by Pushkin *in 1828*.	《Полтава》была написана Пушкиным *в 1828 году*.
无线电是波波夫于 <u>1895 年</u>发明的。	The radio was invented by Popov *in 1895*.	Радио было изобретено Поповым *в 1895 году*.

(4) 指出行为方式。

这个类型的句子，在谓语部的主语和谓语之间有一个表示行为方式的词语，句子回答"怎么样"的问题。

　　这钱是她自己<u>一分一厘</u>挣来的……（张翎:《空巢》）
　　我上卫生间是<u>让人扶着</u>走的……（李佩甫:《生命册》）
　　第二天一大早小针就到了城里。小针是骑<u>那辆破自行车</u>去的。（王秀礼:《北村小针的日子》）
　　本来她有一个幸福的家庭，她与丈夫端木林是<u>经过最传统的相亲方式</u>结识的……（张欣:《依然是你》）
　　星期日，许志勇的两个妹妹大毛和二毛都来了，她俩不是<u>单独</u>来的，是都<u>带着丈夫和孩子</u>来的。（李铁:《中年秀》）

俄文里表示方式的词放在句末。例如：

　　桌上的花儿是珍珠<u>自己的钱</u>买的……（老舍:《方珍珠》）цветы, что стоят на этом столе, купила Чжэньчжу *на свои деньги*...（Перевод Г. Хатунцевского）

这个类型的句子可以把语义重心放在谓语动词上，动词表达全句的新信息，并带有句重音。俄文相应地把动词放在句末。例如：

　　你是我的亲女儿，就是顶撞了我，我也不往心里去。珍珠可就不同了，她是我<u>买</u>来的。（老舍:《方珍珠》）Ты моя родная дочь, и если даже перечишь мне, я не принимаю это близко к сердцу. А вот Чжэнь-чжу другое дело, я ведь ее *купила*.（Перевод Г. Хатунцевского）

(5) 指出行为或现象的原因。

句子的语义重心在于说明某个现象产生的原因，汉语里表示原因的词置于句子中间。

　　骆驼的忧郁症是<u>由长期焦虑</u>引起的。（李佩甫:《生命册》）

(6)指出行为或现象的目的。

这类句子的上文指出某行为,接下来的主谓结构指出该行为的目的和用途。

  这房子是他买来度暑的。(方方:《刀锋上的蚂蚁》)
  这张卡是她交电话费用的……(崔曼莉:《求职游戏》)
  那天傍晚时分,我在学院的操场上见到了系里的魏主任。魏主任是出来散步的……(李佩甫:《生命册》)
  人和人的关系,其实是人和镜子的关系。这镜子理论,齐鲁以为,完全是为吕蓓卡这个女人量身打造的……(阿袁:《鱼肠剑》)
  这二十斤面,是准备开会时候做烙饼用的。(赵树理:《李家庄的变迁》)
  男人吃饭就没有女人这般斯文了,夹了几筷子菜,不过为垫个底子好喝酒。酒也不是漫无目的胡乱喝的,酒都是冲着阿昌喝的。(张翎:《阿喜上学》)

外文里,这类目的成分作为新知,置于句末:

| 这种书是为儿童写的。 | Such books are written *for children*. | Такие книги пишут *для детей*. |

第九节 零主位句

  句子绝大部分是有主位的,然而也有一部分句子不能切分,称为无主位句或零主位句,亦叫作不可切分句。
  零主位句没有叙述的出发点或对象,全句所有信息都是新知,整个句子构成一个述位。此类句子的交际目的在于报道某处存在或出现某一现象。王力称这种句子为"无主句",他认为这类句子只是叙述某一事件,或陈说某一真理,只用谓语就够了,纵使要说出主语也是无从说起,或虽可以勉强补出主语,也很不自然①。例如:

---

① 王力:《中国现代语法》,北京,商务印书馆,1985,第35页。

飘雪了。(肖复兴：《海河边的一间小屋》)

忽然，传来一声蛙鸣。(林少华：《清晨的蛙鸣》)

其实，这类句子就是典型的零主位句，它们缺少的是主位，而不是主语。我们认为这两个句子都是有主语的，第一例中的主语是"雪"，第二例中的主语为"蛙鸣"。只不过两个句子中都发生了主、谓次序的颠倒，而谓语提前正是零主位的语法形式特点。

同样一个事情，说话的角度不同，可能是有主位句或零主位句。试比较：

有主位句	无主位句
客人//来了。	来客人了。
雨//下大了。	下雨了。

一、称名句

语言中有一种句子，它们用作肯定事物、现象、状态的存在，句子只有一个名词或名词性成分，却没有谓语，这类句子叫称名句。称名句本身的性质决定了它们的不可切分性，即全句都表示新信息。例如：

1958 年初春，下午。(老舍：《女店员》)

1943 年，奥斯威辛集中营。(李小林：《被音乐拯救》)

正是中午时分……(刘震云：《一句顶一万句》)

Тысяча девятьсот шестнадцатый год. Октябрь. Ночь. Дождь и ветер. (М. Шолохов. *Тихий Дон*)1916 年。十月。夜。雨和风。

Непроглядная, нахмуренная ночь. (Н. Островский. *Как закалялась сталь*)一个漆黑阴郁的夜晚。

称名句经常用于小说或戏剧交代故事情节发生的背景，如时间、地点、人物、事件、天气、景色等。之后才开始表示故事的发生。例如：

Полдень. За окнами душное лето. (К. Симонов. *Победитель*) 中午。窗外是闷热的夏天。

Два часа ночи. На берегу горит костер. (А. Толстой.

Волховстрой)夜里两点。岸上燃着篝火。

Поздняя осень. Грачи улетели.（Н. Некрасов. *Несжатая полоса*）深秋。白嘴鸦都飞走了。

这天。大约是下午四点钟光景。（池莉：《冷也好热也好活着就好》）Примерно четыре часа после полудня.（Перевод О. Родионовой）

称名句也可以是疑问句或感叹句的形式。例如：

好大的雪啊！（峻青：《瑞雪图》）
Ах, весна, весна!（И. Бунин. *Далекое*）哦，春天呀，春天！

二、无人称句

有些句子表示自然现象或周围环境，这些事物不以人的意志为转移。表示这种现象的句子叫无人称句。不少无人称句都是不可切分的。例如：

降温了。
入伏了。
Рассветает. 天亮了。
Вечереет. 入暮了。
Стемнело. 黑天了。
Стало холодно. 变冷了。

主要成分用否定词或否定结构表示的也可以是无人称句。例如：

Нет ни одного человека. 没有一个人。
Нет ни одной звезды. 没有一颗星星。
Дороги туда не было. 没有往那里去的路。
Ветра не было. 没刮过风。

三、确定人称句

有一种句子没有人称，但是根据语气和语境很容易确定出所指对象，这种句子叫确定人称句。由于句中没有主要成分，通常也就没了说话的出发点，使得句子成为不可切分的。

1. 确定第一人称的句子

省略人称句最常见的省略成分是第一人称，即"我"。例如：

前不久去南京开会，十几年没去夫子庙，兴致一来，就去走走。(池莉：《明白究竟什么意思》)

小时候就知道陕北民歌。到清平湾不久，干活歇下的时候我们就请老乡唱……(史铁生：《我的遥远的清平湾》)

5岁那年的冬天，爷爷患脑溢血突然去世了。(如月：《通往天堂的电话》)

说起冬天，忽然想到豆腐。(朱自清：《冬天》)

早晨醒来，车厢里已经被7月的太阳照满。(梅子涵：《火车上的故事》)

"这不是跟你商量呢吗？"(刘震云：《一句顶一万句》)

"摩西，跟你说句话。"(刘震云：《一句顶一万句》)

2. 确定第二人称的句子

省略人称句也可以省略第二人称。例如：

Что собираетесь делать летом, поедете в дом отдыха? 夏天打算干什么，到疗养院去吗？

Максим Максимыч! Не хотите ли чаю？ (М. Лермонтов. *Герой нашего времени*) 马克西姆·马克西梅奇！想喝茶吗？

省略第二人称最常见的是祈使句，也叫命令式句，表示命令、建议、请求等意义。汉语的祈使句可以带人称也可以没有人称。俄语的第二人称祈使句一般不带人称代词。例如：

请记住，没有边界的国家不叫国家……(余秋雨：《何谓文化》)

别回家，我收你当个干儿吧……(莫言：《透明的红萝卜》)

好了，赶紧过去让他走人！(池莉：《她的城》)

唐主任，吃了午饭再走吧……(黄晓阳：《二号首长》)

老赵呀，这样不行呀，请个保姆吧。(石钟山：《老赵的前程》)

任何时候都不要绝望……(陈志宏:《和这个世界谈谈孩子》)

Вадим, положи руку мне под голову... (Ю. Трифонов. *Студенты*)瓦季姆,把手放在我的头下面……

— Не трогать его! — закричал Дубровский. (А. Пушкин. *Дубровский*)"别碰他!"杜布罗夫斯基喊道。

— Молчать! — сурово сказал Маякин. (М. Горький. *Фома Гордеев*)"住嘴!"马亚金严厉地说。

张志公[①]曾指出一种叫动词非主谓句的句子,认为它们常用在政府或某些单位的文件中,以及在公共场合。实际上张先生所指的这种句子就属于祈使句。例如:

保护妇女、儿童和老人的合法权益。(张志公例)
禁止吸烟。(张志公例)
不许攀折花木。(张志公例)
Не прислоняться к дверям! 请勿挤靠车门。
Запрещается шуметь. 禁止喧哗。

3. 省略第三人称的句子

第三人称作为主位也可以省略,但是一定要有明确的上下文,往往是上句提过的话题,到了下句就省去不提了。

晚上叫他吃饭,0 也不应声。(刘震云:《一句顶一万句》)

俄语里有一种句子,叫"不定人称句",是指行为发出者是不确定的第三者。这种句子都是省略人称的。

В поле убирают урожай. 田野里正在收割庄稼。
Здесь продают билеты на футбол. 此处售球票。
Строят новую школу. 正在建一所新学校。
1960 年 4 月,我国的报刊上发表了纪念列宁诞生 90 周年的 3 篇文章……(王蒙:《歌声好像明媚的春光》)В апреле 1960

---

① 张志公主编:《现代汉语》(下),北京,人民教育出版社,1985,第 58 页。

года в прессе моей страны напечатали три статьи, посвященные 90-летию памяти Ленина...（Перевод А. Желоховцева）

上个千年的最后几年，在我们这个城市的俄罗斯总领事馆附近，开了一家俄式西餐馆。（王蒙：《歌声好像明媚的春光》）В последние годы прошлого тысячелетия в нашем городе, неподалеку от генконсульства России открылся ресторан русской кухни западного образца.（Перевод А. Желоховцева）

果然晚间开了大会。（老舍：《大悲寺外》）Вечером и в самом деле началось общее собрание. （Перевод Е. Рождественской）

四、泛指人称句

所谓泛指人称句，是指句子里所表示的行为不属于某个具体的人，而是泛指任何人。我们从形式和用法两个角度对泛指人称进行描写。

1. 泛指人称句的形式

泛指人称句的主要成分可以用动词的许多形式表达，用得最多的是陈述式和命令式单数第二人称形式。

Что посеешь, то и пожнешь. 种瓜得瓜，种豆得豆。
Куй железо, пока горячо. 趁热打铁。
Не верь улыбке врага. 不要相信敌人的微笑。

动词的单数和复数第一人称也能表达泛指意义，但比较少见。例如：

Что имеем, не храним, а потерявши, плачем. 有时不爱惜，丢了空哭泣。
Чье кушаю, того и слушаю. 吃谁的饭，听谁的话。

再有一种形式就是复数第三人称形式。例如：

В лес дров не возят. 不要往森林里运木材。
После дела за советом не ходят. 事后不必再请教。

2. 泛指人称句的用法

泛指人称句表示惯常的现象，可以分为两种类型。

一类用于谚语、格言之中，表示世间普遍的真理和某些放之四海而皆准的现象。例如：

  Век живи, век учись. 活到老，学到老。
  Семь раз отмерь, один раз отрежь. 三思而后行。
  Не спеши языком, торопись делом. 少说多做。

另一类表示说话者本人的动作和感受。例如：

  Видите ли, какая штука: идешь, бывало, по лесу, бледный туман. Смотришь, что-то вырисовывается, человек не человек, а что-то такое рогатое торчит во все стороны, и не сразу сообразишь, в чем же дело? (А. С. Серафимович. *О писателях "облизанных" и "необлизанных"*) 您瞧这是怎样一个玩笑：有时你在树林里走，一层淡淡的雾。忽然看见有个东西，人不是人，只见一个长着犄角的玩意儿向四面张开，你搞不懂是什么？

  Идешь и идешь, поднимаешься все выше, выше, в гору. Перед глазами кусты, камни, змеиная тропа. (А. С. Серафимович. *С высоты восьмидесяти пяти лет*) 你走着走着，向上越爬越高，往山里走。眼前是树丛、石头、蛇一样蜿蜒的小径。

五、不定人称句

  俄语里有一种句子，叫作"不定人称句"，是指行为发出者是不确定的第三者。这种句子也可以是零主位的。

  По одежке встречаюм, по уму *провожаюм*. 迎客看衣着，送客看才学。

  Да разве любям за что-нибудь? Любям так, просто! (М. Горький. *Дачники*) 难道爱需要理由吗？爱就是爱，就这么简单！

  Просям соблюдать тишину! 请保持安静！

  Говорям, что вы удачно выступили на конференции. 据说你在会议上的发言很成功。

在俄语里，这类句子没有主语，谓语用动词复数第三人称或过去时复数，这个动词形式就表示行为是由不确定的人进行的。但是汉语很难接受"光杆儿"动词，所以汉语的语法书中常常把动词前面的状语视为主语，甚至在外文没有状语时加上一个成分（如以下第三例）：

В архиве обнаружили ранее неизвестную рукопись Гоголя. <u>档案中发现了</u>从前未知的果戈理手稿。

Здесь продаюм билеты на футбол. <u>此处售</u>球票。

Строям новую школу. <u>正在建</u>一所新学校。

汉语里表示不定人称时还有一种说法，就是用"人家""别人""大家"等含糊用语，表示行为不具体由哪个人发出，甚至有的时候"人家"就是说话者本人。

Тебе говорям, а ты не слушаешь. <u>人家和你说话</u>呢，你却不听。

—Вы одна несли эту сумку с книгами?

—Нет, мне помогли нести. *Меня проводили* до метро.

"您一个人提着这包书吗？"

"不，<u>有人帮我拿着</u>。<u>人家把我送到地铁站</u>。"

На заводе все благополучно. *Ждум* только приезда Василия Терентьевича.（А. Куприн. *Молох*）厂里一切都好。<u>人们在等待</u>着瓦西里·捷连季耶维奇的到来。

六、主谓句

这种句子虽然有主语和谓语，但是由于一系列因素也是无法切分的。它们也都属于零主位句。

1. 表示自然现象的存在

这种句子通常表示时间、季节、天气等，汉语用"这是……"、"那是……"的结构。俄语这种不可切分句采用倒装词序，即谓语置于主语之前。例如：

这是个春天……（老舍：《月牙儿》）

那是个冷天……（老舍：《月牙儿》）

那正是个晴美的秋天……（老舍：《牺牲》）Стояла осень. Был изумительный солнечный день... (Перевод Е. Рождественской)

这是秋后时节……（冯骥才：《高女人和她的矮丈夫》）Стояла поздняя осень... (Перевод Б. Рифтина)

已经是凌晨三点了……（叶广芩：《梦也何曾到谢桥》）Был третий час ночи... (Перевод Н. Сомкиной)

Был ясный морозный день. (Л. Толстой. Анна Каренина) 这是一个严寒而晴朗的日子。

Была пятница... (Л. Толстой. Анна Каренина) 这是个星期五……

Был конец ноября... (И. Бунин. Господин из Сан-Франциско) 那是十一月底……

Шли апрельские и майские дни... (И. Бунин. Далекое) 那是四五月份……

2. 表示时间、季节等的更迭

这种句子在汉语的表达是"主语＋谓语"的词序，而在俄语里通常为"谓语＋主语"。试比较：

秋天来了。

春天来了。

暴风雨来了。（峻青：《黎明的河边》）

Проходила зима, наступала весна. (И. Бунин. Далекое) 冬去春来。

Наступила ненастная осенняя пора. 阴雨的秋季到了。

Пока мы шли, наступила темнота. 我们还在路上，夜幕降临了。

星星出来了……（张抗抗：《北极光》）Показались звезды... (Перевод. А. Желоховцева)

转过年冬天，又到了正月……（叶广芩：《梦也何曾到谢桥》）Минула осень, снова наступил январь... (Перевод Н. Сомкиной)

3. 表示经过一个时间段

这种句子表示经过了多少时间。注意区分零主位句与有主位句，前者没有话题，整个句子都表示新知，而后者是有话题，那就是表示时间的词。从词序上看，有主位句的词序是"名词＋动词"，而零主位句的顺序是"动词＋名词"。无论俄语还是汉语，都遵循这种词序原则。试比较：

有主位句	零主位句
一年//过去了……（莫语：《跟哈佛教授学幸福》）	И прошло еще полтора года.（И. Бунин. *Натали*）又过了一年半。过了十年……（张天翼：《大林和小林》）Прошло десять лет.（Перевод Аг. Гатова）

4. 表示开始、出现、存在某人某事或某现象

这类句子的语法特点是谓语在主语的前面。从语义来看，谓语多表示开始、出现等意义，常用一般过去时或完成时，表示过去没有而后来发生的事情。

> 来了一个人。
> 到了一批货。
> 发生了一场火灾。
> 进来一个穿蓝上衣的中年人。
> 飘起了鹅毛大雪。
> 亮着路灯。
> 坐着一个小伙儿。

这类句子的特点是先说发生了什么，然后才说动作的主体，即主语放在谓语之后说。主语通常都是表示不定指的。

俄文的词序也是谓语置于主语前面。例如：

> Сверкнула молния. Послышались удары грома. 划过一道闪电。传来阵阵雷声。
> 忽然下起了大雪。（陈应松：《松鸦为什么鸣叫》）Неожиданно

пошел сильный снег. (Перевод Ю. Лемешко)

远处来了个人。(老舍:《大悲寺外》)Вдали показался человек. (Перевод Е. Рождественской)

正说着，又来了几个人……(赵树理:《李有才板话》)В это время в землянку вошло сразу несколько человек... (Перевод В. Рогова)

七、对"来了一个人"的分析

长期以来，汉语的句法分析多从形式着眼，在对待主语和谓语的问题上，不愿承认谓语可以置于主语之前的说法。因而把"来了一个人"这样的句子也说成是动宾结构。

我们认为，对于这类句子的分析，不能离开它们的语义。从这个句子的意思来看，明明"来"这个行为是由"一个人"发出的，怎么可以认为它们之间是行为和客体的关系呢？

诚然，汉语不习惯谓语前面空缺（省略主语另当别论），便设法把主谓次序调正，于是我们把前面句子词序倒过来：

* 一个人来了。

这个句子的正确性令人质疑。从实义切分的一般规律来看，不定指的事物往往放在句末，而此处的"一个人"在句首，听起来不甚通畅。但是，我们的语言有办法既保证主谓语的正常词序，又清晰地表明不定指成分。于是，这个句子就可以表述为：

有一个人来了。

这里的"有"字，就起到这样的形式语法功能。试比较以下几组句子：

来客人了。
有客人来了。

你的电话。
有你的电话。

飞着一只鸟。
有一只鸟在飞。

行驶着一列火车。
有一列火车在行驶。

我们看到，带"有"字的句子是主谓倒装句的变体，句意本身没有变化，"有"字实际上是加在句首的一个表示存在或出现意义的虚词。事实上，不少带"有"字的句子，都是无主位的句子。例如：

有人进来了。
有人给你打过电话。
一会儿有人来接您。
还有人带了条狗去……（杨如雪：《最亲爱的，来我梦中的山上吧》）
我上小学时，有个同学张小胖……（王太生：《嘴上恩仇》）
有一只大胆的鸭子耐不住了……（莫言：《透明的红萝卜》）

《现代汉语规范词典》对"有"字的这个词义解释为：表示不定指，跟"某"义近似①。

俄语里这种句子也是不可切分句。句法上可以用不定人称句，也可以用人称句。但一般都是谓语置于主语之前。例如：

К вам пришли. 有人找您。
Вас ждут. 有人等您。
Первый раз я иду в кино с девушкой. Меня познакомили с ней... (Ю. Казаков. Двое в декабре) 这是我第一次和女孩子去看电影。有人把她介绍给我……
有个赤膊男子骑辆破自行车……（池莉：《冷也好热也好活着就好》）На старом велосипеде едет мужчина с обнаженным торсом... (Перевод О. Родионовой)

---

① 李行健：《现代汉语规范词典》，北京，外语教学与研究出版社，语文出版社，2004，第1587页。

第二天早上，有人送进来一包衣物，说是一姓张的人让带来的。(叶广芩：《梦也何曾到谢桥》) Утром следующего дня нам домой *принесли* сверток с одеждой, которую прислал некий Чжан. (Перевод Н. Сомкиной)

　　有个区干部叫李成，全家一共三口人——一个娘，一个老婆，一个他自己。(赵树理：《传家宝》) *Есть* такой районный работник по имени Ли Чэн; семья его состоит всего из трех человек-мать, жена да он сам. (Перевод Г. Монзелера)

在英语里，这类句子通常也是谓语在主语前。例如：

　　In come a man with a white beard. 忽然进来一个白胡子老头。(张道真例①)

　　The door opened and there entered a middle-aged man in blue coat. 门一开，进来一个穿蓝上衣的中年人。(张道真例)

　　Then came a new difficulty. 然后产生了一个新的困难。(张道真例)

但是，单独以"有"字开头的句子毕竟少数，更多情况下，"有"字前面还有成分，一般是全句限定语(见第十节)。俄语中的词序仍为"谓语＋主语"。例如：

　　从前有一个很穷很穷的农人，和他的妻子住在乡下。(张天翼：《大林和小林》) Жил в одном селе бедный крестьянин с женой. (Перевод Аг. Гатова)

　　突然有个很大很大的声音……(张天翼：《大林和小林》) *Вдруг* раздался такой грохот... (Перевод Аг. Гатова)

　　这时又有七八人一队的乡下人走到林先生的铺面前……(茅盾：《林家铺子》) *Тем временем* к дверям его лавки приблизилась новая группа крестьян, человек семь-восемь... (Перевод Вл. Рудмана)

---

① 张道真编著：《实用英语语法》，北京，商务印书馆，1979，第 504 页。

第十节　全句限定语主位句

一、"语法学界的传统剧目"

汉语里有一些句子中的语法关系很难说清楚，包括像"台上坐着主席团"这样的句子。吕叔湘戏称这个句子是"语法学界的传统剧目"，因为自 1951 年他和朱德熙先生首次把它作为例句以来，它一直被语法学界引用着[①]。吕先生在文章中指出："台上坐着主席团"和"主席团坐在台上"这两个句子的语义结构相同，而语法结构不同，这是两种不同的结构，不要混为一谈。但吕先生并未回答关于"台上坐着主席团"中的"台上"是主语还是状语的问题，可见吕先生也认为它比较棘手。遗憾的是，自吕先生 1982 年的讲话至今，这个句子仍没有争论出一个头绪。

认为"台上"是主语的观点，是拿词序说事的，他们认为词的位置决定了它的句法功能。根据这种观点，"台上坐着主席团"中的主语是"台上"，而"主席团坐在台上"的主语是"主席团"。周祖谟先生反对这种"起点说"，他认为这种说法完全陷入了形式主义，但同时周先生也承认地位词可以作句子的主语，他的例子是"碧绿的芦苇上像盖上了一层厚厚的白雪"[②]。一方面，周先生反对位置决定一切的形式主义分析方法，他认为"什么书他都看"是一个宾语提前的句子；另一方面，周先生也同意"台上坐着主席团"中的"主席团"是主语，但变成主语之后，就成为被说明的对象，再不像原句那样陈述意见事实了。我们赞同周先生关于"主席团"变成被说明对象的说法，但这并不意味着它就是句子的主语，从主位结构的角度来看，它是主位毫无疑问，但是它仍然是句子的主语，现代语言学的发展，已经足以把句法切分和实义切分区别开来。

"王冕死了父亲"也是语法学界的"传统剧目"，早在 20 世纪 50 年代吕冀平、王力等就讨论过这个句子，90 年代以后这个句子又被反复拿出来讨论。这个句子的特殊性在于"死"是个不及物动词，这种"一元谓词"只能带一个名词性论元，句子怎么会一前一后出现"王冕"和"父亲"两个论元？

[①] 吕叔湘：《狙公赋茅和语法分析——1982 年语法讨论会上的发言》，《汉语学习》1982 年第 4 期，第 1 页。
[②] 周祖谟：《关于主语和宾语的问题》，胡裕树主编：《现代汉语参考资料》(下)，上海，上海教育出版社，1982，第 593~599 页。

沈家煊提出了"糅合"说，即"王冕死了父亲"是"王冕的父亲死了"和"王冕丢了某物"两个小句的糅合。"死"是不及物动词，而"丢"兼有及物和不及物两种用法。这两个小句通过"因果糅合"的方式组合在一起，类推的过程是：王冕的父亲死了（因）＋王冕失去了某物（果）→王冕死了父亲。同样，"我来了两个客户"也是类推糅合的产物，是"我有两个客户来"和"我得了某物"糅合的产物①。

刘晓林针对沈文提出了争鸣意见，他认为"王冕死了父亲"是广义的存现句，句中的"了"对于完句意义重大，"死"在现代汉语中的使动用法消失了，然而其结构框架仍可在一定程度上保留。刘晓林引用吴卸耀的说法，认为存现句表示"出现"、"存在"和"消失"三种语义。例如，屋子里飞进来一只苍蝇（出现）；屋子里飞着一只苍蝇（存在）；屋子里飞出去一只苍蝇（消失）。句首的存在物在汉语中为环境成分，在英语中为环境成分或形式标志词"there"。句首环境成分一般为非生命物，但在一定的条件下，由于语言中类推机制的作用，句首环境成分可获得一定的生命度，成为有生名词，或者人物名词。例如，"我军牺牲了五名战士"。这其中，体标记"了"一般不能空缺，如空缺的话，句子要么不合法，要么不能单说②。

此后，沈家煊在坚持原来"糅合"说的基础上进一步推出了"得失"说，即这种句式的意义是表示得失，是说话人认为事情有关得失并计较这种得失③。沈文区分了"计量得失"和"计较得失"，前者是客观的，后者是主观的。说话人越是计较事情的得失，越是移情于得失者，就越倾向于采用这种句式。沈先生把不及物动词分为两类，一类是"非作格动词"，可以"病"和"笑"为代表，他称其"病笑类"；一类是"非宾格动词"，可以"死"和"来"为代表，他称为"死来类"。沈文以"有无得失"、"是得是失"、"得失大小"作为讨论的焦点，最后得出结论是，说话人认为事情有关得失并计较这种得失，而越是计较事情的得失，就越倾向于采用这种句式。

本研究不拟讨论"台上坐着主席团"的主语宾语问题和"王冕死了父亲"的生成方式问题，我们尝试用俄语的全句限定语理论来解释这两个汉语疑难句式，并展开对全句限定语作主位这类句子的讨论。

---

① 沈家煊：《"王冕死了父亲"的生成方式——兼说汉语如何"糅合"造句》，《中国语文》，2006 年第 4 期，第 296 页。
② 刘晓林：《也谈"王冕死了父亲"的生成方式》，《中国语文》，2007 年第 5 期，第 440～441 页。
③ 沈家煊：《"计量得失"和"计较得失"——再论"王冕死了父亲"的句式意义和生成方式》，《语言教学与研究》，2009 年第 5 期，第 15～22 页。

二、全句限定语学说

俄罗斯语法学界认为，句子中有一种特殊的成分，它们不与某个别成分发生联系，而是用来限定全句的所有其他成分，特别是限定句子的主语和谓语。这种特殊的句子成分叫"全句限定语"(детерминант)。

全句限定语概念最早是俄罗斯学者什维多娃(Н. Ю. Шведова)于20世纪60年代提出的。她在60年代发表了两篇文章，即《作为句子独立扩展成分的限定客体和限定状语》[1]和《到底是否存在一种叫作全句限定语的句子独立扩展成分？》[2]中提出了全句限定语现象。其后，什维多娃又在她主编的《80年语法》中详细定义和描述了全句限定语。她把与全句发生联系而不与某个别或一些成分有联系的扩展成分叫作全句限定成分（детерминирующий член предложения），即全句限定语[3]。

我们认为，全句限定语是解开"台上坐着主席团"、"象鼻子长"、"王冕死了父亲"这类疑难句子的钥匙。故我们确定的句式是全句限定语作为主位的句子，这是根据全句限定语的语法和语义特点所决定的。众所周知，全句限定语经常作为句子的主位出现在句首。它是句子唯一的已知，后面的词语围绕这个成分展开。

全句限定语作为对全句的扩展，可以出现在此前我们分析过的任何一种句子类型中。

根据所表达的意义类型来看，全句限定语可以用来表示时间和空间概念，还可以用来说明行为或状态的主体。根据这几种类型，我们将全句限定语分为时间全句限定语、地点全句限定语和主体全句限定语。

三、时间全句限定语

表示时间的全句限定语，可以指行为发生的某个时间点，也可能是某一段时间。

1. 表示具体的或大约的时间点

这种时间限定语可以是明确的时间，也可以表示前后时间。这种限定语回答"在什么时候"。在俄语里句子的谓语经常用完成体。

---

[1] Шведова Н. Ю.："Детерминирующий объект и детерминирующее обстоятельство как самостоятельные распространители предложения", *Вопросы языкознания*, 6, 1964.

[2] Шведова Н. Ю.："Существуют ли всё-таки детерминанты как самостоятельные распространители предложения?", *Вопросы языкознания*, 2, 1968.

[3] Русская грамматика АН СССР, т. II, М., Наука, 1980, с. 149.

К закату проглянуло бледное солнце. （И. Бунин. *Темные аллеи*）偏西的太阳露出苍白的脸来。

三个月后，天下雪了。（刘震云：《一句顶一万句》）

时间全句限定语之后的成分，分为两种情况：一类是不定指的事物；另一类则是定指的事物。

（1）不定指的事物是新话题，一般表示出现、产生某个事物，该事物此前并未提过。此种类型的俄语中一般谓语位于主语之前，汉语往往用"一个"、"有"等字样表示新知。

Близ нового года пришло *известие о болезни отца*. 快到新年时传来<u>父亲得病的消息</u>。

После грозовых дождей последних дней наступила *холодная, ясная погода*. 最近几天的雷阵雨过后，迎来了<u>一个晴朗却寒冷的天气</u>。

上个月，从安徽来了<u>个铁匠</u>……（刘震云：《一句顶一万句》）

从前有<u>一个国王</u>……（莫语：《跟哈佛教授学幸福》）

正议论间，又从庙门外走进<u>个人</u>来……（赵树理：《李家庄的变迁》）

（2）定指的事物是原本就谈过的事物，要么是前面提到过，要么是故事的主人公或小说中所熟悉的人物。此时往往继续讲在某个时间节点上该人物或事物发生了什么。

В десятом часу *она* вышла на балкон...（И. Бунин. *Натали*）九点多钟<u>她</u>走到阳台上……

По окончании университета *он* уехал в Сибирь. 大学毕业后<u>他</u>去了西伯利亚。

Вечером *мы* добрались до озера. 傍晚<u>我们</u>走到了湖边。

端午节，<u>我</u>应邀去县城，参加祭祀屈原的大典。（韩少功：《山南水北》）

就在这时候，<u>看庙的老宋</u>来了……（赵树理：《李家庄的变迁》）

2. 表示一段时间

这种类型的时间限定语不是某个时间点，而是时间段。动词谓语表示这段时间内发生了什么。俄语里经常用未完成体形式。例如：

До войны он был плотником. 战前他是个木匠。

Ранней весной я уехал за границу и провел там месяца четыре. （И. Бунин. *Натали*）早春时节我出国了，在海外待了约四个月。

Теперь он редко видится с друзьями. 现在他很少和朋友们在一起。

Без тебя принесли телеграмму. 你不在时送来了电报。

В декабре и январе он надеялся наслаждаться солнцем Южной Италии... （И. Бурин. *Господин из Сан-Франциско*）12月和1月，他希望享受意大利南部的阳光……

Ночью весь отель спал. （И. Бунин. *Господин из Сан-Франциско*）夜间，整个饭店都已入睡。

Ночью шел тихий дождь... （И. Бунин. *Натали*）夜里下了小雨……

这天，下着大雪……（叶广芩：《梦也何曾到谢桥》）*В тот день* шел сильный снег... （Перевод Н. Сомкиной）

也有一些时候在表示时间段的全句限定语之后出现不定指的情况，此时通常表示存在、发生过某事情。例如：

公元2001年，左驿有个叫小鱼的惯偷被判了极刑。（赵本夫：《斩首》）

那一年春旱，夏涝。（玛拉沁夫：《活佛的故事》）

苏联卫国战争中死了大量男人……（王蒙：《歌声好像明媚的春光》）в СССР *во время войны* погибло множество мужчин... （Перевод А. Желоховцева）

3. 表示持续的时间
这种限定语回答"持续多长时间？""从何时？""到何时？"等。例如：

С неделю оиа правила домом, все распоряжалась... （И. Бунин. *Натали*）约有一个星期都是她在管家，由她发号施令……

С неделю больной не мог спать по ночам. 约一星期患者夜里不能入睡。

За всю историю города не было такого случая. 城市有史以来还没有发生过这种事情。

С июля по сентябрь шли дожди. 从七月到九月一直在下雨。

4. 表示行为发生的频率

这种时间限定语用来说明行为所间隔的时间，回答"每……时"。例如：

每天深夜，我们都聚集在烤摊前。（柏邦妮：《保持饥饿，保持愚蠢》）

По вечерам отец всегда пил чай среди своих занятий…（И. Бунин. *Ворон*）每到晚上，父亲总是边工作边喝茶……

По понедельникам музей закрыт. 每星期一博物馆闭馆。

Каждый вечер ссора. 每天晚上都吵架。

四、地点全句限定语

地点全句限定语表示空间意义，也分为多种类型。最常见的地点全句限定语回答"在哪里？"的问题。俄语一般用前置词加名词表示，汉语里通常在名词后加方位词。从所表示的方位来看，可以有里、外、上、下、前、后等各种位置。

1. 表示"在……里"

这种句子的汉语表述方式是名词加上一个"里"字，一般前面不必冠以"在"字。俄语的 в 和英语的 in 都表示这个意思。例如：

庙里来了个牺盟会的特派员要找他。（赵树理：《李家庄的变迁》）

一望无际的原野里，已经飘起鹅毛大雪……（王金昌：《赝品》）

桥洞里响起凄凉亢奋的歌唱声。（莫言：《透明的红萝卜》）

柜里面预备着热水，可以随时温酒。（鲁迅：《孔乙己》）

院里有猛犬在吠……（叶广芩：《梦也何曾到谢桥》）*Во дворе*

залаяли свирепые собаки...（Перевод Н. Сомкиной）

他到区上工作去，家里只剩下婆媳两个……（赵树理：《传家宝》）Когда он отправился работать в район, дома остались только свекровь и невестка...（Перевод Г. Монзелера）

В чайной произошла драка. (В. Шукшин. Танцующий Шива) 茶馆里发生了斗殴。

В коридоре очень сложно и очень дурно пахло...（И. Бунин. Далекое）走廊里有各种异味，很难闻……

В горнице было тепло, сухо и опрятно...（И. Бунин. Темные аллеи）房间里暖和，干燥，整洁……

英语一般要用 there 引出这种句式，把真正已知的地点成分放在句末，这就是所谓的"存在句"：

There lived an old doctor *in the village*. 村里住着一个老大夫。

There were two girls and a boy *in the room*. 房间里有两个女孩和一个男孩。

需要指出，存在句在汉语里经常表现为"有"字句，表面上看似乎是表地点的词语作句子的主语，实际上它们只是地点全句限定语，真正的主语是后面的名词性成分。这种句子的迷惑地方就在于句中没有"在……里"这样的字眼。例如：

美国有一个在全世界都很受欢迎的情景喜剧叫《六人行》，是很多英语爱好者的精神大餐……（莫语：《跟哈佛教授学幸福》）
办公室除了李市长，还有一男一女两位客人。（尤凤伟：《金山寺》）
天气还早，何家已经坐着四个病人了。（鲁迅：《明天》）
餐车人不多。（梅子涵：《火车上的故事》）

2. 表示"在……外"
这是与"里"相对应的方位，汉语中也不用"在"字。

大门外立着一伙人……（鲁迅：《狂人日记》）

门外一个不认识的人，背了一件东西……（鲁迅：《明天》）

窗外有个女人抢着叫道："为什么不敢说？就是大伙讹人啦！"（赵树理：《李家庄的变迁》）

За окном стемнело. 窗外黑了下来。

На дворе стояла совершенно черная, непроницаемая ночь...（А. Куприн. Поединок）户外是一片漆黑混沌的夜晚……

3. 表示"在……上"

这也是表述与"里"相对应的方位，限定语后一般跟着动词，然后才是名词主语。汉语的疑难句子"台上坐着主席团"就属于这个类型。

桌上摆着两只整整齐齐的邮包。（彭见明：《那山　那人那狗》）

通往厂大门的路上，走着一群群刚吃过饭的工人……（邓刚：《阵痛》）

小路上又来了一个女人……（鲁迅：《药》）

她那诚挚温存的妻子般的脸上，闪出最亲切、最信赖的眼光……（李国文：《月食》）

夏天到了，树上结满了桑葚儿……（母国政：《壶嘴儿》）

铁丝上晾着花被子，门楣上垂下来一辫紫皮大蒜……（付秀莹：《无衣令》）

房顶上有几片瓦不见了，可能是被风吹跑的。（晓苏：《三座坟》）

这个世界上有两种事情：一种是可以改变的；一种是不能改变的。（莫语：《跟哈佛教授学幸福》）

На мосту мигнул огонек и ударил едва слышный одинокий выстрел.（Б. Лавренев. *Разведчик Вихров*）桥上闪过一个火星，隐约响起一声枪响。

На небе уже светало. 天上已经显出鱼肚白。

На улице резко играли сбор.（Н. Островский. *Как закалялась сталь*）街上猛地吹起集合号声。

На площади происходило необычайное для городка событие.（Н. Островский. *Как закалялась сталь*）广场上正在发

生着对这个城市来说非同寻常的事件。

  На стенах домов появились новые плакаты и объявления. (А. Чаковский. *Блокада*) 墙上出现了一些新标语和通告。

  And *on the heels of the drought* came a new disaster. 干旱的山坡上又来了新的灾害。

4. 表示"在……下"

这个句式一般都是表示在某个空间的下方，而较少指在某个物体下面，但可以是不带名词的单独副词（如下面第三例）。

  就在那张标语下边，朝阳开了两扇大窗子……（李准：《耕云记》）

  苍黄的天底下，远近横着几个萧索的荒村，没有一些活气。（鲁迅：《故乡》）

  老石榴树下晒着一小摊绿豆。（付秀莹：《无衣令》）

  老松树下有一间黑瓦屋，那就是我的家。（晓苏：《三座坟》）

  Сзади их ехал Вронский. *Под ним* была кровная темно-гнедая лошадь.（Л. Толстой. *Анна Каренина*）跟在他们后面的是伏龙斯基。他骑的是一匹纯种深枣红色马。

  Below is a restaurant. 下面是一家餐馆。

5. 表示"在……前"

这种类型也有"介词＋名词"组合和独立副词两种情况，例如：

  河对面，有一座很大的院落，高高的大门楼，高高的灰色围墙，非常气派。（母国政：《壶嘴儿》）

  隔窗一看，对面是一排办公楼和公寓楼，不算高，也就是五六层，建筑风格很古雅，是老房子。（舒乙：《纪念碑》）

  前面一伙小孩子，也在那里议论我……（鲁迅：《狂人日记》）

  走到区公所门口，门口站着五六个人……（赵树理：《登记》）*У ворот районного управления* уже ожидало человек пять-шесть...（Перевод В. Рогова）.

  Before them lay miles of undulating moorland. 他们前面是一片高低起伏的荒原。

Ahead sat an old man. 前面坐着一位老人。

6. 表示"在……后"

　　这时矿上的调度室主任邓达过来了，身后跟着两个穿灰色制服的保安。（刘庆邦：《失踪》）
　　教室外边有棵大桑树，那是我这辈子见过的最高最大的桑树了。（母国政：《壶嘴儿》）
　　Позади высокого человека стоял второй, низенький, в рваной кожанке и с винтовкой.（К. Симонов. *Живые и мертвые*）高个子身后还站着一个人，他个头不高，穿着破烂的皮衣，背着冲锋枪。

7. 表示"在……旁"
这个类型的限定语表示近旁意义，后面跟着不定指的事物，词序也是动词在主语之前。汉语里可以用"有""是"等谓语。

　　Недалеко от них ходили три спутанные лошади.（Л. Толстой. *Анна Каренина*）离他们不远有三匹绑着绊脚绳的马。
　　Около дам сидели и стояли элегантные адвокаты, учителя гимназии в очках и офицеры.（Л. Толстой. *Анна Каренина*）女士们旁边坐着或站着文雅的律师、戴眼镜的学校老师和军官们。
　　在一棵离池子不远的大树边，有一位青年背靠着树干，坐在草地上……（茅盾：《子夜》）
　　鼻梁旁边有几粒细白麻子……（茅盾：《子夜》）
　　老孔的旁边，是卖豆腐的老杨的摊子。（刘震云：《一句顶一万句》）
　　"吴记馍坊"旁边，是一家银饰铺。（刘震云：《一句顶一万句》）

8. 表示去向和来向
这种限定语回答"去哪里?"或"从哪里?"的问题。

　　进山只有一条小公路。（韩少功：《山南水北》）

车上跳下两位技师……(韩少功:《山南水北》)

她的母校出过一位当今著名的女影星。(铁凝:《海姆立克急救》)

从那些庄稼丛里,蒸发出一种气味。(丁玲:《太阳照在桑乾河上》)

忽然由窗外飞进一块砖……(老舍:《大悲寺外》)Неожиданно *в окно* влетел кусок кирпича...(Перевод Е. Рождественской)

他不停地给小马说话。手术室没一个人出来……(陈应松:《松鸦为什么鸣叫》)Он, не умолкая, что-то говорил парню. *Из операционной* никто не выходил...(Перевод Ю. Лемешко)

И *из-за двери* слышался неспешный и скрипучий, обидно вежливый голос...(И. Бунин. Господин из Сан-Франциско)门内响起一个慢条斯理和颇有礼貌的嘶哑声音……

Со стороны сада раздаются голоса. 从花园那边传来说话声。

From the distance came occasional shots. 远处偶尔传来枪声。

Through the window came in wafts of intoxicating fragrance. 从窗子里吹进一阵阵醉人的清香。

9. 表示范围

这种地点限定语表示行为所涉及的范围,回答"从哪儿到哪儿"的问题。

西关这一带,有个回回馆,羊汤是挺出名的。(李国文:《月食》)

戈壁滩一带地势太高,空气薄,风又硬。(杨朔:《石油城》)

От города до монастыря было не более версты с небольшим. (Ф. Достоевский. Братья Карамазовы)从城里到修道院不过一俄里多点。

По всему лесу растут грибы. 整个森林都生长着蘑菇。

У берега по льду еще можно проехать на санях. 在岸边的冰上还能走雪橇。

Along the river bands stood stacks of hay. 沿着河岸是一座座的草垛。

On every side stretched fields of luxuriant green wheat. 四

周都是葱茏的麦田。

五、主体全句限定语

汉语中有一种所谓的"主谓谓语句",指句首的话题之后还有主语,而后者本身又是一个带有主语和谓语的结构,故把这类句子叫"主谓谓语句"。例如:

张排副体格挺棒。(丁声树例)

丁声树说,这个句子中"张排副"是主语,"体格挺棒"作谓语[1]。丁先生指出:"张排副体格挺棒"跟"张排副的体格挺棒",这两句话意思差不多,可是结构不同。"张排副体格挺棒","张排副"是主语,"体格挺棒"是谓语。"张排副的体格挺棒","张排副的体格"是主语,"挺棒"是谓语。

我们赞同丁先生将"张排副体格挺棒"和"张排副的体格挺棒"区别开来的做法,它们的确在结构上有所区别(虽然在一定语境下可以表示相同的意思)。但我们不同意丁先生关于主语的划分,而认为两个句子的主语都是"体格"。这两个句子的区别不在语法结构上,而在于话题的出发点不同:"张排副体格挺棒"的话题是"张排副",而"张排副的体格挺棒"这句话的出发点是"张排副的体格"。也就是说,这两个句子的语法切分相同,而实义切分不同。

从语法的角度看,"张排副体格挺棒"中的"张排副"是全句限定语;从实义切分的角度看,"张排副"这个全句限定语作为句子的主位,这就是我们所说的"主体全句限定语"(субъектные детерминанты),或称为"带主体意义的限定语"(детерминанты с субъектным значением)[2]。罗森塔尔称这种限定语为"限定性补语"(детерминирующее дополнение)[3],以示区别与前面我们分析过的时间限定语和地点限定语。

主体限定语既可以表示人,也可以表示物体;限定语后面既可以是词组,也可以是句子(汉语所谓的"主谓谓语句"后部分带的是句子)。

---

[1] 丁声树等:《现代汉语语法讲话》,北京,商务印书馆,1961,第25页。
[2] Русская грамматика АН СССР, т. Ⅱ, М., Наука, 1980, с.150.
[3] Розенталь Д. Э. и Теленкова М. А.: Словарь-справочник лингвистических терминов, Изд. 2-е, М., Просвещение, 1976, с. 93.

1. 表示人的相貌、年龄等

话题的主体是人，话题的内容是描述该人物的长相、身材、个头、年龄等特征。例如：

<u>У Ивана Ивановича</u> большие выразительные глаза табачного цвета и рот несколько похож на букву ижицу. (Н. Гоголь. Повесть о том, как поссорился Иван Иванович с Иваном Никифоровичем) <u>伊万·伊万诺维奇</u>长着一双富有表情的烟草色大眼睛，鼻子有点像字母γ的样子。

<u>У девочки</u> приятная внешность. <u>女孩</u>容貌姣好。

<u>У него</u> был тихий голос, такой же невыразительный, как и лицо. (А. Чаковский. Блокада)<u>他</u>声音很小，像他的脸一样，毫无表情。

<u>影星</u>胸部丰满，脸颊带酒窝……（韩素音：《无鸟的夏天》）

<u>宋解放</u>人瘦，但脸盘子大……（刘震云：《一句顶一万句》）

<u>他</u>体型稍胖……（陈村：《纪念蒋君超伯伯》）

<u>他</u>脸膛红中透紫，颜色就像山洼里九月的山桃树皮……（从维熙：《大墙下的红玉兰》）

<u>小伙</u>身材匀称……（邵振国：《麦客》）

<u>他</u>身材增加了一倍；先前的紫色的圆脸，已经变作灰黄……（鲁迅：《故乡》）

<u>他</u>头发稀疏，满脸褶皱，表情淡漠，外表已衰老得不会再有任何变化。（谢沁立：《七年四个月十二天》）

<u>郑谷雨</u>年纪有五十多岁……（马烽：《结婚现场会》）

2. 表示人的品质或能力

这种类型的句子用于说明人的内在品质，包括性格、能力、学问等。

<u>父亲</u>确实学问渊博，文章出色。（沈宁文：《父亲的关爱》）

<u>婆婆</u>心眼倒不坏。（付秀莹：《无衣令》）

<u>У него</u> плохой характер. <u>他</u>性格不好。

3. 表示人的生活状态、社会地位等

用来说明一个人的条件和地位，通常是经常性的，而非临时的状态。

这些老太太，男人都先后下世了。（李佩甫：《生命册》）
王冕七岁上死了父亲。
他先是半身瘫痪，然后脑子变得迟钝，最后只能卧床。（谢沁立：《七年四个月十二天》）
路曼家乡在山区……（徐怀中：《西线轶事》）

4. 表示人的生理或心理状态
与前一类不同的是，这里一般指暂时的状态和心情。

百慧突然发起了高烧。（刘震云：《一句顶一万句》）
逢春还是眼皮跳……（池莉：《她的城》）
女服务员面无表情……（叶兆言：《白天不懂夜的黑》）
内地乍来的工人嗓子都发干，鼻塞头昏，睡不好觉，还常常闷得透不过气来。（杨朔：《石油城》）
进入新世纪以来，施先生耳背越来越严重……（陈子善：《拾遗小笺》）
吴河东心碎了……（邵振国：《麦客》）У отца будто сердце перевернулось...（Перевод О. Кузнецовой）
У больного плохое настроение. 病人心情不好。
У артиста сильно стучит сердце. 演员心跳得厉害。
У женщины слёзы ручьём. 女人泪流如注。

5. 表示人的行为状态
这种类型实际上是说主体做了什么事，但是句子的语法结构又不是主谓宾句，行为主体只是个话题，后面叙述某物处于某种状态。

他蓦地里生出一个念头……（李国文：《月食》）
她教学有水平，下手很厉害，班上几个迟钝的学生，腮帮子都被她揪青了。（盛可以：《春天怎么还不来》）
У хозяйки накрыто на стол. 女主人桌子已经摆好了。
У неё ещё обеда не приготовлено. 她午饭还没准备好。

6. 表示承受某一事物或对其进行评价的主体
这些句子中的人物其实就是所要谈论的对象，主体限定语仅作为话题被提出，后面可能跟各种评价和说明。

  这些科学家，有的我早就熟识，有的则是新交的朋友……
（余秋雨：《何谓文化》）
  "你都是个小有名气的记者了，这样的爱人，拿得出手吗？"
（李国文：《月食》）
  Для солдата подзаправиться-первое дело.（А. Чаковский. Блокада）对于当兵的来说，填饱肚子才是头等大事。
  Для остальных он богом данный спаситель Германии.（А. Чаковский. Блокада）对于其他人来说，他就是上帝派来拯救德国的人。
  Для художника же открылся совсем новый пейзаж.（Ю. Пименов）对这位画家来说，展现出了一个全新的风景画面。
  Для спортсмена дисциплина-это отролировать себя. 对运动员来说，纪律就是自我监督。

  7. 表示事物的性质
  主体限定语也可以是表示非生物的事物，它在语法上作为句子的限定语（句子另有主语），而在交际的实义切分中是说话的出发点，充当句子的主位。

  那时的上海，地位非常特殊。（余秋雨：《何谓文化》）
  山里的竹器质优价廉。（韩少功：《山南水北》）
  那儿的温差大，中午太阳很烈……（关仁山：《根》）
  这庄两面是山，中间是滩……（邵振国：《麦客》）
  老郝的镇店之宝，是明嘉靖婴戏图大缸。缸直径78公分。
（王金昌：《赝品》）
  雅舍设备简陋……（曾纪鑫：《雅舍之雅》）
  外面都在传说这家馆子价格很贵……（叶兆言：《白天不懂夜的黑》）

六、带两个或更多全句限定语的句子

  在语言的实际运用中，经常会出现两个或者更多的限定语作为话题

的情况。

1. 时间限定语＋地点限定语

许多时候，时间和地点限定语可以结合在一起，构成复合限定语。一般来说，这种复合限定语的顺序为"时间＋地点"。例如：

Потом в машине что-то треснуло. （К. Паустовский. Колхида）后来车上有个东西噼啪响了一声。

Перед рассветом на полу возле постели горела свеча. （И. Бунин. Последнее свидание）黎明前，床边的地板上燃着一支蜡烛。

В самом конце мая в роте капитана Осадчего повесился молодой солдат...（А. Куприн. Поединок）五月最后的日子，在奥萨德齐大尉的连里，有一个士兵上吊了……

Под утро за городом произошла автомобильная катастрофа. 清晨在郊外发生了一起车祸。

有时天边有黑云，而且云片很厚。（巴金：《海上日出》）

就在这个时节，春婆婆家发生了一场火灾。（迟子建：《黄鸡白酒》）

今天，新加坡来了客人。（陈廷一：《辛亥之父孙中山》）

这时候，我的脑里忽然闪出一幅神异的图画来……（鲁迅：《故乡》）

在这时，外间的会客室内，传来了小夫妻俩的对话。（陈继光：《旋转的世界》）

就在五十年代初期，河对岸，建起了一座有一万余工人的纺织厂。（陈继光：《旋转的世界》）

一天，地坪里有一片落叶在飘动和跳动，引来狗和猫的围观和大呼小叫。（韩少功：《山南水北》）

这时家里只留下她们母女两个。（赵树理：《传家宝》）и теперь дома остались только мать и дочь．（Перевод Г. Монзелера）

也有相反的情况，即"地点＋时间"，但这种情况比较少见。例如：

На этом острове две тысячи лет тому назад жил человек...（И. Бунин. Господин из Сан-Франциско）这个岛上两千年前曾住

过一个人……

В низинах с ночи залег туман.（С. Антонов. *Разорванный рубль*）洼地从半夜起下雾了。

从下面例子的原文和改文来看，时间限定语优先于地点限定语：

原文：А в селе, в стареньком клубе около правления, горит электричество, *сейчас* собирается народ. 在村里，在村委会旁边的老俱乐部里燃着灯，现在聚集了一些人。

改文：А *сейчас* в селе в стареньком клубе около правления горит электричество, собирается народ. （В. Тендряков. *Не ко двору*）现在，在村里，在村委会旁边的老俱乐部里燃着灯，聚集了一些人。

2. 时间限定语＋时间限定语
两个表示时间的限定语叠放在一起时，往往是其中一个用来补充或确切说明另一个。

Давным-давно, тысячу лет тому назад, жил да был вместе со мною на Арбате, в гостинице «Северный Полюс», некий неслышный, незаметный, скромнейший в мире Иван Иваныч…（И. Бунин. *Далекое*）很久很久以前，一千年以前，有一位在世间默默无闻，不引人注目又卑微的人，叫伊万·伊万内奇，跟我一起住在阿尔巴特街的"北极饭店"。

По утрам, до завтрака — обязательна для всех зарядка. 每天早晨吃饭前大家都必须做早操。

Каждое утро в одно и то же время Митя бегал на речку, чтобы освежиться после крепкого сна.（В. Солоухин）每天早晨，在同一个时间米佳都要跑去小河边，让自己在熟睡一夜后清醒一下。

3. 地点限定语＋地点限定语
这个类型与前面第二种极为相似，也是后一个限定语进一步展开第一个的内容。

На западе за городом горела заря.（А. Куприн. *Поединок*）西边城外有一片晚霞在燃烧。

На верху горы, на площадке фюникулера, уже опять стояла толпа тех, на обязанности которых лежало достойно принять господина из Сан-Франциско.（И. Бунин. *Господин из Сан-Франциско*）山顶缆车站上，已经有一群人等在那里，他们的职责是好好接待旧金山来的绅士。

门口不远处是一镜水塘……（刘庆邦：《风中的竹林》）

远地里，一片田亩有人在工作……（林徽因：《别样山西》）

4. 时间或地点限定语＋主体限定语
表示在某个时间或地点的节点上人物出现某个状况等意义。例如：

С этой ночи в Ромашове произошел глубокий душевный надлом.（А. Куприн. *Поединок*）从这夜起罗马绍夫身上发生了明显的精神沮丧。

5. 主体限定语＋主体限定语
两个主体限定语也有叠用的情况，它们往往从不同的角度来限定话题。

对于客人，有的她伺候得非常得周到；有的她连理也不理，她会把眼皮一耷拉，假装没看见。（老舍：《月牙儿》）

Для начинающегося у тебя неплохо получается. 对于初学者来说，你已经不错了。

6. 主体限定语＋地点限定语
前面的主体限定语是被谈论的话题，后面可能跟着一个表示场所的词。例如：

每一个小城，前面站着城楼，旁边生着小庙……（林徽因：《别样山西》）

下编　语篇章法学

第三章　句组与句际关系

如果说语篇句法学是研究句子内部的组合规律的话，语篇章法学则研究句子之间的组合规律，它还要研究语篇的基本单位——超句统一体。章法在语篇语法中占有核心地位，毕竟语篇的核心是探索组句成篇规则。

句子是说话的基本单位，它只有在话语中、在小语篇中发挥作用。从这个意义上说，句法是为章法服务的。但二者不是简单的服从关系，句法更像建筑材料，具有各种形态、意义和构造，脱离它，章法就不复存在了。

章法单位因为构造复杂而需要逐级的分析方法。举例来说，Жена называла его-《Чудик》. Иногда ласково. （妻子叫他"怪人"。有时还叫得挺温柔。）类似于这样的表达，我们在确定其句组类型时首先应以句子之间逻辑—语义关系为出发点，确定它们为接续关系。进一步分析表明，两个句子之间没有形式联系，为零形式衔接。再进一步，把这个句组还原到语篇上下文中时，句组还可因语境而产生变化：Чудик обладал одной особенностью: с ним постоянно что-нибудь случалось. Он не хотел этого, страдал, но то и дело влипал в какие-нибудь истории-мелкие, впрочем, но досадные. （怪人有个特点：他经常要出点什么事。他并不愿意这样，为此十分苦恼，可还是常常惹事——虽然是些小事，但是挺恼人。）这里连同前面的两句构成了一个超句统一体，它的语义模式是"现象及其原因"。这个例子表明，语篇分析应该是非线性的，多级的。

第一节　句际关系

句子在语篇中不是孤立存在的，每个句子都可与上下文中的其他句子相结合而构成句组。句组（соединение предложений）就是指由两个以上句子组合在一起的单位。句组中的各个句子在意义上互相关联，共同形成连贯话语。句子间的这种联系叫句际关系。

句子之间可有不同性质的逻辑—语义关系，例如：

Почти все паромщики-люди словоохотливые, острые на

язык и бывалые. Особенно они любят поговорить к вечеру, когда народ перестает валандаться взад-вперед через реку, когда спокойно опускается солнце за крутояром — высоким берегом — и толчется в воздухе и зудит мошкара. (К. Паустовский. *Золотая роза*)

这个例子里的句际关系有 3 种：第一个是递进关系，即：Почти все паромщики-люди словоохотливые, острые на язык и бывалые. Особенно они любят поговорить к вечеру...（差不多所有的船夫都是喜欢聊天并且说话俏皮和见过世面的人。他们尤其喜欢在傍晚聊天……）这里后一个句子的意思比前句在时间上又进了一步；第二个是因果关系：они любят поговорить к вечеру, когда народ перестает валандаться взад-вперед через реку...（他们喜欢在傍晚聊天，这个时候，人们已不再来来回回渡河……）后句表示前句行为的原因；第三个是并列关系：народ перестает валандаться взад-вперед через реку, когда спокойно опускается солнце за крутояром — высоким берегом — и толчется в воздухе и зудит мошкара.（人们已不再来来回回渡河，太阳已经平静地落到陡岸彼方去了，蚊虫在天空中嗡叫着飞来飞去）。这三个句子表示同时展开的行为，句子的联系是平行式的。

句际关系可分为两类：双向关系（двустороннее отношение）和单向关系（одностороннее отношение）。前一类是指两个句子处于平等地位，句子之间意义上相互关联，谓语形式上互相牵制，句法结构上平行对应，句法构造与词汇内容属于相同类别；后一类则有主次之分，后句起到补充、描述、解说前句的作用。

第二节　有双向关系的句组

一、并列关系

并列关系是指句子之间互为平等、独立的关系，各个句子分别说明、描写几件事情，或一个事物的几个方面。俄语中表示并列关系的连接词是 и（和）、и...и（既……又）、ни...ни（既不……也不）等，也可以完全不用连接词。

В этой тьме стоит тишина одинаково над нашими и немецкими окопами. И одинаково прислушиваются в тех и других невидимые часовые. (А. Серафимович. *Веселый день*)在这个黑暗中，我方和德方战壕的上空一样的寂静。两边也一样隐蔽的哨兵在监听。

Минька долго шел рядом с окном, смотрел на отца. Отец тоже смотрел на него. (В. М. Шукшин. *И разыгрались же кони в поле*). 敏卡跟着车厢窗子走了很久，看着父亲。父亲也看着他。

Вихри неслись, шуршапеском и подымая к небу птичий пух и щепки. Тяжелая муть заволокла все вокруг. Солнце вдруг сделалось косматым и багровым, как Марс. Закачались и засвистели ракиты. Сзади дохнуло таким жаром, будто у меня на спине затлела рубашка. Пыль трещала на зубах и порошила глаза. (К. Паустовский. *Золотая роза*)旋风打着转，把沙子吹得沙沙地响，鸟雀的羽毛和木屑都吹上了天。四周一片昏暗。太阳立刻变得毛茸茸的，成了紫红色，就跟火星一样。爆竹柳开始摇摇摆摆，发出哨声。从背后喷过来那么一股热气，烫得就好像我的衬衫在背上烧着了似的。满嘴都是沙子，灰沙迷了眼睛。

这三个例子中前后句子处于并列的关系。前两个例中的连接词都带"也"的意思，只是俄文中分别用 и 和 тоже 两个不同的词。第三个例子里各句平行展开，描绘了暴风雨来临前的景象。

二、承接关系

承接关系是指后句依前面的交代而把故事顺序发展下去的关系，它体现了所陈述的事件之间的前后衔接关系。承接关系常用的组合手段分为时间词、处所词和关联词。常见的关联词有：就，又，便，于是，接着，紧接着，紧跟着，然后，至于，下面，上面……下面，首先……其次……最后，先说……后说/再说，等等[1]。俄语里表示承接关系的连接词有 и(和)，да(和)等。

---

[1] 吴为章、田小琳：《汉语句群》，北京，商务印书馆，2000，第 34 页。

А потом дети выросли, выучились на инженеров и агрономов, обзавелись своими семьями и разъехались кто куда. В родном городе остался лишь старший сын Петр, работавший в коммунхозе начальником над всем городским водопроводом. (Б. Бедный. *Старший возраст*.) 后来几个孩子都长大了，有的当了工程师，有的做了农艺师，都有了自己的小家，各奔东西了。父母这个城市里只留下大儿子彼得，他在公共设施局当局长，管着全市的自来水系统。

На Казанском вокзале у него украли мешок с харчами. Он бегал искать вора, отстал от попутчиков и один шел по незнакомым московским улицам. (С. Антонов. *Главный вопрос*.) 在喀山火车站他的伙食口袋被偷了。他到处去抓小偷儿，就落在了同伴后面，只剩孤身一人走在陌生的莫斯科街道上。

Дуганов скользнул между двумя игроками и, ускоряя бег, рванулся к воротам. Один из защитников упал ему под ноги. Дуганов перепрыгнул. (Ю. В. Трифонов. *Победитель шведов*.) 杜加诺夫闪过两个对方球员，加速奔向球门。一名后卫在他脚下摔倒。杜加诺夫从他身上跳了过去。

Самолеты *налетели* так внезапно, что никто не успел *броситься* в отрытые щели в земле и все *попадали* тут же на землю. Уля, тоже припавшая к земле, *услышала* вихрем нараставший, точно расширявшийся книзу визг падающей бомбы. И в то же мгновение резкий удар страшной силы, как разряд молнии, *разразился*, казалось, не только над Улей, а в ней самой. Воздух со свистом *прошумел* над ней, и на спину *посыпалась* земля. (А. А. Фадеев. *Молодая гвардия*.) 空袭来得非常突然，谁也来不及跑进在地上挖的防空壕，大家都是就地卧倒。邬丽亚也扑倒在地上，她听到落下的炸弹的号泣声像旋风般增大着，仿佛越往下声音越响。在同一刹那，一声可怕的巨响，像闪电似的，似乎不仅在她头顶上，而且简直就在她身上爆炸开来。空气呼啸着在她头顶上掠过，背上撒了一阵泥土。

Я подошел к этому белому и нагнулся над ним. Я увидел платье Анфисы и маленькую ее сорочку. Тут же валялись ее мокрые туфли. Полина закричала и бросилась назад, к дому.

Я добежал до парома, разбудил перевозчика. Мы сели в дощаник и поплыли, все время пересекая реку от одного берега к другому и вглядываясь в воду. (К. Паустовский. *Золотая роза*)我走到这个白东西旁边,弯下腰去。我看见了安菲莎的衣服和衬裙。她一双沾湿了的鞋子也扔在这里。波琳娜尖叫了一声,往家里就跑。我跑到渡船跟前,叫醒了摆渡的。我们坐上了平底小船,漂流下去,不断从这岸向彼岸划,仔细看着河水。

他下了车,走了几条马路,终于找到了熊智君的寓所。(巴金:《雨》)

这几个例子中的句子都是依时间顺序展开的,把故事情节不断向前推进。这种关系的特点是行为的顺序性,句子次序不能颠倒。句子之间经常呈链式联系。承接关系既可以像第一、二例那样跨越较大的时空,也可如三、四、五、六例那样表示连续的动作:几个句子连续而下,成相继的鱼贯式排列,各句间的连接无须用连接词,只以动词完成体的形式表示动作是先后发生的。

三、对别关系

对别关系是指前后各句表达的意思是对立的、不一致的。在对别关系中,后一句不是发展前面的思想,而是转个弯,朝相反或相对的方向说。俄语中表示对别关系的连接词有 a(而)、но(但是)、однако(然而)、зато(不过)、все же(但)、тем не менее(然而)、вместе с тем(与此同时)、между тем(同时)等。例如:

Шофер остановился в раздумье. А через минуту он уже спал за баранкой: долгая дорога его утомила. (В. Архангельский. *Как я путешествовал по Алтаю*)司机把车停下来,沉思起来。而过了一两分钟他竟趴在方向盘上睡着了:远途行驶让他太累了。

В этой книге я рассказал пока лишь то немногое, что успел рассказать. Но если мне хотя бы в малой доле удалось передать читателю представление о прекрасной сущности писательского труда, то я буду считать, что выполнил свой долг перед литературой. (К. Паустовский. *Золотая роза*)在这本书中,我只叙述了我目前来得及叙述的这一点点。但如果我能够使读者对

作家劳动的绝妙实质哪怕得到些许的概念，我便认为我算完成了对文学的义务了。

Я не мистик; в предчувствия и гаданья почти не верю; однако со мною, как, может быть, и со всеми, случилось в жизни несколько происшествий, довольно необъяснимых. (Ф. Достоевский. *Униженные и оскобленные*) 我不是神秘主义者，对于预感和占卜之类几乎不信；可是我一生中却遇到了几件匪夷所思的事，也许大家也遇到过类似的情况。

Артисты были одеты одинаково-в длинные черные костюмы и ослепительно белые рубашки-и поэтому казались на одно лицо. Зато сколько разных инструментов они принесли с собой. (Ю. С. Рытхэу. *Паруса*) 演员们穿着一样，都是长长的黑礼服和刺眼的白衬衫，因此我觉得似乎大家都是一个模样。不过他们带来的乐器却是各不相同的。

Конечно, он не был борцом. Героизм его заключался в фанатической вере в прекрасное будущее людей труда-пахарей и рабочих, поэтов и ученых. (К. Паустовский. *Золотая роза*) 当然，他不是个战士。他的英雄主义表现在他疯狂般相信劳动的人们——农民和工人、诗人和学者——的美好的未来。

第一个例子里前后的句子依靠连接词 а 联系起来，表示句子之间有对比—让步意义，指出第二个句子的内容与第一个句子中所预料的不相符合。第二、三、四例子中前后句子之间都是对比关系，在俄文中分别用了对别连接词 но、однако、зато。第五个例子没有任何连接词来衔接先后的句子，但是不难看出前后之间有转折对别关系。

四、递进关系

递进关系是指后句进一步补充前句的意思，把话说得更全面、更进一层。这里句组中的前句一般都是信息不足的。个别情况下，前句也可能信息充足，但由于语境的限制，思想并未充分展开。俄语中表示递进关系的连接词常有 особенно（尤其）、даже（甚至）、а еще（还有）、к тому же（此外）、мало того（不仅如此）、а то（否则）、скорее（更加）、напротив（相反）、наоборот（反过来）等。

Почти все дома в деревне новые, построенные в последние десять пятнадцать лет, когда стали хорошо платить за труд и в семьи пришел достаток. Многие дома поставлены даже с избытком в размерах, словно бы хозяева соревновались друг с другом, кто кого превзойдет... (Ю. Гончаров. *Поживите еще, старики*)村里的房子差不多都是新的，都是最近一二十年盖起来的，这是因为这些年的收入不错，家里有了富余钱。许多房子盖得甚至过于宽敞，好像各家在攀比谁能超过谁……

我从没见过他办一件事要花半天工夫！何况是那么一点小事，他只要眉头一皱，办法就全有了！(茅盾：《子夜》)

那时候刚恢复招生，只要是个学校就是考场，就人满为患，有太多的人参加考试，很多届的学生都挤在同一个战场上拼杀。南京天气又非常热，没有空调没有电风扇，考生们挥汗如雨，一个个都跟洗桑拿一样。(叶兆言：《白天不懂夜的黑》)

第一例的第一句介绍说，几乎村里的所有房子都是新盖的，接下来第二句把前面的意思更深化了一层，指出其中许多房子盖得还相当宽敞，两句间的关系是深入递进的关系。第二例用连词"何况"把递进的意思突出出来。第三例先说考场人满为患，后面进一步补充说南京天气又热，上下句构成了递进关系。

第三节 有单向关系的句组

一、说明关系

说明关系是指后面的句子解释、说明、补充、限制前面的句子。

说明关系中最常见的是带有客体描述意义的。这种类型的说明关系，往往是前句表示某人所思所想或所见所闻，后面句子就是他所想的内容或所见到的情景。

Василиса Михайловна посмотрела в окна. Вечер был ясный, и на фоне светлого лунного неба неподвижно чернели ветви одиноких тополей, и черные тени, как нарисованные, лежали на дороге. Луна светила ярко, и во дворе, казалось, можно было читать газету．（С. Антонов. *В тихой станице*）瓦西里莎·米海依洛芙娜向窗外瞧瞧。黄昏是明朗的，黑色的影子像书一样躺在路上。月亮照亮了，在院子里似乎可以阅读报纸。

那时候，林放是一所中学的语文代课老师，不是正式编制。能够谋得这份教职，缘于几年前的"批林批孔"，他一篇批判孔子的文章大出风头，得到有关领导高度赞赏。（叶兆言：《白天不懂夜的黑》）

第一个例子后两句的内容与第一句中人物的行为有关：第一句中说 Василиса Михайловна 朝窗外望去，而后两句所描写的窗外景象就是她所看见的内容，后面的句子受前面句子的制约，描写是从人物的角度进行的。第二例先说林放谋得代课教师的职位缘于"批林批孔"，这句话让人不太容易理解，接下来便交代说林放写了一篇批判孔子的文章而出名，经过这个说明，前面的意思就得到了解释。

二、因果关系

在原因关系中，一个或几个句子叙述某一事情，而另一个或几个句子则阐明出现它的原因。一般来说，有原因关系的句子彼此间的衔接无须借助连接词语，但有时也可用诸如 потому что（因为），ибо（因为），ведь（要知道）等词来连接。

Старшему стало обидно. Он собирал ягоды, старался, а его братья и сестры едят их или просто лежат в траве. (В. Астафьев. *Конь с розовой гривой*) 老大不高兴了。他在那里采野果，干得很投入，弟弟妹妹们却只知道吃，要么就躺在草地上。

И она наклонилась и вытащила из-под дивана большую корзинку, в нее были сложены старые игрушки, в которые я уже не играл. Потому *что* я уже вырос и осенью мне должны были купить школьную форму и картуз с блестящим козырьком. (В. Ю. Драгунский. *Друг детства*) 她弯下腰，从沙发底下拖出一个大篮子，里面摆放着一些旧玩具，这都是我不再玩的东西。因为我已经长大，到秋天就要给我买校服和带沿的学生帽了。

Он был опасно болен. Доктор велел ему сейчас же идти

домой.（В. Катаев. *Электрическая машина*）他病得很厉害。大夫吩咐他马上回家去。

Нельзя терять чувство призвания. Его не изменить ни трезвым расчетом, ни литературным опытом.（К. Паустовский. *Золотая роза*）不能丧失责任感。无论是冷静地考虑，无论是文学的经验，都代替不了它。

吴荪甫摇着头，鼻子里哼了一声，踱起方步来。对于这妹子的执拗也没有办法，他是异常地震怒了！（茅盾：《子夜》）

我的同事王磊已到不惑之年，至今单身。很多人都觉得很费解，小伙子很活跃，长得也不赖。办公室里的社交达人，一定非他莫属。每周总有几天，他在忙着赶饭局。（沈晓锁：《全民浅社交》）

王磊为人非常热心，大家有什么困难，总是第一时间想到他。因为他的朋友多，广泛分布在社会各界，让我们羡慕不已：朋友多，就是好办事。（沈晓锁：《全民浅社交》）

第一个例子里前一句指出现象本身——哥哥生气了，后一句则说明产生这一现象的原因。第二例中两句之间不仅凭意义相连，而且还用了表示原因关系的连接词 потому что。第三例是结果关系的例子。第四例根本没有出现"因为"、"所以"这样的字眼，但是从内容上读者不难看出其间的因果关系。从因、果出现的顺序上看，原因关系是先果后因，而结果关系是先因后果。表示因果关系的句子前后位置很重要。在俄语里因果位置可以互换，而在汉语里则先因后果。三个汉语的例子里，除了一个有原因连接词以外，另外两个都不带连接词，但我们仍可以看出前后句之间的因果关系。

三、总分关系

总分关系中前后句子之间是总说和分说的关系。一般总说在前，分说在后。例如：

В те дни пустынным был восточный берег. Мертвые станки, брошенные избушки. Рыбацкие избы без окон и дверей, по крышу занесенные снегом. Ни дыма, ни огонька, ни человека, ни собаки.（В. Горбатов. *Обыкновенная Арктика*）

在那些日子里，东海岸看不见一个人影。站头上都死气沉沉，小屋子里没人居住。渔夫夏天住的小屋，门窗都没了。雪直堆到屋顶上。没有烟，没有火，没有人，没有狗。

Квартира Кошевых *состояла* из трех комнат и кухни. Прямо из кухни посетитель *попадал* в большую комнату, служившую столовой, с двумя окнами на соседнюю, параллельную Садовой, улицу. Здесь же *стояла* кровать Елены Николаевны и диван, на котором обычно *стелили* Олегу. Дверь из столовой *вела* в комнату, где жил Николай Николаевич с женой и ребенком. (А. Фадеев. *Молодая гвардия*) 科舍沃伊家的房子是三居室和一个厨房。客人从厨房直接就能进入一个大房间，这间屋子用作饭厅。饭厅有两个朝临街开的窗子，那里是街心花园街。在这个房间里摆放着叶琳娜·尼古拉耶夫娜的床和一个沙发，奥列格通常睡沙发上。饭厅有一个门通往尼古拉·尼古拉耶维奇和妻子还有小孩子的房间。

王春丽这一晚上噩梦连连，先是梦见自己提了两件货在走，有一件货从手里掉在地上，里边全是黑虫了，眨眼间爬满地；又梦见自己是在一个巨大的泥坑里，坑里都是没膝的烂泥……（王祥夫：《一步一徘徊》）

这里第一个例子的首句是总说，它概括了整个段落的大意，接下来的几个句子分别描写荒凉的景色。这个例子的句子之间其实有两重关系：第一句对后面各句是总分关系，而二、三、四句之间为并列关系。第二个例子是一段居室环境描写，先交代这套房子有三个房间和一个厨房，然后就分别介绍这些房间。这种描写里每个句子的动词谓语都是未完成体过去时，表示一种惯常的状态。第三例先交代"一晚上噩梦连连"，接下来分别展开"噩梦"的内容。这里的第一句是总说，用"连连"表示数量意义，后面的分说用表示次序的词语"先是"、"又"来接续。

四、确切关系

确切关系是指后面的句子进一步展开前一句的思想，把它的意思表达得更具体、更确切。确切关系与总分关系有相似之处：两者均先概括叙述，然后才具体化。但区别在于：总分关系中分说由几个句子组成，从不同的方面来揭示总说；而在确切关系中只有两个句子，后一句比前一句在内容上更加具体详尽。例如：

  Филипп в молодости был очень активным. Активно участвовал в новой жизни, спорил, кричал, убеждал, волновался. (В. Шукшин. *Осенью*)菲利普年轻时很积极。他积极参加新生活，与人争论、叫喊，说服别人，自己也激动。

  А у этой мамы был странный характер. Она не ругалась за драку, не кричала, а просто разводила драчунов по разным комнатам и целый час, а то и два не позволяла им играть вместе. (А. Гайдар. *Чук и Гек*)他们那位妈妈有个古怪脾气。她对于打架的孩子，既不骂也不喊，只是把两个小家伙分开来关在两个房间里，关上整整一个钟头甚至两个钟头，不许他们在一块儿玩耍。

  第一例中首句只笼统地说 Филипп 年轻时很积极，可是究竟怎样积极呢，在第二句里才进一步展开。第二个例子里，先说妈妈脾气很怪，究竟怎样怪法，是在后面的句子里加以确切。

<h3 style="text-align:center">五、评价关系</h3>

评价关系是指后句对前面的内容进行评论。

  Андрей Матвеич Жгутов, восемнадцатый председатель Петровского колхоза, стоя посреди дороги, беседовал с группой колхозников. Трудно быть восемнадцатым. (Ю. М. Нагибин. *Слезай, приехали*)安德烈·马特维耶奇·日古托夫，彼得罗夫集体农庄十八岁的农庄主席，正站在道路中央，与一群农庄庄员在交谈。十八岁这个年龄不容易。

  На белом лице у нее, как гипсовая, неподвижная, потухала действительно редкостная красота. Не всегда, не часто встретишь такое лицо. (М. А. Булгаков. *Полотенце с петухом*)她的脸惊人的美丽，现在却黯然失色，苍白得像石膏制成的一样凝固不动。如此的面庞不是经常能见到的。

  А Куликов человек общительный, неплохой голос, наигрывает на гитаре, и на груди — орден Красного Знамени.

В начале военных лет это было очень серьезно. (С. П. Залыгин. Пилот первого класса Куликов）库利科夫是个喜欢交际的人，嗓子好，边唱边弹吉他，胸前还佩戴着红旗勋章。在战时初期这是很了不起的。

第一例里的首句交代主人公日古托夫十八岁，接下来的句子中断了叙述，而是对十八岁这个年龄加以评论。第二例先描写女人的脸，后面评论这张脸。第三例用 это（这）来指代前面所提到的事物，并对这个现象做出评价。

第四章　句际联系手段之一——重复

第一节　句际联系手段概述

　　语篇由数量不尽相同的句子组成，小则三五句，大的数以千万个句子。不论语篇长度多少，都有一个共同的现象，就是句子之间需要有衔接。这不仅指意义上的联系，还指形式上的连接。语言形式上句子之间的联系叫"句际联系手段"（средства межфразовой связи），这是俄罗斯语言学界常用的术语，西方大多叫它"语篇衔接"（textural anaphora）。

　　洛谢娃（Л. М. Лосева）把句际联系手段分为两类：一类是"通用句际联系手段"（общие средства межфразовой связи）；另一类叫"纯句际联系手段"（собственно межфразовые средства связи）[1]。

　　所谓通用句际联系手段指既可以用来连接复合句，也可以用来连接独立句子的语言手段。这类手段包括：（1）词汇手段，主要是虚词，如连接词、语气词、插入语、情态词等；（2）语法手段，主要是动词谓语的时态：它们经常以"集体"的面目出现，当描写某个事情时，往往各个句子统一使用动词时态——要么都用完成体，要么都是未完成体。

　　所谓纯句际联系手段指只用来连接各个独立句子的手段。这里也分为两种类型：（1）句子某词义不全，需依赖上下文才能理解，如：Николай Ростов *в этот день* получил от Бориса записку... (Л. Н. Толстой. *Война и мир*)中译文为"这天尼古拉·罗斯托夫收到了鲍里斯的报告……"这个句子本身的意思明白，但是"这天"是哪一天，没有上文就不清楚。再如 *Дело* проходило во время летних каникул. 中译文为"事情发生在暑假期间"。"事情"指什么，脱离上文不得而知。所有这些词往往在单句中表现出意义不完整，要借助上下文才能完全展开。属于这类词的有表示时间、空间、指物、过程等意义的词或短语。（2）词语重复，包括单纯的重复和同义词替代。

---

[1] Лосева Л. М.：*Как строится текст*, Под ред. Г. Я. Солганика, М., Просвещение, 1980, с. 15.

韩礼德和哈桑①把语篇衔接手段分为语法衔接和词汇衔接两种。前者包括照应、替代、省略和连接，后者包括词汇重复和搭配，词汇重复本身又分为重复、同义、类种词等。

卡特(Ronald Carter)等人②的分类与韩礼德相似，也分为词汇和语法两种。词汇手段包括直接重复、同义词、类种词、反义词、特殊/一般照应、序列、总分；语法衔接分为人称代词照应、指示照应、比较照应。

陈平③把衔接方式分为名词回指、代词回指和零形回指。

比较起来，陈平的分类简单明了，易于操作，但缺点是覆盖面不够，有些现象不知归入何处。例如：书店是齐鲁常去的地方，尤其是古籍书店。那儿安静，光线也是半明半暗的。(阿袁：《鱼肠剑》)这个例子中的"那儿"指古籍书店，但它既不是名词，也不是代词，更不属于"零形回指"，无法归入陈平的任何一类。再如：В комнате сумрачно, и сумрачно было на улице. (Ю. В. Бондарев. Тишина)中译文为"房间里一片昏暗，街上也很昏暗"。这个例子的原文用了两个词形相同的副词，把两个句子联系起来，可是在陈平的分类中没有副词重复这一项。还比如：Шацкий сначала дичился меня, потом привык и начал разговаривать. В этих разговорах выяснился характер его болезни. (К. Паустовский. Золотая роза)中译文为"沙茨基一开始畏避我，后来熟了，便开始跟我攀谈起来。在谈话中，明白了他的病的性质"。此例中上句用了动词 разговаривать（谈话），下句顺着这个话题往下讲，但用的是名词 разговоры（谈话），显然上下句是通顺连贯的，但并不属于名词重复，不能归入陈平的类别中去。

我们将句际联系分为重复、替代和零形式三类。举例如下：

Несколько лет тому назад в одном из своих поместий жил старинный русский барин, *Кирила Петрович Троекуров. Его* богатство, знатный род и связи давали ему большой вес в губерниях, где находилось его имение. 0④ Соседи рады были угождать

---

① Halliday, M. A. K. & Ruqaiya Hasan：*Cohesion in English*，北京，外语教学与研究出版社，2001，第231～292页。

② Ronald Carter, Angela Goddard, Danuta Reah, Keith Sanger, Maggie Bowring，*Working with Texts：A core book for language analysis*，London and New York：Routledge，1997，c. 172-188.

③ 陈平：《汉语零形回指的话语分析》，《中国语文》1987年第5期，第363～377页。

④ 此处及下文用"0"表示零形式衔接。

малейшим его прихотям...(А. С. Пушкин. *Дубровский*)几年前，在自己的一座田庄里头，居住着一名门第古老的俄罗斯贵族基里拉·彼得洛维奇·特罗耶古洛夫。他的财富、显赫的门第和人缘关系使他在其田庄坐落的几个省内具有举足轻重的地位。0 邻居们一向乐于奉承他极微小的癖好……

  这是潘先生第二次来到仲良家里。他穿着一身黄色的邮递员的制服，0 进了门也不说话，0 只是朝仲良点了下头。仲良让秀芬去外面转转。潘先生扭头看了关上的门，0 慢慢走到桌前……(昇愚：《邮递员》)

  在第一个例子里，引出主人公之后，第二句用代词 его(他的)指代该人物，第三句一开始就说"邻居"，显然是指这位贵族的邻居们，这是一个零形式联系。第二个例子里包含 7 个小句。第一句点出人物——"潘先生"和"仲良"；第二句用代词"他"照应前句的"潘先生"；第三、四两个句子继续讲潘先生，人物不变，故把指称词省略，用零形式衔接；第五句再提"仲良"，因为话题已从"潘先生"过渡到"仲良"，故须用名词衔接，否则用"他"指代不清；第六句叙事对象再次转回"潘先生"，再用名词衔接；第七句对象不变，用零形式。

  由此可见，在具体的语境和上下文中，通常会交替使用各种句际联系手段，而每个手段的运用，都受到语境、人物对象、语法、修辞等一系列因素的影响。一般来说，作者在选择句际联系手段时考虑以下因素：

  (1)无歧义性。语境越复杂、人物数量越多，连接手段的选择难度越大。无论怎样，语篇的第一要务是表达事物，因此把问题说清楚，不给读者或听者造成额外的理解负担，这是言语表达的基本要求，也是选择句际联系手段的主要出发点。

  (2)多样性。在保证正常、顺利交际的前提下，句际联系手段应力求新颖和变换。除法律文本和科学著作外，文学、报刊、政论等体裁都要求表达手段的多样性，避免机械而单调的重复。

  (3)为修辞服务。句际联系手段绝不仅仅起着衔接句子的功能，不少情况下，它们直接参与表达创作意图和思想理念信息，用来造成语篇的主观情态和修辞情感表现力色彩。

第二节 各种词类的重复

  重复也叫词语重复，是指某个词或词组在上文(通常为上句)中出现过以后，下文或下句再次用该词来指称该事物或行为。

　　用作重复的词主要是名词，但也可以是其他词类。为了说明这个问题，洛谢娃①做了一个实验。她把盖达尔（А. Гайдар）的短篇小说《热石头》(Горячий камень)的第 1 句话提取出来，然后尝试用各种词汇重复的方式接续这句话，得出如下结果：

　　（a）Жил на селе одинокий *старик. Старик* был слаб и нуждался в постоянном уходе. Ухаживать за ним было некому...
乡下住着一个单身老汉。老汉身体不好，需要人经常照顾，可是却找不到人照顾他……

　　（b）Жил на селе *одинокий* старик. *Одиноким* он был потому, что жена его была убита фашисткой бомбой в первые дни войны, и дети не вернулись с фронта... 乡下住着一个单身老汉。单身是因为妻子在战争初期被法西斯的炸弹炸死，而孩子却从前线再没有回来……

　　（c）*Жил* на селе одинокий старик. *Жил* он не много не мало, а 83 года. *Жил* он и плохо и хорошо — по-всякому бывало... 乡下住着一个单身老汉。他活得不大不小，已经 83 岁了。他生活得不好不坏，什么事情都经历过了……

　　第一个例子里，前后两句依靠名词重复（старик-старик）联系起来；第二例中用形容词重复（одинокий-одиноким）的形式；而第三例里用动词重复（жил-жил）的形式把前后句衔接上。可见，不同的词类都能起到重复联系的作用。

　　根据词类的不同，可以分为名词重复、动词重复、形容词重复等。

一、名词重复

　　重复作为句际联系手段，用得最多的是名词，这并不奇怪，因为句子最基本的模式就是用名词称名再加上动词表示动作或状态。然而，在很多情况下，前句中说出某个名词后，后面不一定要用名词，而常常用代词取代之。根据我们的观察，较多使用名词重复的时候是上句的宾语

---

① Лосева Л. М.：*Как строится текст*，Под ред. Г. Я. Солганика，М.，Просвещение，1980，с. 43-44.

充当下句的主语,即所谓的"链式结构"中(关于这一点在本章第五节"重复的理据"中还要详细阐述)。

  Минька долго шел рядом с окном, смотрел на *отца*. *Отец* тоже смотрел на него. (В. Шукшин. *И разыгрались же кони в поле*)敏卡跟着火车的车窗走了好久,一直看着父亲。父亲也在看着他。

  Он смотрел на горячившегося *помещика*... *Помещик* жаловался на народ. (Л. Толстой. *Анна Каренина*)他看着那个神情激动的地主……那地主正在抱怨农民。

  Дарья Александровна разговорилась с *бабами*. *Бабы*, сначала смеявшиеся в руку и не понимавшие вопроса, скоро осмелились и разговорились... (Л. Толстой. *Анна Каренина*)达丽雅·亚历山大罗芙娜同农妇们攀谈起来。那些农妇开头都捂着嘴笑,没有听懂她问的话,但不多一会儿胆子大了,开始说起来……

  他没有受过多少父亲的教诲,父亲一回家,脸就是阴沉的、懊丧的、厌倦的,然后就和母亲无休无止地争吵。(张贤亮:《灵与肉》)

  明明溥仪比父亲辈分还低,年龄还小,父亲仍是将他称为"溥大爷"。(叶广芩:《梦也何曾到谢桥》)

  另一条船上的专家组长给我与卡佳照了一张照片。这张照片给我找了太多的麻烦……(王蒙:《歌声好像明媚的春光》)

  她好像没有回答,只是一遍一遍地用刷子刷手。那刷子好像是新换的……(谌容:《人到中年》)

  这几个例子中,有三个是重复名词"父亲",都是上句的末尾提到"父亲",下句转为讲他,便用了重复的形式。最后两例重复的是非动物名词,但用法也是一样,由前句的宾语转为后句的主语。

  链式联系并非都是前句的宾语转为后句的主语,也有其他的情况。例如:

  ...приехал из Петербурга помещик, *князь* Петр Александрович Валковский... *Князь* был еще молодой человек... (Ф. Достоевский.

Униженные и оскорбленные)……从彼得堡来了一个地主，是彼得·亚历山大罗维奇·瓦尔科夫斯基<u>公爵</u>……<u>这位公爵</u>还是个年轻人……

在最远的地方，在灯光阴影里，闪亮着一对年轻的<u>眼睛</u>。<u>那双眼睛</u>仍像儿童时代那样热忱，仍像他俩儿小时候玩耍"回娘家"那样友爱。(王观胜：《北方，我的北方》)

这两例也属于链式结构，也是上句的句末成分转为下句的句首，但不同于前面的是，这里首句的句末并非宾语，而是句子的主语，这里不过是主语后置的情况。

既然是重复，那么衔接句的重复词就是已知，而已知通常处于句首，即主位的位置上，这在情理之中。那么，重复的名词可否不在后句的句首呢？我们看示例：

照例第一支曲子是《<u>喀秋莎</u>》。所有的中国人认识苏联文艺显然都是从《<u>喀秋莎</u>》开始。(王蒙：《歌声好像明媚的春光》)

河叫<u>藻溪</u>。乡跟了水的名字，也叫<u>藻溪</u>。(张翎：《阵痛》)

这两个例子都用了名词重复，但第二句的重复词并不在句首，而是处于句末。从这两个句子看到，重复的名词仍然表示已知信息，只不过汉语的语法结构并不允许它们置在句子的首位。

二、动词重复

动词一般在句子中作谓语，一个句子内部可能会出现动词谓语重复的形式，但这不属于我们的研究对象。我们所说的动词重复，是指重复的动词用来衔接两个独立的句子。其实，动词与名词的用法类似，也是常常用重复的方式把前面句子的某件事在后面句子中再提一下，作为第二句的开头，这是动词重复最常见的形式。例如：

— Нет, разве я говорил, что я не чувствую? Я только *говорил*, что я *разочаровался*. — Как, в нем *разочаровался*?
— Не то что *разочаровался* в нем, а в своем чувстве...
(Л. Толстой. *Анна Каренина*)"不，难道我说过对他毫无感情吗？我只是说我有点<u>失望</u>罢了。""怎么，你对他觉得<u>失望</u>？""不是对他<u>失望</u>，是对我自己的感情觉得<u>失望</u>。"

  指导员领着我们<u>宣誓</u>。<u>宣誓</u>完毕，指导员首先走到我的面前……（刘斌：《同志》）

  前脚送走了欧阳医生，后脚吕氏就颠着小脚，去镇上的香火铺买了香烛，给祖宗牌位上香<u>祭拜</u>。<u>拜</u>完祖宗，便进了吟春的屋，跪在地上咚咚地给吟春磕头。（张翎：《阵痛》）

  第一个例子是小说《安娜·卡列尼娜》中吉娣和她丈夫列文的一段对话。丈夫说有点失望，妻子不明白他指的是什么，便追问他是对孩子失望吗。列文赶紧解释不是对孩子，而是对自己的感情。这段对话中的核心词是 разочароваться（失望），它成为联系各个句子的关键。第二例先说他们宣了誓，接下来讲宣誓完又干了什么。第三例先说吕氏给祖宗祭拜，然后讲祭拜以后的行为。这两个例子的画线词表示的动作本身只有一个，重复的只是这个动词，重复起到衔接故事情节的作用。

  Они крепко держали мужей за рукава шинелей и *молчали*. *Молчали* и солдаты. (К. Паустовский. *Повесть о жизни. Беспокойная юность*）她们紧紧地扯着丈夫们的军大衣袖子，<u>默不作声</u>。士兵们也<u>不作声</u>。

  Тут *прибежали* радульские мальчишки, оттеснили московских, взяли у них лопаты, начали копать. Потом *прибежали* радульские девочки и скромно встали кучкой в сторонке. (С. М. Голицын. *Тайна старого Радуля*）拉杜里的男孩子们<u>跑来了</u>，挤走了莫斯科的孩子们，拿起他们的铁锹，开始挖起来。后来拉杜里的女孩子们也<u>跑来了</u>，谦恭地围成一团，站在旁边。

  这两个例子与前面就不同了，它们中的重复动词表示平行展开的行为，两句之间是并列关系：第一例中上句说妇女们不作声，下句说她们的士兵丈夫们也不作声；第二例先说男孩子跑来了，接着说女孩子们也跑来了。这些句子之间都是用相同的动词联系起来的。

三、形容词重复

  与名词相比，形容词重复用得的确要少得多。根据我们的观察，这种重复类型与名词的用法很像，也出现在链式和平行式两种结构中。

在链式联系中，第一句的句末用形容词作谓语，表示事物的性质，接下来的句子重复这个形容词，把它看作称名的名词一样。例如：

莫言的感受是<u>真实的</u>，<u>真实的</u>就是可爱的。（陈祖芬：《莫言和杨振宁和一只幸运的茶几》）

对我来说，写东西是比较<u>快活的</u>，<u>快活的</u>基础是好多朋友喜欢看我写的东西。（黄永玉：《世界长大了，我也老了》）

这两个例子都是首尾相连：前句先说某个事物是什么样的，接下来顺着这个话题说"……的（就）是……"。这种讲话方式类似逻辑推理，一环扣一环。

形容词重复也可以是平形式的展开，譬如排比句式：

他的脸<u>是透明的</u>，胳膊和腿<u>是透明的</u>，心脏也<u>是透明的</u>……（徐虹：《轮回》）

天<u>长</u>地<u>久</u>，人情最难<u>长久</u>。（马尚龙：《所谓天长地久》）

<u>有的</u>脑存量大一点，<u>有的</u>脑存量小一点。<u>有的</u>脑子里有一部独创的长篇巨著，<u>有的</u>脑子里只有一堆抄袭的滥调陈词。<u>有的</u>脑子里丰富的像个万国博览，<u>有的</u>脑子里单调得只剩日历与账单。（韩少功：《山南水北》）

这里的第一个例子是很典型的排比句，每句结尾相同，句子结构统一，形成一种气势，把语气逐渐推向高潮。第二例虽不属于排比句，但也是用了相同的谓语：长久——长久，只不过在首句中把谓语拆开。第三例严格意义上讲并不属于形容词，因其带有表示性质的意义，故也归入这个类比。它是利用相同的句式构成的重复形式。我们看到，不论重复的词置于句首或句末，它们都赋予语篇整齐划一的结构，使其形成一个整体的基调。

第三节　重复中的词类转换

前面分析的例子，都是发生在同类词中的重复。实际上，语篇衔接中经常发生词类的交替转换，即先行词用一种词类，衔接词则换用另一个词类。虽然词类发生了变化，但前后两词的词根未变，故仍属于重复的类别，也有人称它们为同根词重复。

一、动词转换为名词

在言语交际中，上文说过的行为或现象在下文里可能还要提及，此时就会发生上句中的动词谓语在下句中转变为抽象名词的过程，即动词的名物化。

为什么会出现名物化？它的功能何在？当然，广义上讲，名物化是话语展开的一般规律：话语中提到了某个行为，接下来讲该行为如何如何，在第二次提到这个行为时，便不必要（也往往不允许）重复动词原形，而是用该动词的名词形式（动名词）来指代前面提到的行为。以此将话题不断推进下去，这便是名物化的语篇衔接功能。

但要想理解名物化的语篇功能，还要把分析做得更细，看一看在哪些情况下最容易发生这种词类的转换。

1. 单纯的名物化

这是名物化最简单的模式，即前面用了某个动词，接下来将动词原封不动地换作名词。当然，我们这里指的是外文的情况，汉语里由于没有形态区别，我们通常只以它们所充当的句子成分作为词类的划分标准。

  Анна *улыбалась*，и *улыбка* передавалась ему.（Л. Толстой. *Анна Каренина*）安娜微笑着，而她的微笑也感染了他。

  Обед кончился；большие пошли в кабинет пить кофе，а мы побежали в сад шаркать ногами по дорожкам，покрытым упадшими желтыми листьями，и *разговаривать*. Начались *разговоры* о том，что Володя поедет на охотничьей лошади...（Л. Толстой. *Детство. Отрочество. Юность*）午饭吃完了；大人们到书房里去喝咖啡，我们便跑到花园里，踏得落满黄叶的小径沙沙作响，谈着话。我们谈沃洛佳骑猎马的事……

  武生沉默了。沉默本身就是一种回答。（张翎：《阵痛》）

  从一大早就下起雨来。下雨，本来不是什么稀罕事儿……（季羡林：《听雨》）

  "He seemed uncommonly tender. Whenever I looked at you, for half an hour, he had the most *devoted* air."

  "The *devotion* was not to me," said Mrs. Penniman. "It was to Catherine; he talked to me of her."（Henry James.

Washington Square)

Greste *was sentenced* to at least seven years in prison on June 23, as was his colleague, 40-year-old Canadian-Egyptian bureau chief Mohamed Fahmy. Jazeera's producer Baher Mohamed, 31, whose wife will soon give birth to their third child, received a 10-year *sentence*. (Ruth Pollard. *Parents of Australian journalist Peter Greste tell of heartbreaking prison visit*)

A few years ago it was found that certain bats emit squeaks and by receiving the echoes they could *locate* and steer clear of obstacles -or *locate* flying insects on which they feed. This *echo-location* in bats is often compared with radar, the principle of which is similar. (Maurice Burton. *Curiosities of animal life*)

这几个例子是最简单的名物化。前三个例子都是人物发出某个行为，后句的话题顺着人物的行为往下说。第四例讲自然现象，但道理相同，也是先陈述一个行为，然后再对这个行为展开评论。第五个例子是 Sloper 医生和他姐姐的一段对话。医生说刚才和姐姐谈话的年轻人表现出忠诚的神态，devoted 是形容词化的动词分词，姐姐回答说他的忠诚不是冲我，她用的忠诚是名词 devotion，即把动词转换为名词了。第六例说 Greste 被判了徒刑，用动词被动式 was sentenced 表示被判刑，接下来讲到另一位人物 Baher Mohamed 时，换了一种说法，说他获 10 年刑期，"徒刑"由动词 sentence 转为名词 sentence。第七例说有些昆虫可以根据接收到的回声来定位（by receiving the echoes they could locate），接下来讲这种"回声定位"（echo-location）如何如何，即把上句中的动词转变为下句中的名词。

2. 带限定词的动名词

除了单纯的名物化以外，更多情况是动名词带有各种限定语。这里又分为两种情况：一是避免误解，二是话题展开的必要。

先说第一种情况。说话人要明确告诉读者或听者，第二句话中的动名词就是指刚才提到的那个行为，此时他往往会用指示词"这"加以限定。俄语因为词形态很发达，一般可以不用限定词。汉语用的概率较多。例如：

Для того чтобы написать эти очерки, я *ездил* в Астранскую степь и на Эмбу. *Эти поездки* также помогли мне написать книгу о Кара-Бугазе. (К. Паустовский. *Золотая роза*) 为了写这些随笔，我到阿斯特拉罕草原和爱姆巴河去旅行。这些旅行对我写《卡拉布迦日海湾》这部书很有帮助。

当然，学习西方没有错，民主与科学也都是好东西。但是，新文化运动中，这种学习有点极端。（朱建军：《坏传统：心理学教授的九堂历史课》）

白皮书专辟一章来阐释和谐世界的观念，这个阐释有何新意和亮点？（张铁：《和平发展：中国的必由之路》）

我们看到俄文例子中也用了指示词，这是因为上文只是提到作者去了某地，但动词本身不能体现是一次行为还是多次行为，下文用指示词加上名词的复数形式表明不止一次出行。汉语的两个例子用了指示词"这种"、"这个"，表示不是泛泛地说"学习"和"阐释"，而是专指前句中提到的行为。

带限定词的第二种情况是话题展开的需要：上文提到某个行为，下文可能要丰富这个行为的内容，说一说它的性质、特点、频率、功能等。

Она застенчиво *улыбнулась*, и Сергеев подумал, что никогда еще в жизни он не видел *такой отрытой улыбки*, сияющей тихой и еще не совсем ему понятной красотой. (Д. Осин. *Алмазная грань*) 她腼腆地笑了，谢尔盖耶夫觉得他一生中从未见过如此坦然的笑，里面透着恬静的、他还不能完全理解的美。

Обе девушки *встречались* каждый день по нескольку раз, и при *каждой встрече* глаза Кити говорили: 《Кто вы?...》. (Л. Толстой. *Анна Каренина*) 这两个姑娘每天都要遇见好几次，每次见面吉娣的眼睛仿佛都在说："您是谁？……"

她没有开口，只是嫣然一笑，这种亲切的笑容，表明了他们是相当稔熟的。（李国文：《月食》）

这几个例子中后续句里的动名词都带有说明成分：一、三例为形容词，二例带限定代词。这些限制性成分只能用来说明名词，即各种定语成为动词名物化的因素之一。

3. 名词带前置词或用于间接格

前置词后面只能跟随名词或代词，这是俄语的语法规则决定的。当语境中需要使用前置词时，其后可能跟着名物化的词。除了前置词外，有些意义只能用特定的格形式表示，如表示工具意义须用第五格的形式，此时也需要用名物化的词来表示。

Она *ревновала* его не к какой-нибудь женщине, а к уменьшению его любви. Не имея еще предмета *для ревности*, она отыскивала его.（Л. Толстой. *Анна Каренина*）她不是吃别的女人的<u>醋</u>，她是因为他的爱情衰退而恼恨。她还没有<u>吃醋的对象</u>，她正在找寻。

Одно из замечательных свойств воображения заключается в том, что человек ему *верит*. Без этой веры оно было бы пустой игрой ума.（К. Паустовский. *Золотая роза*）想象的特点之一，是人们<u>相信它</u>。<u>没有这种信任</u>，它便会变成一个无聊的智力游戏。

Дагни *вздохнула* так глубоко, что у нее заболела грудь. Она хотела сдержать *этим вздохом* подступавшие к горлу слезы, но это не помогло.（К. Паустовский. *Корзина с еловыми шишками*）达格妮深深地<u>吸了一口气</u>，胸口都胀痛了。她想用<u>深呼吸</u>抑制住喉咙里引起来的哽咽，但是没有用。

这里前两个例子用了前置词加名词的形式，名词是动词名物化而来。第三例则是第五格表示工具，意思是"用……"来做某事情。

4. 主谓或动宾结构名物化

这个类比有别于前面的情况，这里不是某个动词发生了名物化，而是将始发句全句的内容转化为一个名词概念，因此我们称之为句子名物化。

这日外头走进来一个提着水瓶的<u>客人</u>。勤奋嫂抬头看见了<u>来人</u>，就有些吃惊……（张翎：《阵痛》）

但在小韩的新学开学的头五天，<u>老杨又改了主意</u>。<u>老杨改主意</u>不是因为老杨，而是因为赶大车的老马。（刘震云：《一句顶一万句》）

卖豆腐的老杨，和马家庄赶大车的老马<u>是好朋友</u>。两人本<u>不该成为朋友</u>，因老马常常<u>欺负老杨</u>。<u>欺负老杨</u>并不是打过老杨或骂过老杨，或在钱财上占过老杨的便宜，而是从心底<u>看不起老杨</u>。<u>看不起一个人</u>可以不与他来往，但老马说起笑话，又离不开老杨。（刘震云：《一句顶一万句》）

第一例的首句说走进来一个客人，第二句把整句的意思转为"来人"这个名词，一个词概括了全句的意义。第二例更加直接：先用句子形式表述"老杨改了主意"，接下来将原话重复一遍，成分却变成了句子化的主语。这种连环扣的说书人表述方式在刘震云、赵树理的作品中是很常见的。

二、形容词转换为名词

句子的核心是谓语，而谓语的主要形式是动词和形容词，分别表示行为或状态以及性质等。故而，同动词一样，上句中的形容词也较容易转化为下句中的名词。

Алексей Александрович был не *ревнив. Ревность*, по его убеждению, оскорбляет жену, и к жене должно иметь доверие. （Л. Толстой. *Анна Каренина*）阿列克谢·亚历山大洛维奇不是个<u>好吃醋的</u>。他认为<u>吃醋</u>是对妻子的侮辱，而对妻子是应该信任的。

Он был твердо *уверен*, что имеет полное право на отдых, на удовольствия, на путешествие во всех отношениях отличное. Для такой *уверенности* у него был тот довод... （И. Бунин. *Господин из Сан-Франциско*）他<u>坚信</u>他有充分的权利休息，寻欢作乐，进行各方面都是高品位的旅行。他的这种<u>信念</u>是有根据的……

Она была *влюблена* в него. Он ответил на эту *любовь* насмешливой, даже несколько кокетливой перепиской. （К. Паустовский. *Золотая роза*）她<u>爱上了</u>他，他却用打趣的、甚至有几分搔首弄姿的书信，回答了这种<u>爱情</u>。

Далее отметим, что отзывчивый — гораздо более *активный*, чем внимательный или заботливый. Его *активность* часто проявляется в том, что он помогает даже тогда, когда его не просят... (Н. Семенова. *Всемирная отзывчивость русского народа сквозь призму языка*)接下来我们还要指出，热心人比体贴或关心的人要积极得多。他的积极性表现在人家没有请求他帮助时，他自己就要去帮助别人……

四个例子都用了形容词短尾形式，都在句子中充当谓语，实际上它们起着与动词相同的作用。第一例说阿列克谢不是一个好吃醋的人，ревнив（吃醋）是形容词短尾作谓语；接下来讲他对吃醋这种现象的认识，形容词转为名词，成为谈论的对象。第二例中的уверен（坚信）大多用于短尾形式，此处也是作为谓语，后面跟着的уверенность（信念）是它的名词。只有第三例略有差异：它后面跟着的是表示同一概念的同根名词，而不是该形容词的绝对名词形式。第四个例子中，先说热心人"更积极"，接着讲他的"积极性"如何如何。先行词активный（积极的）是形容词，与более（更）一起构成比较级形式，用作谓语，后续句里的активность（积极性）是它的抽象名词。

三、副词转换为名词

副词与形容词一样，也能在一定的语境中转化为名词而用来衔接上文。副词所充当的成分通常也是谓语。

В лесу было *тихо*, только поскрипывали от ветра деревья, да слышались шаги усталых людей, да иногда позвякивали котелки. *Тишина* казалась странной не только умирающему Зайчикову, но и всем остальным. (К. Симонов. *Живые и мертвые*)森林里静悄悄的，只有风吹树梢的响声，再有就是疲倦的人们的脚步声，偶尔有饭盒发出的叮当声。寂静不仅让奄奄一息的扎伊奇科夫觉得奇怪，也令其他所有人感到异常。

Темно стало в их жизни — и никогда уже не прекращалась эта *темнота*. (И. Тургенев. *Сон*)他们的生活变得一片昏暗，而且这个昏暗就从来没有停止过。

这里两个例子的首句都是无人称句，谓语用副词表示，指某处呈现某种状态。它们的下文都把谓语副词转化为名词来衔接前面的句子。

四、名词转换为动词

如果说动词、形容词和副词向名词的转换是出于语言节省的话（把前面讲话的谓语转化为后面句子的名词主语），那么其他词类的转换则有着反向的过程。譬如名词转为动词，不是发生了名词的"动词化"，而是出现了概念的具体化。也就是说，先用名词指出某个概念，然后用动词把这个概念具体化、物质化。

У многих из нас есть плохая *привычка* записывать в двух-трех словах свои мысли, впечатления и номера телефонов на папиросных коробках... Я тоже *привык* записывать свои мысли на чем попало, в частности на папиросных коробках. (К. Паустовский. *Золотая роза*) 我们中很多人有个不好的习惯，就是用三两句话把自己的想法、印象、电话号码等记到香烟盒上……我也习惯于把想法随便写在什么上，比如写在香烟盒上。

Под окном чиркает *метла. Метет* сам Никифор. (Е. Носов. *Моя Джомолунгма*) 窗台下有扫地的声音。是尼基福尔本人在扫地。

Она ответила вполголоса не от *испуга*, а от смещения. *Испугаться* она не могла, потому что глаза у Грига смеялись. (К. Паустовский. *Корзина с еловыми шишками*) 她回答的声音很低，也许是由于害怕，也许是由于害羞。她不应该害怕，因为葛利格的眼睛里含着微笑。

我怀念瓦檐儿上的滴水。雨后初晴，瓦檐儿上的水一串一串地滴下来……（李佩甫：《生命册》）

亲人与亲人之间，就是一场一场的目送。我放下镰刀走出村庄那一年，母亲在山梁上目送着我。（李晓：《你要明白生命无常》）

"I will leave my *defence* to you; it's a charge that a man has to stoop to *defend* himself from." (Henry James. *Washington Square*)

第一例中首句泛泛地说人们有怎样的习惯，接下来就说到自己的身上，由泛指的概念转变为具体的行动。第二例先说有метла（扫地）的声音，往下就变成了人物的动作 метет（在扫地）。第三例的首句里"害怕"是名词，表示概念，但后面的句子里就用动词了，表示人的具体动作。第四、五、六例也很类似：先出现某个概念，然后再表述某个具体的事。

五、名词转换为形容词

这类名词通常都是表示性质的：用名词先提出一个属性，然后用形容词代表具有这种属性的人。例如：

Скромность — одна из величайших черт русского народа. *Скромными* были все простые и замечательные русские люди. (К. Паустовский. *Золотая роза*)朴实是俄罗斯人的伟大特质之一。所有的俄罗斯人，不论平凡的人还是杰出人物，都是朴实的。

Проявили *слабость*. А *слабых* — бьют. (В. В. Путин. *Мы проявили слабость, а слабых бьют*)（我们）表现出了软弱。而弱者是要挨打的。

К нему подбежал другой подводчик, низенький и коренастый, *с черной окладистой бородой*... Есть люди, об уме которых можно верно судить по их голосу и смеху. *Чернобородый* принадлежал именно к таким счастливцам... (А. Чехов. *Степь*)另外有个车夫跑到他那儿去了，这是一个矮胖的小个子，长着又大又密的黑胡子……有些人，单凭他们的语声和笑声就可以正确地判断他们的智慧。这个生着黑胡子的正好就是这类幸运的人……

Morris Townsend listened to this robust logic in *silence*. "I will leave my defence to you; it's a charge that a man has to stoop to defend himself from."

Catherine on her side was *silent* for a while…

(Henry James. *Washington Square*)

这几个例子的句子联系模式分别是："朴实……朴实的（人）"，"软弱……软弱的（人）"和"长着黑胡子……长着黑胡子的（人）"。用这种方式，"光杆"的形容词借助上文可以表示带有某种性质的人。

第四节　重复的形式

以上我们从词类和词类转换的角度探讨了词的重复,下面从词本身的形式来看一看重复的类别。根据重复词与先行词是否形式一致,廖秋忠①和徐赳赳②把重复分为同形和部分同形。同形重复是指名词衔接词与其先行词在形式上完全相同,而部分同形显然只有一部分是相同的。本研究也接受这种分类方式,把它作为观察重复现象的角度之一。

一、完全同形

完全同形指先行词和衔接词形式上完全相同,当然俄语里的同形也包括各种词形的变化形式。例如:

　　Адъютант невольно улыбнулся: *комиссар*, конечно, шутил. Но лицо *комиссара* было совершенно серьезно. (К. Симонов. *Третий адъютант*)副官不禁笑了:政委当然是在开玩笑。然而政委的脸色却是非常严肃的。

　　老王坐在女婿开的车上到一个地方去,路上女儿与女婿为一件小事争执起来,女婿说了一句不好听的话,女儿不高兴了。(王蒙:《尴尬风流》)

我们看到俄文的先行词和衔接词为同一个名词,都是 комиссара(政委),但因其在上下句中的句法功能不同,词形也自然不一样。但这并不影响它们成为同形重复。汉语的例子里"女婿"和"女儿"在几个句子的形式都是一样。

二、部分同形

部分同形是指衔接词与其先行词在形式上部分相同。部分同形的实现通过以下几种不同的方式。

1. 删减法

这种手法是出于简洁的需要。众所周知,语言运用中有一条很重要

---

① 廖秋忠:《现代汉语篇章中指同的表达》,《中国语文》1986年第2期,第42页。
② 徐赳赳:《现代汉语篇章回指研究》,北京,中国社会科学出版社,2003,第145~150页。

的原则就是"经济原则",即在不产生歧义的基础上尽可能使表述简单明了,避免啰里啰唆拖泥带水。出于这个目的,在对较长的先行词衔接时经常会用到压缩的部分同形名词。删减法是部分同形中最常见的类别,也是我们在组织语言时最常用的方法之一。具体做法是:将词组中的某个成分删去(通常为次要信息),只保留该词组的核心词,譬如在一个语境里,如果上文提到"宽阔的街道",在下文中就很容易省去形容词而只用"街道"。这种用法无论在汉语或俄语中都很积极。

В Петрозаводске я засел в архивах и библиотеке и начал читать все, что относилось к *Петровскому заводу*. История *завода* оказалась сложной и интересной. (К. Паустовский. *Золотая роза*) 在彼得罗查沃德斯克,我待在档案馆和图书馆里,阅读一切有关彼得罗夫工厂的资料。工厂的历史原来很复杂,也很有趣。

Молодой нервный человек, служащий в окружном суде, сидевший против него, возненавидел его за этот вид. *Молодой человек* и закуривал у него, и заговаривал с ним... (Л. Толстой. *Анна Каренина*)一个在区法院任职、有点神经质的青年坐在他对面,很恼恨他这副样子。那青年向他借火抽烟,还同他攀谈……

我那时在五七干校。如今,那里是一个自然保护区。那天,干校好不容易休息。(张长:《躲藏起来的河》)

我五姐参加了革命工作,嫁给了在陕西紫阳当过牧童的王连长,连长那时候已经不是连长也不是牧童了,是大干部了。(叶广芩:《小放牛》)

这里的一、三例属于一个类型,始发句里用的是全称"彼得罗夫工厂"和"五七干校",到后续句里就简化为"工厂"和"干校"了,省略了形容词。二、四例是指人的情况,也是在始发句里的名词带有形容词,后续句就删减了修饰性定语,只保留后面的核心名词。

删减法中有不少情况是:下文把上文中的修饰语删掉,再加上"这""那"等指示词语,以明确所指。这种类型实际上也属于删减的做法。例如:

На гранитной сломанной колонне виднелась *надпись на*

французском языке. Высокий репейник закрывал почти всю *эту надпись*. (К. Паустовский. *Золотая роза*)在毁坏了的花岗石柱上隐约可以辨出法文写的碑文。高大的牛蒡差不多把这些碑文全挡住了。

Для нее весь он, со всеми его привычками, мыслями, желаниями, со всем его душевным и физическим складом, был одно — *любовь к женщинам*, и *эта любовь*, которая, по ее чувству, должна была быть вся сосредоточена на ней одной... (Л. Толстой. *Анна Каренина*)对她来说，他整个的人，包括他的习惯、思想、愿望，以及他的全部心理和生理特点，可以归结为一点，就是对女人的爱，而这种爱她认为应该全部集中在她一个人身上……

在最远的地方，在灯光阴影里，闪亮着一对年轻的眼睛。那双眼睛仍像儿童时代那样热忱，仍像他俩儿小时候玩耍"回娘家"那样友爱。(王观胜：《北方，我的北方》)

这三个例子都是把先行词的一部分去掉，剩余部分再加上指示词"这个"、"那个"。后续句的衔接词加指示词的现象是十分普遍的，因为它使回指变得更加明晰，特别是当衔接词远离先行词时。

2. 增加法

增加法，顾名思义，不是在原来的基础上删减，而是保留全部先行词，然后再加上其他的说明词。比较起来，增加法不如缩减法使用的频率高。例如：

Я размышляю, прилично ли будет пожать ей *руку* на прощание. Она сама протягивает мне *узкую руку*... (Ю. Казаков. *Голубое и зеленое*)我正在想告别时和她握手是否合适，她却主动把小手伸给了我……

董丹随着人群走进宴会厅，看到接待人员在检查每个人的证件。女接待员的眼睛忙着对照身份证上的照片和眼前的人……(严歌苓：《赴宴者》)

这口破箱子，年头腊月大扫除她就提议放到床下，后来婆婆不同意，就仍放在床头上，可是现在看来，还是搬下去好——新毯子新被褥头上放个龇牙裂嘴的破箱子，像个什么摆

设?（赵树理：《传家宝》）

第一例的上句讲到握手，这是"手"与"握"构成的一个统一概念，但是到了下句，把"手"具体化了，把它与具体人物的"小手"联系在一起。第二例先提到有个接待人员，后面的句子增加了一个信息：这是一位女性。第三例的后续句带有评价色彩，是从人物的角度讲的。总之，增加法的联系手段不仅起到衔接上文的作用，而且还都添加补充信息。

3. 合并法

合并法近似于删减法，也是一种简化的表达方式。与删减法不同的是，合并法不是单纯地删除某个修饰语，而是把上文中称名的几个部分综合起来，合并为一个词或词组。汉语里有很多合并式表达，最常见的是缩略语，即先行词使用全称以后，回指词将其压缩成简化的表达，如"中国国家男子篮球队"合并为"中国男篮"、"北京外国语大学"合并为"北外"。俄语里这类用法更不鲜见，如 Третьяковская галерея 合并为 Третьяковка（特列季亚科夫美术馆）、Государственная библиотека им. В. И. Ленина 合并为 Ленинка（列宁图书馆）。

Мне с группой разведчиков приказали захватить *телефонный узел*. Нам удалось пробраться на *телефонку* и нарушить связь как внутри города, так и между городами. (Н. Новиков. *Ленинградские рассказы*)我和一组侦察员奉命占领电话交换站。我们冲进电话站，切断了市内和长途电话。

...сел в *маленький полупустой трамвай*, поехал к морю, в Аркадию. *Трамвайчик*, гремя, проворно катился в утренне-прохладном зеленом туннеле каштанов... (Ю. Бондарев. *Тишина*)……他上了一辆小而空的有轨电车，朝海边的阿尔卡基亚方向驶去。小电车叮当作响地行驶在清晨凉爽而宽阔的绿色栗子树林中……

小店取名玉梅理发店，一点时尚气息都没有。开店的中年女人，就叫玉梅，人呼她玉姐……这叫玉姐的中年女人，熟悉每一个老顾客……（何立伟：《玉姐》）

孙东坡那个麻雀一样细小的弟媳妇，却极能生养，一嫁到孙家，就给孙家生了两个大胖小子。这个麻雀女人从此居功自傲恃宠而骄，尤其在孟繁和桃子回老家过年的时候，麻雀女人

更过火，简直像做戏一样，把老头子对她的宠做给孟繁看。（阿袁：《鱼肠剑》）

第一个例子先提到 телефонный узел（电话交换站），这是全称，后面再提到它时就把两个词合为了一个简化的形式 телефонка（电话站），它一个词中包含了前面两个词的含义。第二例利用了名词的指小后缀形式，因为名词的这种后缀本身就可以表示"小"的意思，这样就把前面三个词的意义合并在一个词上了。第三例把"开店的中年女人"和"人呼她玉姐"这两个句子合并为一个概念"叫玉姐的中年女人"。第四例更是合并得简单：把"麻雀一样细小的弟媳妇"合并为"麻雀女人"，把主人公孟繁的心理活动揭示出来（孟繁在心里就管她叫"麻雀女人"）。

三、重复的位置

重复词大多在句首，以表示它是从上文中引出的已知。例如：

Они плыли дальше и увидели небывалое море, покрытое *морской травой*. В *траве* цвели большие синие цветы. （К. Паустовский. *Золотая роза*）他们便这样再向前航行，于是看见了从未见过的海，覆满了海草。草上开着大朵的蓝花。

婆婆床头多一口破黑箱子。这口破箱子，年头腊月大扫除她就提议放到床下……（赵树理：《传家宝》）

但是也有一些时候重复的词语位于句中或句末。例如：

最多的人为钱焦虑，婚姻中的人为情焦虑，刚毕业的学生为工作焦虑……（朱建军：《坏传统：心理学教授的九堂历史课》）

第五节 重复的理据

理论上讲，人们在讲话和写文章时应尽量避免机械地重复，而要力求表达的多样性。但在具体的语境中欲运用某种联系手段时，却往往受到一系列因素的制约和影响，并非可以随意处置。

徐赳赳[①]认为词汇重复有两个功能。第一，不易引起歧义，如语篇中引进"邓丽君"的名字后，读者在脑子里就有了"一个人，名叫邓丽君"的印象。如果再提"邓丽君"这个名字，读者就会把第二次出现的"邓丽君"与第一次出现的"邓丽君"相联系，看成是同一个人。第二，易于找回，如第一次引入了"邓丽君"，第二次再次提及该人物时，用"她"和"女歌星"等均不如用"邓丽君"更容易找回先行词，尤其是当语境中有多个人物时。

这种说法不无道理，但是这里仅指出了重复的作用，并未说明必须使用这种联系手段的制约条件，即在哪些情况下必须用重复而无其他表达手段以及为什么。

索尔加尼克认为，单纯的词汇重复可能出现在以下几种情况中：第一，未经加工和雕琢的语言中，如儿童话语；第二，科学语体和公文事务语言中，这些语体强调严谨而非修辞多样性；第三，在演讲等政论语体中，重复手法可以使言语具有很强的表现力和感染力[②]。

洛谢娃认为词汇重复有两大功能：一是作为句际联系手段，二是作为语义修辞手段[③]。前者用来衔接句子，后者使言语获得表现力。

瓦尔金娜（Валгина Н. С.）认为重复与语体有很大的关联。在科学语体里有时候找不到其他的词来替代术语，因此在科学语篇中术语和关键词的重复是不可避免的。而在文学和政论体裁中，重复是加强表现力的重要手段[④]。

以上三位学者的说法大同小异，都是从语体和表现力两个方面来论证。语体的确是运用重复手段的重要制约因素，但实际上不少情况下文学作品或口语中也大量使用重复形式，且并不是为了修辞目的，即不是为了提高语言表现力。以下我们从语义、语法、语体、修辞等多个角度加以分析。

一、指称对象因素

所谓指称对象因素，是看语境中有几个指称对象。如果上文中有两个以上的人物，而且人物性别相同，或名词的语法属性相同（同为阳性、

---

① 徐赳赳：《现代汉语篇章回指研究》，北京，中国社会科学出版社，2003，第156～157页。
② Солганик Г. Я.：*Стилистика текста*，М.，Флинта，Наука，2003，с. 31.
③ Лосева Л. М.：*Как строится текст*，Под ред. Г. Я. Солганика，М.，Просвещение，1980，с. 45.
④ Валгина Н. С.：*Теория текста*，М.，Логос，2003，с. 53.

阴性或中性名词，或同为复数名词），那么下文用代词替代就很困难，容易指代不清。此时倾向于使用名词重复。

  Левин был почти одних лет с Облонским и с ним на《ты》не по одному шампанскому. *Левин* был его товарищем и другом первой молодости.（Л. Толстой. *Анна Каренина*）列文跟奥勃朗斯基的年龄不相上下，他们彼此"你我"相称也并非只因香槟酒的缘故。列文从小就是他的同伴和朋友。

  Levin was almost of the same age as Oblonsky; their intimacy did not rest merely on champagne. *Levin* had been the friend and companion of his early youth.

  Levin and Oblonsky were almost of the same age; and with Levin, Oblongsky was on familiar terms not through champagne only. *Levin* had been his comrade and friend in early youth...

  这是《安娜·卡列尼娜》的两个不同英文译本。我们看到两个译文都与原文一样用了名词重复衔接，这是因为上文有列文和奥勃朗斯基两个人物，而且都是男士，故不宜采用代词替代来衔接。

我们再看一个作家改笔：

  原文：-Здравствуйте! -вдруг услышала Лида над собой голос и, подняв голову, увидела Нину. *Она* машинально схватила ключ, но было уже поздно.（С. Антонов. *Первая должность*）"您好！"丽达突然听到头顶上有人打招呼，抬起头，看到了尼娜。她下意识地抓住钥匙，可是已经晚了。

  改文：-Здравствуйте! -вдруг услышала Лида над собой голос и, подняв голову, увидела Нину. *Лида* машинально схватила ключ, но было уже поздно。"您好！"丽达突然听到头顶上有人打招呼，抬起头，看到了尼娜。丽达下意识地抓住钥匙，可是已经晚了。

  这个上文中有丽达和尼娜两个女孩，如果按照原文的说法，她指代不甚清楚，不如改文那样明确。

二、语义因素

大多情况下，先行词和衔接词的所指对象是同一个事物，但有时也不尽相同。试比较以下两例：

北京有很多未成年的<u>小保姆</u>。<u>她们</u>还处在上学的年龄。
北京有很多未成年的<u>小保姆</u>。其实<u>这种小保姆</u>在全国许多城市里都有。

前一种情况中，下句与上句谈论的对象对应着相同的客观事物，而在第二个例子里，前后两句不同指，即上句说的是北京的小保姆，下句讲的是其他城市的小保姆。

当上下句不同指时，衔接词应该用重复的方式。而同指的情况下既可以用重复，也可用代词照应。

父亲是一位地道的<u>农民</u>，比村里的<u>农民</u>多了会写字会打算盘的本事……（陈忠实：《家之脉》）

这里上下文中的"农民"显然不指同一个人。

大多情况下，这种类型的先行词与衔接词之间的关系为泛指和定指的关系。例如：

在经常遭受旱灾威胁的地方，往往都建有<u>龙王庙</u>。金斗坪村的<u>龙王庙</u>，建筑在村北头河西边的高岸上。（赵树理：《求雨》）
他却在瓷器商店挑了一个两块多钱的<u>泡菜坛子</u>……秀芝早就想有一个像样的<u>泡菜坛子</u>，老是说她家乡的<u>泡菜坛</u>如何如何好。（张贤亮：《灵与肉》）
一年后，在1942年的夏天，黄昆和我都注册为联大的<u>研究生</u>……当时<u>研究生</u>的补助金是不够的，所以我们都在找教学职位来增加我们的收入。（杨振宁：《杨振宁九十自述：我的学习与研究经历》）
茶园年年碧<u>绿</u>，但今年的<u>绿</u>，却不是去年的茶。（潘向黎：《消受一杯碧螺春》）

这里第一例中前后两个"龙王庙"指的是两种情况，一个是泛说，另一个具体指金斗坪村的龙王庙。第二个例子里，首句提到的"泡菜坛子"是"他"（许灵均）在商店里选购的具体物件，而后面两次再提的"泡菜坛子"和"泡菜坛"则泛指这类东西，并非说的这一个。

俄语里也有这类情形：

Гаврик тотчас решил прикинуться совсем маленьким *дурачком*. От *дурачка* не много узнаешь.（В. Катаев. *Белеет парус одинокий*）加夫利克马上想到装作一个小<u>傻瓜</u>。从<u>傻瓜</u>那儿你得不到什么东西。

这里前后两句的"傻瓜"不同指，一个具体，一个泛说。此时后句必须用重复衔接，假若换作代词照应，则变成了指代Гаврик。再如：

Вообще-то забавно падают люди на *войне*. Точь-в-точь как они, когда играют в *войну*.（Ч. Айтматов. *Солдатенок*）总的来说，人们在<u>战场</u>上倒下很好笑。就像他们玩<u>打仗</u>游戏一样。

这个引文的背景是孩子们看一部战争片。这里两个война（战争）指的是两件事：始发句里的война指电影里演的战争场面，孩子们在电影里看到人们在战场上倒下，觉得很好玩，下句说就像他们玩的打仗游戏一样。两个词虽然相同，但它们的所指非同一事物。

也就是说，当两个指称对象非相同的客观对象时，用于衔接的要用名词重复方式。

当先行词和衔接词不同指时，为了明晰所指，衔接词经常带有"这样""那样"等限定符。

Он носит красный вязаный *свитер*. Такой же *свитер* я видел давно, еще во время войны, на режиссере Эйзенштейне.（К. Паустовский. *Золотая роза*）他穿一件红色高领的针织<u>绒线衫</u>。<u>这种绒线衫</u>我早就见过，战争年代导演爱森斯坦就穿过。

显然，"他"穿的绒线衫与爱森斯坦穿的不是一件，故衔接时在后句的"绒线衫"前加上了"这种"加以说明。再如：

Часто *люди* говорят, что они работают по 14-15 часов.

Может быть, *такие люди* существуют, но мне не удавалось столько проработать. (Д. Гранин. *Эта странная жизнь*) 经常听人们说他们要工作 14~15 个小时。也许这种人的确存在，但我从来没有工作这么多。

即使不用"这种""这样"的字眼，我们也可以感觉到前后所指的非完全相同的同一个东西，例如：

Белая *ночь* простиралась вокруг. Я впервые видел эту *ночь* не над Невой и дворцами Ленинграда, а среди северных лесистых пространств и озер. (К. Паустовский. *Золотая роза*) 周遭是一片白夜。我生平第一次不是在涅瓦河上和列宁格勒宫殿里，而是在北方多林的平原和湖泊之间看到白夜。

这里虽然作者说"这个白夜"，但是我们有关时间概念的认识告诉我们，其实这是两个完全不同的白夜。

在这些夜晚，我总是趁妈妈在黑压压的人群中忙碌，溜到旷野里去玩。白天上学，也很好玩。(余秋雨：《吾家小史》)

似乎中国人都在焦虑，每个人有各自焦虑的原因。(朱建军：《坏传统：心理学教授的九堂历史课》)

三、语法因素

1. 带限定成分
(1) 带一致定语。
名词可以被形容词修饰，说明其性质或关系，而代词则没有这种搭配能力。因此，当用于衔接的词带有修饰语，该衔接词必须为名词，而不能用其他词类。

Я долго сижу и смотрю на *обои*. У нас *красивые обои*. (Ю. Казаков. *Голубое и зеленое*) 我坐在这儿久久地看着墙纸。我们的墙纸很漂亮。

这里上句提到了обои (墙纸)，下句中还提它，本也可以用人称代词来替代,但是后续句里多了一个修饰性的形容词 красивые(漂亮的),这就要求再用名词了(形容词作谓语另当别论)。

汉语里原则上修饰语也与名词组合,但是偶尔可见与代词搭配的情况:

<u>小时的我</u>会盯着水磨一动不动,听水声喧嚣,看浪花狰狞。四岁时,<u>热衷观赏水磨的我</u>,终于滑入了水渠……(雷达:《新阳镇》)

1号韩新愚来自河南郑州。<u>活泼开朗的她</u>在现场表演的瑜伽功夫让朱佚艳羡不已。(《中国电视报》2006年11月13日)

自16岁始,近30年艰苦的革命者生涯摧毁了父亲的健康,<u>才四十五六岁的他</u>就被高血压、糖尿病折磨垮了。(任远芳:《和爸爸任弼时在一起的日子》)

(2)带非一致定语。

所谓非一致定语,是指俄语里用名词第二格形式来限定被说明词。它与一致定语一样,都只能用来说明名词,故而该名词不能替换成代词或其他。

… у каждого из нас <u>ассоциации</u> связаны с его жизнью, биографией, с его воспоминаниями. Поэтому <u>ассоциации одного человека</u> могут быть совершенно чужды другому. (К. Паустовский. Золотая роза)……我们每个人的<u>联想</u>都与他的人生、经历和回忆有关。因此<u>一个人的联想</u>可能与另一人的完全不同。

这个例子中也是出现了定语,不过它不是形容词,而是名词的第二格作定语,这种情况同样要求被修饰词只用名词。

(3)带定语从句。

不仅带形容词定语的时候需要用名词,带有定语从句的时候也必须用名词衔接,因为定语从句本身就是用来说明名词的。

尽管俄语里的代词可以广泛用来替代名词,但某些语法框框限制了代词的使用,包括主从复合句的局限。我们知道,定语从属句通过联系用语 который, какой, чей, что, куда, где, откуда, когда 等与主句中被说明的名词联系,而且被说明的词只能是名词而非其他。例如:

Она еще никуда не ездила из своего маленького *городка*. *Городок, в котором родилась Варя*, был окружен лесом... (С. Антонов. Первая должность) 她还从没有离开过家乡的小城。瓦丽亚出生的这个小城四面被森林环抱着……

在这个例子中，如果没有定语从句，下文本来可以用代词来衔接，即 Она еще никуда не ездила из своего маленького городка. Он был окружен лесом. 但是，有了定语从句 в котором родилась Варя, 就决定了从句只能说明名词 городок, 而不能是它的代词替代词，即不能说 * Он, в котором родилась Варя.

2. 先行词是宾语、定语或补语

这里是指上文语境中有两个以上人物的情况。王灿龙用"主语倾向性"的说法解释了这种现象：当始发句中的宾语或定语成为后续句的话题时，无论它们与后续句的主语距离多么近，都必须使用名词形式而不能用代词，这就是所谓的主语倾向性①。

尼库紧绷着脸，没说什么。他把目光投向妻子。他的妻子脸色苍白，眼神暗淡无光。(乌热尔图:《琥珀色的篝火》)
夏小香赶紧给大龙打电话，大龙手机里乱哄哄的，有车声。(何申:《上马饺子下马面》)

这两个例子的后半部分展开的分别是宾语、补语和宾语，衔接手段都用了名词重复。

如果下句中两个人物都要重新提及，为了加以区分，上文中作主语的在下文中用代词接续，作其他成分的用名词重复。例如：

宝庆知道唐四爷滑头。不过他也看出唐四爷没有完全拒绝搭伙儿干。于是他也装作一点儿不着急。(老舍:《鼓书艺人》)
大凤比秀莲大两岁，可是看起来至少有二十三四了。她是个矮胖姑娘，比秀莲高不了多少，可是宽多了。(老舍:《鼓书艺人》)
担子旁边走着一个头发斑白，步履蹒跚的老头，那是朱源

---

① 王灿龙:《人称代词"他"的照应功能研究》,《中国语文》2000 年第 3 期, 第 231 页。

达的父亲。他再也挑不动了，正在把担子向儿子交付……（陆文夫：《小贩世家》）

俄语也同样遵循这个规则，即如果后续词展开的是前句中的宾语或其他的间接格词形，那么该回指词应该用名词重复，而不能用代词照应。

Эта девочка очень похожа на *Лилю*. *Лиля* краснеет и смеется, когда я говорю ей об этом.（Ю. Казаков. *Голубое и зеленое*）这个女孩长得很像利利娅。利利娅听我这么说，脸就红了，笑了起来。

узьмин согласился, вышел к воротам, расплатился с *извозчиком*. *Извозчик* долго не уезжал, топтался около лошади, поправляя шлею.（К. Паустовский. *Дождливый рассвет*）库兹明答应了，便走到大门外，把钱付给车夫。车夫好一阵都不走开，在马旁转来转去，调理着马的缰绳。

这两个例子的后续句都是围绕前句的宾语展开，和汉语一样，俄语里也都用了名词重复的方式。

四、主位推进因素

主位推进的方法有很多种，俄罗斯学者索尔加尼克认为最主要的推进模式有两种，一种叫链式联系，一种叫平行式联系。索尔加尼克认为这两种语篇推进模式都易于用词汇重复[①]。我们研究发现，链式推进的确可导致重复衔接，但平行式比较少见，后种情况一般只有排比句式才符合这种情况，但排比句是为了造成表现力的修辞效果，故我们把排比句列入修辞因素中。

Мы идем с ней в Третьяковку. В Третьяковке зимой очень тепло, там есть *стулья*, и на *стульях* можно посидеть и поговорить.（Ю. Казаков. *Голубое и зеленое*）我和她去特列季亚科夫美术馆。美术馆里冬天很暖和，里面有椅子，椅子上可以坐

---

① Солганик Г. Я.：*Синтаксическая стилистика（сложное синтаксическое целое）*，М.，Высшая школа，1973，с. 65.

一会儿，聊聊天。

这里也是链式联系。从语法和语境上看，上文只有一个指称对象，照理用代词衔接未尝不可，即意思上不至于产生歧义。但假若每个后续句里都换作代词来衔接，则链状结构被打破了，失去了名词的环环相扣。

-А глядят они, Светлана, через окошко, вот на ту жёлтую *поляну*, где пасётся хозяйкина корова. А за *поляной*, я знаю, *гусиный пруд* есть, а за *прудом* водяная *мельница*, а за *мельницей* на горе берёзовая роща. (А. Гайдар. Голубая чашка) 斯韦特兰娜，他们透过窗子看到那一片黄色的<u>林间空地</u>，上面正有主人的牛在吃草。<u>空地</u>那边我知道有一个<u>放鹅的池塘</u>，<u>池塘</u>的后面是一个水力<u>磨坊</u>，<u>磨坊</u>的后面是山，山上有一片白桦林。

路旁有一株青青<u>垂杨柳</u>，<u>柳</u>荫下有一口<u>水井</u>，<u>水井</u>边一林翠竹，依依掩映着<u>一户人家</u>。<u>这人家</u>青瓦木屋，篱墙<u>小院</u>，<u>院</u>坎下有一小丘<u>芋田</u>，九十月间，黄花照眼，<u>芋</u>叶碧如莲叶。（石定：《公路从门前过》）

甲午之败还是<u>文化</u>之败。<u>文化</u>的核心是<u>精神</u>。<u>精神</u>的核心是信仰。（刘亚洲：《甲午殇思》）

以上几个例子都是描写，其实重复的链式结构也经常用来叙事。汉语的小说中有一种体裁，以说书的方式来叙事，这类以说书人面孔出现的小说很喜欢用链式结构来重复上个句子中的述位。例如：

有个村子叫<u>张家庄</u>。<u>张家庄</u>有个<u>张木匠</u>。<u>张木匠</u>有个好老婆，外号叫个"<u>小飞蛾</u>"。<u>小飞蛾</u>生了个女儿叫"艾艾"……（赵树理：《登记》）

这里就是一个链式推进模式，即上句的述位到下句里成为主位，形成一环扣一环的表述，即汉语修辞中的顶真手法。再如：

襄垣县有个<u>温家庄</u>。<u>温家庄</u>有个东家叫<u>老温</u>。<u>老温</u>家有十几顷地，雇了十几个伙计。给老温家赶大车的叫<u>老曹</u>。<u>老曹</u>四

十出头,留着一撮山羊胡。(刘震云:《一句顶一万句》)

"吴记馍坊"旁边,是一家银饰铺。银饰铺的名字叫"起文堂"。"起文堂"的掌柜叫老高。(刘震云:《一句顶一万句》)

议论是以一种逻辑推理的方式证实某种观点,它也常常借助于链式重复手段:

Воображение основано на *памяти*, а *память* — на явлениях действительности.(К. Паустовский. *Золотая роза*)想象依据记忆,而记忆依据现实的现象。

平行式联系是指始发句和衔接句的主位平行并列展开,把这个定义移植到重复连接手段上,那就是前后句均以相同的词语展开。这种现象不太普遍,但仍有表现:

世界无论如何进步,仁是不会进步的。仁必须守着。仁决定着进步的质量。(于坚:《仁必须守着》)

五、距离因素

人们在讲话时,引出一个话题时,往往用名词来称呼它。接下来再提到这个事物,就可以用代词替代或者用其他方式了。当转变为另一个话题时,又要用另一个新的名词来称名,以此类推。这是话题展开和延续的基本规律。

但是还有另外的情况:话题并未发生转变,虽然仍在谈论该人该事,但中间运用了代词替代或省略手段,在间隔了若干句子之后,仍有必要再次重提该名词,即所谓的"间隔重复"。

勤奋嫂的常客里有一位叫仇阿宝的人,在机械厂里做供销员。他那个厂子,每个月给职工发两副劳保手套。仇阿宝用不上,一年到头积攒多了,便时不时地送些给勤奋嫂。(张翎:《阵痛》)

在首次提到"仇阿宝"之后,用了代词"他"回指该人物,在接下来的行文中，可以再用"他"或"仇阿宝"，考虑到交替和间隔出现的原则，这里用了名词重复。

我们看一个俄语修改的例子：

原文：Петька упал, но палку из рук не выпустил. Его нанесло на большой камень, крепко ударило. <u>Он</u> хотел зацепиться одной рукой за этот камень, но рука соскользнула. Петьку понесло дальше. (В. Шукшин. *Демагоги*)佩琦卡摔倒了，但手里的棍子没有松开。他被摔到一块巨石上，重重地磕了一下。<u>他</u>想用一只手抓住这块巨石，但手从湿漉漉的石头一侧滑落了。佩琦卡又继续滑了下去。

改文：Петька упал, но палку из рук не выпустил. Его нанесло на большой камень, крепко ударило. *Петька* хотел ухватиться одной рукой за этот камень, но рука соскользнула с его ослизлого бока. Петьку понесло дальше. 佩琦卡摔倒了，但手里的棍子没有松开。他被摔到一块巨石上，重重地磕了一下。<u>佩琦卡</u>想用一只手抓住这块巨石，但手从湿漉漉的石头一侧滑落了。佩琦卡又继续滑了下去。

这里的改文之所以重新启用名词重复，主要原因在两个名词之间有另外一个句子相隔，而且该句子又是一个无人称句，句子的客观意义相当于被动句，这样一来就把前后两句一气呵成的表述阻隔开了，故而后续句不宜再用代词连续替代，便在修改时改用名词原形重复了。

总之，在经过较长的表述以后，回指词与先行词之间已经出现了较大的距离，中间穿插了许多事物，造成读者回找先行词时的困难。此时为了减轻读者的负担，便有必要重提那个话题，故徐赳赳称名词回指"更容易找回"。王灿龙对这种现象的解释是："名词是低可及标记。也就是说，当某个指称对象在话语中不明确或无法找回时，表达者就出以名词，以求重新唤起人们对指称对象的记忆。"①

在一个语篇中，某个指称对象需要经常被提及。有时他被连续提到，有时要间隔数句甚至数个段落后被再次提及。无论间隔几个句子或是若干段落，一般都要用名词重复，这样才便于"找回"。

---

① 王灿龙：《人称代词"他"的照应功能研究》，《中国语文》2000 年第 3 期，第 229 页。

如果上文有两个人物且句子结构比较复杂，为了明晰起见，便倾向于用名词重复衔接。我们看作家西蒙诺夫修改的例子：

原文：*Артемьев* тоже молчал. Бондарчук был прав, не завидуя ему. Завидовать было нечему, потому что женщина, в которую *он* два года был влюблен и о которой он еще недавно хотя и с некоторыми колебаниями, но думал как о своей будущей жене, не поехала бы с ним ни в Проскуров, ни в Ахалцых... (К. Симонов. *Товарищи по оружию*)

改文：*Артемьев* тоже молчал. Бондарчук был прав, не завидуя ему. Завидовать было нечему, женщина, с которой *Артемьев* был близок и о которой еще недавно хотя и с некоторыми колебаниями, думал как о будущей жене, не поехала бы с ним ни в Проскуров, ни в Ахалцих...

原文：*Тот комиссар*, которому Малинин после боя на кирпичном заводе лично отдал письменное объяснение Синцова и через которого потом запрашивал об учетной карточке, теперь лежал в госпитале. Тогда *он* сказал про Синцова, что дело ясное, пусть воюет... (К. Симонов. *Живые и мертвые*)

改文：*Тот комиссар*, которому Малинин после боя на кирпичном заводе лично отдал письменное объяснение Синцова и через которого потом запрашивал об учетной карточке, теперь лежал в госпитале. Тогда *тот комиссар* сказал про Синцова, что дело ясное, пусть воюет...

第一个例子中有 Артемьев 和 Бондарчук 两个人物，而始发句的 Артемьев 处于主语地位，但作家仍认为用重复比用代词照应更好一些。第二个例子更加复杂，它的前部分出现了三个人物（комиссар，Малинин，Синцова），在接续句里除了 Синцова 可以排除（该词得以复现）以外，代词 он（他）很难明确指明对象。

这两个例子告诉我们：当人物多时，俄语也倾向于用名词重复衔接，因为重复词总比替代词指向更加明确、更加保险，尤其是当句子结构比较复杂时（带有各种复合句）。

无论使用哪种衔接形式，其前提都是必须保证意义的清晰和所指的明确，在此基础上才可以考虑其他方面的需求（如修辞润色的需要）。因此，写作人或说话人在表述时要把避免歧义放在首位。有些语境允许使用各种衔接形式，并且都不会有歧义产生。但是另一些语境却要受到很大的限制。如果语境中有两个以上的人物，而且他们的性别相同，用代词衔接就可能引起一定的麻烦。我们举两个作家修改其作品的例子加以说明：

原文：两三天前，张治国和班长谈过话，明白班长带点醋意。他虽然是劳动英雄，可是丝毫都不骄傲，反倒更虚心。（杨朔：《模范班》）

改文：两三天前，张治国和班长谈过话，明白班长带点醋意。张治国虽然是劳动英雄……

上文中有两个人物（张治国，班长），下文中如果用"他"就会发生指代不明，所以说这个语境不允许使用代词衔接。

原文：杨二妮吼了一声，抱着机枪跳起来，冲着那个当官的掉过枪口，一下子把那人撂倒。他的前胸忽然一震，机枪从他怀里掉下去，一个筋斗栽倒下去。（杨朔：《血书》）

改文：杨二妮吼了一声，抱着机枪跳起来，冲着那个当官的掉过枪口，一下子把那人撂倒。杨二妮的前胸忽然一震……

这个例子中有两个人物——"杨二妮"和"那个当官的"，后续句若像原文那样用"他"来衔接，势必难以判定指的是谁。

原文：Пока Синцов чинил карандаш, Зайчиков лежал и молча смотрел в потолок. Как только Синцов очинил карандаш, *он* сразу же стал диктовать...（К. Симонов. *Живые и мертвые*）

改文：Пока Синцов чинил карандаш, Зайчиков лежал и молча смотрел в потолок. Как только Синцов очинил карандаш, *Зайчиков* сразу же стал диктовать...

原文中最后一句里的代词 он 意义不清：它可以指代前面两个人物

（Синцов，Зайчиков）中的任何一个，因此为了避免歧义改文把 он 换成 Зайчиков。

原文：Тот комиссар, которому Малинин после боя на кирпичном заводе лично отдал письменное объяснение Синцова и через которого потом запрашивал об учетной карточке, теперь лежал в госпитале. Тогда он сказал про Синцова, что дело ясное, пусть воюет...（К. Симонов. *Живые и мертвые*）

改文：...Тогда *тот комиссар* сказал...

这个例子也是类似的情况：原文里的 он 可能指 тот комиссар，也可能是 Малинин，改做名词衔接以后歧义就排除了。由此可见，当上下文中有两个以上相同性别的人物（或相同性的事物）时，无论汉语还是俄语都不能用人称代词衔接。汉语需要用名词重复的方式，而俄语除了名词以外还可以使用指示代词。

下面的例子是间隔了几个段落后再次出现的重复名词：

Жил на свете маленький цветок. Никто и не знал, что он есть на земле. Он рос один на *пустыре* ... ... И вот шла однажды поутру девочка Даша мимо *того пустыря*. （А. Платонов. *Неизвестный цветок*）	从前，这里曾有一朵小花儿。谁也不知道它的存在。它孤零零地长在一块荒野上…… …… 有一天早上，有个小姑娘从这个荒野边上走过。

这个例子的第一部分是小说的开头，引出故事的对象小花儿和它的生长环境——荒野。接下来我们省略了 4 个段落，全部是围绕这个小花儿展开的。当故事引出新的主人公时，话题又回到了前面提到过的"荒野"，但此时距离首次提及这个事物已经相隔了整整 4 个自然段。要想顺利地找回这个先行词，必须用重复的方式才行。

下火车的当天，天色已晚，他们先都各自回家看。

......

吴仲义回到这样一个家庭中来。

（冯骥才：《啊！》）

这里前部分交代吴仲义等人各自回家。之后回顾吴仲义的家庭情况（省略号处），然后情节接续到前面的话题——家。由于距离的因素，必须采用重复才能顺利衔接。

下面我们再做一个汉语和俄语的比较，被比的对象是汉语的原文及其两个不同的译文：

原文	译文一	译文二
金桂是个女劳动英雄，一冬天赶集卖煤⋯⋯这天要是村里没有事，她自然也可以去娘家走走，偏是年头腊月二十九，区上有通知，要在正月初二这一天派人来村里开干部会，布置结束土改工作，她是个妇联会主席，就不能走开。（赵树理：《传家宝》）	Цзинь-гуй-Героиня труда. Всю зиму она продает на базаре уголь от кооператива... Если бы сегодня у нее здесь не было дела, то она, разумеется, тоже могла бы сходить к матери. Но как раз накануне Нового года из района сообщили, что второго числа первого месяца в деревню пришлют людей, чтобы провести собрание актива для организации работы по завершению земельной реформы. Цзинь-гуй была председателем местного Женского союза и поэтому не могла никуда уйти. (Перевод Г. Монзелера)	А Цзинь-гуй-героиня труда-всюду поспевала... Конечно, если бы сегодня у нее не было дел в деревне, она тоже непременно навестила бы мать, но, как нарочно, накануне Нового года ей передали, что второго января из района приедут проводить собрание о завершении земельной реформы. Цзинь-гуй была председателем женского союза и, понятно, не могла не пойти на собрание. (Перевод В. Сперанского)

我们看到，话题对象没有变化，故而在汉语里连续用"她"或零形式

回指该对象。但是俄语则显示出另一种倾向：当一个名词后使用多个代词回指后，需要重新启动该名词，以便进一步明确话题对象。两位俄罗斯译者都倾向于间隔组配的方式，即交叉使用代词替代和名词重复，特别是语义有较大独立性的地方，他们都选择了名词。从数量上看，汉语原文有一个名词和两个代词，而在两种译本里都是两个名词和三个代词，由此可见俄语更加看重形式衔接。

六、语体因素

就语体来讲，各种体裁对重复的要求不同，表现程度也有差异。一方面，文学修辞要求表达的多样性，力图避免单一的表达手段，因此文学作品总是力求用其他手段代替重复，除非把重复用于特殊的修辞手法（这是我们后面要谈的内容）；另一方面，重复是最准确、最清楚、最严谨的衔接手段，它可以明白无误地表达句子之间的意义关系。

科学语体要求表达思想力求准确、合乎逻辑、不产生歧义。它的主要特点是叙述的抽象概括性和高度的逻辑性，因此这个语体中几乎每个词都用于表现概念和抽象的事物，有大量的术语。术语的高度概括性又决定了它的不可替代性，故而在科学语体里术语重复是该语体的典型特征。

Текст — объединенная смысловой связью последовательность знаковых единиц, основными свойствами которой являются связность, целостность, завершенность и др. В семиотике *текст* рассматривается как осмысленная последовательность любых знаков. С этих позиций *текст* признается не только словесное произведение, но и произведение музыки, живописи, архитектуры и т. д. (Е. Баженова. *Текст*) 语篇是符号单位的意义连贯，它的基本属性是衔接性、整体性、完结性等。在符号学中，语篇看成是任何符号的意义连贯。从这个角度讲，语篇不仅指语言作品，而且还包括音乐、绘画、建筑等。

Понятие «государство» многозначно. Многое в *определении* существенных сторон этого *понятия* зависит от политической позиции того, кто дает *определение*. Однако при этом существуют бесспорные признаки того, что мы именуем *государство*. (А. Никитин. *Право*) "国家"的概念是多义的。要

定义这个概念的多方面本质，就要看下定义人的政治立场。但是也存在着我们称之为国家的一些毫无争议的特征。

这里 понятие 和 определение 都是连续重复，而 государство 则是间隔重复。

当语境中有两个以上人或事物时，语篇必然要用间隔重复手法。通常先讲其中的一个人或事，然后讲第二个人或事，接下来再回到第一个人，然后又谈到第二个人，如此往复。例如：

Расторжение брака в судебном порядке. Судебный порядок развода применяется в том случае, если у супругов имеются общие несовершеннолетние дети, при отсутствии согласия одного из супругов на развод, а также если один из супругов, несмотря на отсутствие у него возражений, уклоняется от *расторжения брака* в органах ЗАГСа. Если эти условия отсутствуют, брак расторгается в органах ЗАГСа. (А. Никитин. *Право*) 解除婚姻的司法程序。离婚的司法程序适用于下列情况：夫妻双方有未成年子女，夫妻中有一方不同意离婚，或者夫妻中的一方虽不反对但规避到民事登记部门办理离婚手续。如果不存在上述情况，则解除婚姻在民事登记部门办理。

Человек, его *права* и *свободы* являются высшей ценностью. Признание, соблюдение и защита *прав* и *свобод человека* и гражданина — обязанность государства. (*Конституция Российской Федерации*) 人、人的权利和自由是最高的价值。承认、遵守和保护人和公民的权利与自由是国家的责任。

第一例是解除婚姻的法律程序问题。话题有两个，即"解除婚姻"和"法律程序"。先提到"解除婚姻"，然后便转向法律程序，详述必须走法律程序的各种条件，最后才又回到解除婚姻上，即有一种情况是当事人一方规避到民政部门去解除婚姻。这里 расторжение брака 是间隔重复。第二例是摘自《俄罗斯宪法》，里面的"人"、"权利"和"自由"在两个句子中都得到重复。

由此我们看到，无论是科学语体，还是法律文本，为了保证严谨和准确，要求任何语句不得有歧义，故而在上下文中会反复重复同一个术语。

在报刊政论语体中，名词重复也屡见不鲜。原因之一是通讯报道类别中，为了快速发送消息，往往会把反映骨干信息的关键词多次使用；另外一个原因，是政论体裁的感染功能，它往往要求使用一些特别的语言手段来渲染气氛，而其中的手段之一，就是使用重复词语构成的排比句式，造成铿锵有力的效果。

В среду первый вице-премьер Дмитрий Медведев *встретился* с активистами молодежных организаций. *Во встрече* с молодежью принял участие и замглавы администрации президента Владимир Сурков. (Е. Денисова. *Медведев, Сурков, молодежь и демократия*) 星期三第一副总理梅德韦杰夫<u>会见</u>了青年组织积极分子。参加此次与青年人的<u>会见</u>的还有总统办公厅副主任苏里科夫。

Россия больна, но суть этой *болезни* — в отсутствии нравственности и морали у людей. *Россия больна*, есть причина *болезни*, вот только методов лечения никто не предлагает. (Радио ЭХО Москвы: *Россия больна*. 29 декабря 2013) <u>俄罗斯病了</u>，但这个病的本质是人们缺少道德和道义。<u>俄罗斯病了</u>，<u>生病</u>是有缘由的，只是谁也拿不出治病的良方。

第一例是一篇报道，这是常见的消息体裁，里面用的核心词重复出现。第二例是一篇广播评论文章，用平行排比句来突出主题，令听众深思。

通常认为重复是书面语的专利，口语不适合重复，其实这只是人们的偏见。事实上口语里有大量的重复，因为这种接话方式是最简单、最省事，不需要任何加工和改造，这符合口语的即兴特点。例如：

"你还好意思说，你看你的菜地，都<u>荒了</u>！"
"<u>荒了</u>好啊，退耕还林，绿化祖国。乡政府就要奖给我镜框子。"
（韩少功：《山南水北》）
"你是不是喜欢上那个四只眼了？"
……
"姨娘，其实也不是，我只是喜欢<u>有学问的人</u>。"

......

"有学问的男人心思多，你又不是不知道。"

（张翎：《阵痛》）

"I say simply that you belong to the wrong *category*."

"But your daughter doesn't marry a *category*," Townsend urged, with his handsome smile. "She marries an *individual*-an individual whom she is so good as to say she loves."

"An *individual* who *offers* so little in return!"

"Is it possible to *offer* more than the most tender affection and a lifelong devotion?" the young man demanded.

（Henry James. *Washington Square*）

"Mr. Townsend is not old enough, then; *his motives may be pure*."

"It is very possible that *his motives are pure*..."

（Henry James. *Washington Square*）

"Do you think he is *sincere*?" asked her brother.

..."Deeply *sincere*. He has said to me the most appreciative, the most charming things about her."

（Henry James. *Washington Square*）

"... He has lately come back to America, with the intention, as he tells Arthur, of beginning life *in earnest*."

"Is he *in earnest* about Catherine, then?"

（Henry James. *Washington Square*）

В. Курточки есть// Всякие//	В. 夹克有。各种都有。
А. Ему вот *поярче* я думаю//	А. 我觉得他穿颜色鲜艳一点儿的好。
В. *Поярче* дороже//	В. 鲜艳一点儿的贵一些。

这里都是对话的例子。各例中都是接话人用重复的方式接过对方说过的话，再加以展开。被重复的词中，有名词重复：category—category，individual—individual；也有形容词重复：sincere—sincere；还有动词："荒了——荒了"，offer—offer。多数重复的是单个词，但也有

短语或词组重复：in earnest—in earnest，有学问的人——有学问的男人；还有句子的重复：his motives may be pure—his motives are pure。从形态上看，俄语里可以重复前面已经变化了的词形，如最后一个例子里发话人用了поярче（更鲜艳的），该词是比较级形式，接话人就把这个形式原封不动地拿了过来，因为这是该语境中最为节省简洁的表达方式。

文学语体中名词的重复自不待言，这里仅举一例。

两人便一起<u>笑</u>了起来。那<u>笑</u>把厚硬的空气戳出了一个孔，便有风在屋里流动起来。（张翎：《阵痛》）

七、修辞因素

这里所谓的修辞因素，专指言语表现力。说话简明扼要固然重要，但有时为了增强表达效果，故意一而再、再而三地重复同一个词语。这种用法在修辞上有个名称，叫"反复"。头语重叠就是一种词汇重复的手法，其中有一种叫排比句式，以两三个用词或结构并列组合的方式形成一种整齐对仗的表达。例如：

Это не вызов Президенту, парламенту или Правительству. *Это*-вызов всей России. Всему нашему народу. *Это* нападение на нашу страну. （В. В. Путин. *Обращение к населению в связи с трагедией в Беслане*）<u>这</u>不是对总统、议会或者政府的挑衅，<u>这</u>是对整个俄罗斯的挑衅，是对我们人民的挑衅。<u>这</u>是对我们国家的攻击。

We shall fight him by land, *we shall fight him* by sea, *we shall fight him* in the air, until, with God's help, we have rid the earth of his shadow and liberated its peoples from his yoke. （Winston S. Churchill. *Minister Winston Churchill's broadcast on the Soviet-German War*）

普京和丘吉尔的讲话里都运用了这种排比句，以加强语言的感染力。丘吉尔的三句首语重叠强调了在陆海空三个方面打败希特勒的坚定决心，使人感到丘吉尔气壮山河、从容应敌的英雄气概。

由此我们看到，重复性的排比句在政论性文章中是很重要的修辞手段，能够赋予话语一定的表现力。这种句子组合在俄语里也叫递加（градация），意思是句子的气势一句比一句强，呈逐步上升的形式。

  Книга — хранилище знаний. *Книга* — вместилище всего великого опыта человечества. *Книга* — неистощимый источник высокого эстетического наслаждения, глубоких раздумий. (Б. Полевой) 书是知识的宝库。书是所有人类经验的宝藏。书是崇高的美学欣赏和深刻思考的不尽源泉。

  На *каждом* километре, на *каждом* метре наши войска сталкивались с самым ожесточенным сопротивлением противника, *теряли* своих товарищей — *теряли*, чтобы спасти жизнь других людей. И *тысячи* русских, украинцев, *тысячи* евреев, которые спасены вами, *уверен* просто, *уверен*, никогда об этом не забудут! (В. Путин. *Люди никогда не забудут Освенцим*) 每公里、每一米我们的军队都遭到敌人顽强的抵抗，我们失去了自己的同志，失去了这些人以拯救其他人的生命。被你们拯救的成千上万俄罗斯人、乌克兰人，成千上万犹太人，我相信，我非常相信，是永远不会忘记这些的！

  好个"友邦人士"！日本帝国主义的兵队强占了辽吉，炮轰机关，他们不惊诧；阻断铁路，追炸客车，捕禁官吏，枪毙人民，他们不惊诧。中国国民党治下的连年内战，空前水灾，卖儿救穷，砍头示众，秘密杀戮，电刑逼供，他们也不惊诧。在学生的请愿中有一点纷扰，他们就惊诧了！（鲁迅：《"友邦惊诧"论》

  越南百姓"点赞"，是因为政府的决定体现出了决策理性。承认经济受到金融危机和全球经济下滑影响而"差钱"的现实，不弄虚作假制造繁荣假象，是实事求是的认识理性；政府财政支出受制于中央和地方预算，是决策中的程序理性；在预算有限的前提下，优先用于"更加紧急的任务"，是决策中的科学理性；知难而退、及时"转弯"，表明了政府决策并非无所不能的有限理性；尊重民意，举行听证，更体现出政府决策的民主理性。（李鸿文：《越南弃办亚运不只是"差钱"》）

  还有一种结构性排比句式，说它们是结构性的，是因为它们中往往

没有某个具体的词重复,存在的是一种模拟结构。例如:

"能牵手的时候请别只是肩并肩,能拥抱的时候请别只是牵手,能在一起的时候请别轻易离开。"(马尚龙:《所谓天长地久》)

树高了要分杈,人久了会离散。(马尚龙:《所谓天长地久》)

我不揣冒昧,作出一个判断,凡是真正热爱写作的人,都是心重的人,任何有分量的作品都是心重的人写出来的,而非心轻的人所能为。(刘庆邦:《心重》)

小说作品中也会使用连续性的重复词语,意在加强语气,突出人物或事件的特点,同时使读者介入到语篇的情态性中。

母亲说完,立刻又坐了下去,立刻又弯曲了背,立刻又将头俯在缝纫机板上了,立刻又陷入手脚并用的机械忙碌状态⋯⋯(梁晓声:《慈母情深》)

背直起来了,我的母亲。转过身来了,我的母亲。肮脏的毛茸茸的褐色的口罩上方,我熟悉的一双疲惫的眼睛吃惊地望着我,我的母亲的眼睛⋯⋯(梁晓声:《慈母情深》)

勤奋嫂今年二十七岁。勤奋嫂爱笑,勤奋嫂生气的时候,也像是在笑。勤奋嫂一笑,天上无云,地上无尘,一片月朗风清。(张翎:《阵痛》)

Ее провожало много народу. *Были* подруги по техникуму и товарищи с завода. *Был* Павел, приехавший сдавать испытания в академию. *Был* отец, молчавший и откровенно недовольный, и мать, старавшаяся казаться веселой. (К. Симонов. *Товарищи по оружию*)很多人来给她送别。技校和工厂的女友来了。去科学院参加考试的巴维尔来了。一直不说话并公开表示不满的父亲和尽量表现出愉快的母亲来了。

Кто не проклинал станционных смотрителей, кто с ними не бранивался? *Кто*, в минуту гнева, *не* требовал от них роковой книги, дабы вписать в оную свою бесполезную жалобу на притеснение, грубость и неисправность? *Кто не* почитает их извергами человеческого рода, равными покойным подьячим или по крайней мере муромским разбойникам? (А. Пушкин.

Cтанционный смотритель)谁人不骂驿站长？哪个不跟他们吵架？有谁在大发雷霆的时候不索取那本要命的"功过册"，在那上头枉费笔墨控告他们盛气凌人、冥顽不灵和消极怠工呢？有谁不把他们当成不齿于人类的坏蛋，简直如同往日包揽讼狱的刀笔吏，或者，起码也酷似穆罗姆森林里剪径的土匪？

最后一个例子的特点在于：它不是以寻常的陈述式形式出现，而是用了一连串设问排比句，以疑问表示肯定之意义，它同样能够起到增强表现力的效果。

八、视点因素

这种用法与前面分析的修辞用法非常近似，我们之所以把它独立出来，是为了强调它的特点，即说话的视点。这种手法只用于小说等文学作品中，是表现和转换话语视角的重要手段。尤其在汉语中作为一种积极的修辞手法。

母亲刚嫁过来，就开始吃苦。

天不亮，母亲就起床煮饭，给父亲。因为一大早，父亲就得动身，到区上去。下午收了工，母亲又去接父亲。母亲不放心父亲，怕路上有个闪失。很多时候，母亲午饭都吃不上。

天冷的时候，母亲就会给静坐在院子里的父亲披上一件绣花棉袄。那是母亲唯一的嫁妆。天热的时候，母亲就会摇着一把蒲扇，坐在父亲身边，给父亲驱赶蚊虫。（谯楼：《父亲母亲之间》）

母亲躺在床上喂铜子吃奶。母亲的奶水很多。母亲月子里没吃大鱼大肉，母亲吃的是开水泡油馓子……（王周生：《性别女》）

现在回想起来，其实母亲是早就有迹象的。母亲爱掏父亲的衣服口袋，母亲爱翻父亲的文稿，母亲爱拆父亲的信，母亲爱偷听父亲的电话。年轻时很有些英武豪爽之气的母亲，五十岁过后却渐渐地变得敏感和爱猜疑起来。（张翎：《空巢》）

在那个夜晚之前田田对秦阳的感觉是异常简单的——一种权宜，一些方便，一段过渡。秦阳比田田小四岁。秦阳没有上过正式大学。秦阳没有正式移民身份。秦阳正在顶着别人的工卡打黑工。秦阳一个月的收入除了房租伙食汽车开销之外，大

概只够买几瓶二锅头。(张翎:《空巢》)

以第一个例子为例,我们可以做这样一个实验:除了第一句中的"母亲"保留不动以外,我们把后面各句中的"母亲"全部替换为代词"她",得出下面的结果:

天不亮,她就起床煮饭……下午收了工,她又去接父亲。她不放心父亲,怕路上有个闪失。很多时候,她午饭都吃不上……那是她唯一的嫁妆。天热的时候,她就会摇着一把蒲扇……

我们发现修改后的表述完全符合语言规范,一点儿不会造成理解上的困难,我们照样可以理解哪些行为属于母亲,哪些属于父亲。那么,作者何以使用"多余"的重复呢?其实我们不难看出,一旦做了我们那样的修改,说话的一种语气没有了,一种情感不见了,而这个语气和情感就是所谓的语篇情态性,是作品中深藏的对主人公(母亲)的情感态度。由此我们又可以看出第二层意思,那就是小说的叙事视角问题:表面上看作品以旁观者的角度在"客观"地叙述,但是实际上视角已经悄悄地转移到"儿女"的身上,读者自己在不知不觉中就站在了"儿女"的角度来思考问题。再以最后一例为例:小说以第三人称叙事,表面上客观公正不偏不倚,其实视点早已悄悄地转到主人公之一"田田"的身上,作品不是在以旁观者的身份说"秦阳",而是以女朋友的角度在讲他,从中让我们看到女主人公的内心活动,她的困惑和无奈。而转移视点的手段之一,就是通过名词重复的方式,换作代词替代之后,原文的语气和意味将荡然无存。

第五章　句际联系手段之二——代词替代

替代是一种重要的衔接手段。所谓替代，是指衔接词不是重复前面句子中的某个词，而是换一种说法来照应它。替代的表现形式很多，包括代词替代、同义词替代、副词替代等。

俄罗斯语言学家索尔加尼克认为，俄语中的链式可以用多种方法表示，他有一个例子[①]：

Маша рисует *елку*. *Елка* растет во дворе.	玛莎在画一棵圣诞树。圣诞树长在院子里。
Маша рисует елку. *Она* растет во дворе.	玛莎在画一棵圣诞树。它长在院子里。
Маша рисует елку. *Дерево* растет во дворе.	玛莎在画一棵圣诞树。树长在院子里。

索尔加尼克以此例说明表示同一个事物时，可以有多种方式把前后句子衔接起来，其中第一种说法是重复，后两个都属于替代。

从事对外俄语教学的专家扎鲁比娜（Н. Д. Зарубина）认为，在教授外国人俄语时，十分重要的是使他们学会俄语的丰富表达，在很多词汇重复的地方都可以用各种其他形式加以替换。她举了这样一个例子[②]：

（а）*Эта улица* большая и шумная. *По улице* ходят автобусы и троллейбусы. *На улице* много магазинов, больших домов.	这是一条宽阔热闹的大街。街上行驶着公共汽车和电车。街上有许多商店和高楼。

[①] Солганик Г. Я. : *Стилистика текста*，М.，Флинта，Наука，2003，с. 21.
[②] Зарубина Н. Д. : *Текст: лингвистический и методический аспекты*，М.，Русский язык，1981，с. 52.

（b）*Эта улица* большая и шумная. *По ней* ходят автобусы и троллейбусы. *Здесь* много магазинов, больших домов.

这是一条宽阔热闹的大街。上面行驶着公共汽车和电车。这里有许多商店和高楼。

　　这里(a)和(b)给出的信息相同，区别只在于衔接手段不同：(a)全部采用了名词重复的方式，而(b)则用人称代词和副词分别替换了名词。扎鲁比娜以此例提示大家：俄语具有丰富的同义表达手段，能够不用重复的地方，应尽量使言语表达多样化。这个思想实际上也是语篇衔接替代运用的基础。

　　在众多的衔接手段中，代词无论在俄语还是汉语里都使用相当广泛。洛谢娃认为，在任何一个语篇中，如果不是第二句，最多第三句或第四句就一定会用代词与前面的句子相连接[1]。王灿龙[2]更加断言：在现代汉语照应系统中，人称代词"他"是使用频率最高的照应语形式之一。

第一节　代词替代的类型

　　代词的种类很多，包括人称代词、物主代词、指示代词、限定代词、疑问代词、不定代词、否定代词、反身代词等，但并非所有的代词都具有衔接功能，像"谁""你""哪""я""никто"这类词都不能用来替代别的实词或词组，也就谈不上衔接。

一、人称代词替代

　　在人称代词中，第一、二人称代词通常不具有语篇衔接功能，因为它们所指代的分别是语境中的发话者自己和受话者。而用作语篇衔接的是第三人称代词，即"他""她""他们""她们"等，故徐赳赳[3]、王灿龙干脆以"他"来表示代词衔接词。

　　　Учитель встает и ходит вкось избы из угла в угол. *Он*

---

[1] Лосева Л. М.：*Как строится текст*，Под ред. Г. Я. Солганика，М.，Просвещение，1980，с. 19.
[2] 王灿龙：《人称代词"他"的照应功能研究》，《中国语文》2000年第3期，第228页。
[3] 徐赳赳：《现代汉语篇章回指研究》，北京，中国社会科学出版社，2003，第107页。

высок, тонок и голову на длинной шее держит наклоненной набок. У *него* маленькое съеженное лицо с старообразным малиновым румянцем... (А. Куприн. *Мелюзга*) 老师站起身来，从小屋一角到另一角来回踱着。他又瘦又高，头在细长的脖子上微微歪着。他那泛着红晕的小脸略显苍老……

Первые три года по окончании университета я прожил в деревне, хозяйничал и всё ждал, что меня куда-нибудь выберут, главное же, я был сильно влюблен в одну необыкновенно красивую, обаятельную девушку. Была она сестрой моего соседа, помещика Котловича, прогоревшего барина, у которого в имении были ананасы, замечательные персики, громоотводы, фонтан посреди двора и в то же время ни копейки денег. (А. Чехов. *Ариадна*) 大学毕业后的头三年，我是在乡下度过的，照料产业，经常巴望入选当地的议会；可是最要紧的是我爱着一个非常漂亮又迷人的姑娘。她是我们邻居考特洛维奇的妹妹，考特洛维奇是个破落户地主，他的庄园上有菠萝，很好的桃树，避雷针，院子里有一个喷泉，可他的口袋里却一个钱都没有。

Скворцы для нас всегда желанные гости. Прилетают *они* немного позже грачей, когда уже в поле много проталин и солнышко как следует пригревает. (Г. Скребицкий. *Скворец*) 椋鸟永远是我们期待中的客人。它们比白嘴鸦晚一些飞来，要等到田野里的雪化得差不多了，太阳把大地晒得暖暖呼呼的了。

觉新知道大祸临头了。他不敢多想。(巴金：《家》)

在代词照应中还有一种很特别的现象：原发名词和照应代词的性、数不一致。这种现象在俄语和汉语里都有，一般都发生在阳性名词表示女性人物时，后续代词可以直接用阴性的形式，如在俄语里直接用 она 来同指 врач，доктор，командир，профессор 等。

Это был *первый гость*. Вслед за она стали приходить гости не по одному на день. (В. Тендряков. *Не ко двору*) 这是第一个客人。在她之后每天上门来的不止一个客人。

海棠有没有香味？故宫的朋友说有的。她工作的地方有一座文华殿……(孙小宁：《海棠到底有没有香味》)

这里第一个例子中的 первый гость(第一位客人)指的是女医生,后面的代词就依照意义一致的原则选用 она(她)了。第二个例子里先用"朋友"一词,读者并不知道其性别,接下来用"她"指代,就知是女性了。

人称代词既可以用来照应前面指人的名词,也可用作照应指物的名词。

На востоке низко висела бледная *луна*. *Она* не давала света. (К. Паустовский. *Золотая роза*)东方低挂着一弯月亮,它没有什么光亮。

不过他意志坚定,就像石头缝下的一棵草芽,一场春雨过后,它就弯弯曲曲地从下面生气勃勃地钻了出来。(叶弥:《成长如蜕》)

这里的两个例子都是描写事物而非人,但无论俄语还是汉语都可以用"它"来衔接上句。

中性的人称代词 оно(它)也可以用作衔接手段。除了回指前面的中性名词以外,它可以用来概括上文提到的整件事,意义相当于"这"。例如:

《Всю-то жизнь, -думает Егор Ильич, -всю-то жизнь Зина ждет меня!》Так *оно* и есть! Зина ждала его с войн и собраний, из командировок и с пленумов, из госпиталей и инспекторских поездок...(В. Липатов. *Смерть Егора Сузуна*)"整个一生,"叶戈尔·伊里奇想到,"整个一生吉娜都在等我!"还真是这样!吉娜等他从战场上回来,等他开完会,等他出差和开会回来,等他出院和外出巡视归来……

二、物主代词替代

俄语里的第三人称物主代词 его, ее, их 与人称代词一样,都可以用来衔接上下句。

Степан Аркадьич помолчал. Потом добрая и несколько жалкая улыбка показалась на *его* красивом лице. (Л. Толстой. *Анна Каренина*)斯捷潘·阿尔卡吉奇不作声。随后他那漂亮的

脸上浮起了一丝无可奈何的苦笑。

汉语里对代词不做人称或物主之分，当需要表示所属关系时，只要在被说明词前加上"的"字，或干脆依靠词序及上下文意义就可解决。

只要他们存心买，林先生的营业是有把握的。毕竟*他的*货物比别家便宜。（茅盾：《林家铺子》）

俄语里物主代词的词序颇有特点：它既可以在被说明词前，也经常置于其后。当用于后一种情况时，往往是为了突出被说明名词的主题地位。例如：

Чарский был один из коренных жителей Петербурга. Ему не было еще тридцати лет; он не был женат; служба не обременяла его. Покойный *дядя его*, бывший вице-губернатором в хорошее время, оставил ему порядочное имение. *Жизнь его* была очень приятна... (А. Пушкин. *Египетские ночи*) 恰尔斯基是彼得堡的一位本地居民。他还不到三十岁，还没成亲，公务也不繁重。*他过世的叔叔*显赫时曾经当过副省长，给他留下一个相当规模的庄园。*他的日子*过得很惬意……

Он все улыбался и хихикал. *Товарищ его* был уже лет пятидесяти, толстый, пузатый... (Ф. Достоевский. *Униженные и осорбленные*)他一直面带笑容，还味味地笑。*他的同伴*已经五十左右，身躯肥胖，大肚子……

这些句子中在谈到"他的叔叔""他的日子""他的同伴"时，俄文里都把名词提前，表明接下来要讲这个话题，故把它放在突出的位置，而表示所属关系的代词则处在次要的地位。

三、指示代词替代

汉语和俄语里都有指示代词，如"这""那""этот""тот"等，它们通常与名词组合在一起，共同构成回指。这种用法实际上已经不是代词衔接，而属于名词衔接，指示代词不过起到辅助的作用，因此这类情况不在我们讨论之列。这里需要解决的是：单独的指示代词能否作为句际联系手段？

这里分为两种情况。一种是单独的指示代词回指前面的某个名词，另一种是代词概括前面整个句子。

1. 单独的指示代词替代名词

不带名词的"光杆"指示代词能否独立地替代前面的名词，这是值得讨论的问题。以我们的观察，俄语和汉语有很大的不同。先看俄文的情况。

Идет другой *самолет*. Немцы сегодня упорны. *Этот* вертится над районом, как бы ища минуту, когда будет перерыв стрельбы. (Н. Тихонов. *Ленинградские рассказы*) 又来了另一架<u>飞机</u>。德国人今天很顽固。<u>这架飞机</u>在地区上面盘旋，似乎在寻找地面炮火停息的片刻。

Главный лесовод Михаил Алексеевич Кривошеин, полный седой мужчина, представил нам оказавшегося в его кабинете *лесничего*. *Этот* был, напротив, молодой, высокий... (В. Солоухин. *Владимирские проселки*). 总林艺师米哈伊尔·阿列克谢维奇·克里沃申是个鬈发斑白的胖男人，他把坐在他办公室的<u>林管员</u>介绍给我们。<u>这位林管员</u>正好与他形成对比，是个高个子的年轻人……

这两个例子中俄语都是"光杆"的指示代词衔接，用 этот(这)替代前面提到过的名词(飞机、林管员)，实际上是把后句中应该重复的名词省略了。在汉语的译文中，接续句也全部保留了名词。我们注意到：此处第一例中如果单说"这架"似乎不妥，而第二例中只保留"这位"也未尝不可，但毕竟不如名词重复以后表述得清楚。一般来说，汉语不大接受这种"光杆"的指示词，譬如不说：*"他有一座<u>乡间别墅</u>，<u>这</u>在离城不远的地方"，而说："<u>这幢别墅</u>在离城不远的地方"。其实，俄语里单独用 этот(эта, эти)衔接的情况也比较少见，大多还是与重复的名词连用。

如果说 этот(эта, эти)单独用来替代名词还比较少见的话，那么，另一个指示代词 тот(та, те)却大量地"光杆"使用，以独立的形式来替代前面的名词。

Он считал, что человек все может. И никогда не ругал

человека за то, что *тот* не смог, а всегда только за то, что *тот мог и не сделал*. (К. Симонов. *Третий адъютант*) 他一向认为人可以做到一切。他从不因为某人做不到而骂他，却总是骂那些能做而没做的人。

Она следит за тем, как он одевается, и выражение лица у нее опять такое, какое бывает у любящей *мамы*, когда *та* провожает гулять свое пятилетнее чадо. (В. Липатов. *Смерть Егора Сузуна*) 她看着他穿上衣服，她脸上又浮现出那种妈妈看着五岁孩子出门玩耍时的爱意表情。

"There — that's long enough," said she, though without pulling it away. "But I suppose you are thinking you would like to kiss it? You may if you want to."

"I wasn't thinking of any such thing," said Gabriel simply, "but I will."

"*That* you won't!" She snatched back her hand. (Thomas Hardy. *Far from the Madding Crowd*)

"I haven't a sweetheart at all — and I never had one, and I thought that, as times go with women, it was such a pity to send you away thinking that I had several."

"Really and truly I am glad to hear *that*!" said Farmer Oak... (Thomas Hardy. *Far from the Madding Crowd*)

这里两个俄文例子都单独用了指示词 тот（那个）。第一例里有两处用单独的 тот 衔接，其后的名词 человек（人）省略了。这是俄语里特有的现象，与 тот 的用法有关：该词专门用来指前面提到过的某个处于间接格的名词，如本例中的 тот 就指上句中用于第四格的 человека。这样一来，单独的 тот 就相当于"代词＋名词"的组合了。第二例里的斜体词 та（那个）替代前面的 мамы（妈妈），因为 мамы 是第二格形式，俄国人一看便知 та 替代哪个名词，不会有任何误解。这种用法是俄语特有的，汉语无法照此办理，单独的"那个"不能用来衔接上句。两个英文的例子也是类似，用 that 代替前面提到的事物。

可是，如果始发句里的名词不是间接格，而是用于主格，则后续衔接代词不能用 тот。请看下面的修改：

第五章 句际联系手段之二——代词替代 191

原文：Был еще *дядя*, военный человек, майор. *Тот* рассказывал Тасе военные истории... （Н. Давыдова. *Любовь инженера Изотова*）还有一个<u>叔叔</u>，是个军人，少校。<u>那个叔叔</u>经常给塔霞讲打仗的故事……

改文：Был еще *дядя*, военный человек, майор. *Он* рассказывал Тасе военные истории... 还有一个<u>叔叔</u>，是个军人，少校。<u>他</u>经常给塔霞讲打仗的故事……

这里始发句中的人物只有一个，且不是间接格的形式，因此后续句完全可以用人称代词 он 来替代前面的名词，用 тот 反而是错误的。

以上这两种用法都是俄语的特点，汉语并无这种用法。我们分别比较一个俄译汉和汉译俄的例子：

Он смеялся и говорил, а сам между тем пугливо и подозрительно посматривал на *Соломона. Тот* стоял в прежней позе и улыбался. （А. Чехов. *Степь*）他连说带笑，同时胆怯疑惑地看着<u>所罗门</u>。<u>所罗门</u>还是先前那姿势站着，也笑着。

散会以后，赵昌立即把吴仲义会上的反应汇报给贾大真。<u>贾大真</u>马上做出决定……（冯骥才：《啊！》）После митинга Чжао Чан тотчас же сообщил Цзя Дачжэню о том, как вел себя У Чжунъи. *Тот* немедленно принял решение... （Перевод В. Сорокина）

第一例里，俄语始发句中的 Соломона 是第四格的形式，表示及物动词所及的客体，故衔接时用 тот 回指它；然而汉语不能照此办理，汉语需要把名词"所罗门"重复，否则所指不详。第二例里汉语用了"贾大真"重复的方式衔接，但俄语并不这样处理，它改用 тот 衔接，与原文意义相同。

那么，汉语的指示代词"这"、"那"真的不能单独替代某个名词吗？其实也不尽然。我们的研究也发现了这种现象，但是有一定的限制条件。

他下了车，走了几条马路，终于找到了熊智君的<u>寓所</u>。<u>这</u>是一个比较清洁的弄堂，里面只有十几幢房屋。（巴金：《雨》）

我还记得他有一个<u>趋向</u>，<u>那</u>就是往往把他的见解推向极端。

（杨振宁：《杨振宁九十自述：我的学习与研究经历》）

我们的家，就出了<u>一位顶门立户的女人</u>，<u>那</u>就是我的大嫂谢巧娣。（雷达：《新阳镇》）

这几个例子里都是用单个的指示代词"这"或"那"回指前面的名词。根据我们的观察，汉语里这个用法一般只用作"是"字句中，即"这（那）是什么"的结构中，此时指示代词可以独立替代前文中的某个名词。

2. 指示代词单独替代前面的句子

这种情况是指后续句里用一个代词来替换前面全句，即用来概括指整个一件事。这种情况在俄语和汉语里都大量存在。

... жена давно догадывается, что он не верен ей, и смотрит на *это* сквозь пальцы. （Л. Н. Толстой. *Анна Каренина*）……妻子早就看出了丈夫对她的不忠，却对<u>此</u>睁一只眼闭一只眼。

It might very well be that she admired him — though *this* did not seem to her a thing to talk about. （Henry James. *Washington Square*）

Every solid object will reflect a sound, varying according to the size and nature of the object. A shoal of fish will do *this*. （Maurice Burton. *Curiosities of animal life*）

在第一个例子中，说妻子看出了丈夫的不忠行为，下文没有重复前面的话，而是用 это 一语代之，一个字概括了前面整句的内容；在第二例子中，用 this 来替代 It might very well be that she admired him；在第三个例子中的 this 替代上文说过的 reflect a sound。这种用法在汉语里也不陌生：

李增春能给太监当媳妇，并且无怨无悔地跟太监过了这么些年，<u>这</u>让我对她充满了好奇……（叶广芩：《小放牛》）

杨道远看上去很轻松，脸上时不时还会有些微笑，<u>这</u>是车祸发生以来很少能见到的。（叶兆言：《苏珊的微笑》）

这两个例子中的"这"都不是具体指某个人或物，而是概括前面提到的整件事。

第二节 "他"的用法

一般来说，话语的开头总是用名词引出人或物，然后便用代词衔接，或者用空位(零形)衔接。但这仅仅是一般性的规律，实际上语篇是相当复杂的系统，衔接方式往往受到各方面因素的制约。

一、上文只有一个指称对象

语篇中人物的多寡直接决定了衔接的形式，当人物单一时，通常趋向于多用代词，人物越多，代词的使用频率越低。但也要看具体的情况，而且在不同的语言中使用各异。

语境中只有一个指称对象，并且在接下来的表达中继续谈这个人物，此时后续句的衔接形式可以有三种主要的类型：名词重复、代词替代和省略。下面我们分别分析这几种情况。

当指称对象不变时，除非有特别的修辞目的，否则没有必要用重复的方式衔接。请看下面修改的例子：

原文：这个人脑筋很清楚，我方才跟这个人谈了一回。(曹禺：《雷雨》)

改文：这个人脑筋很清楚，我方才跟他谈了一回。

原文：Сразу после окончания института Нина Кравцова получила назначение на строительство высотного дома. *Нина* жила вместе с родителями в одном из тихих, мощенных булыжником московских переулков... (С. Антонов. *Первая должность*)尼娜·克拉夫佐娃专科毕业后，被分配到一座高楼的工地上工作。尼娜和父亲住在莫斯科一条鹅卵石路的幽静小巷里……

改文：Сразу после окончания института Нина Кравцова получила назначение на строительство высотного дома. *Она* жила вместе с родителями... 尼娜·克拉夫佐娃专科毕业后，被分配到一座高楼的工地上工作。她和父亲住在莫斯科一条鹅卵石路的幽静小巷里……

原文：*Лена* улыбается: правильно, чем хуже дела, тем лучше надо выглядеть. Молодец! *Лена* прижимается щекой к груди Алексея. (Н. Давыдова. *Любовь инженера Изотова*) 列娜笑了：对啊，事情越是糟糕，越要显示出精神来。好样的！列娜把脸贴到阿列克谢的胸口。

改文：*Лена* улыбается: правильно, чем хуже дела, тем лучше надо выглядеть. *Она* прижимается щекой к груди Алексея. 列娜笑了：对啊，事情越是糟糕，越要显示出精神来。她把脸贴到阿列克谢的胸口。

原文：В свои первые соревнования Алексей провалился, не занял никакого места, даже последнего. Но Иван Иванович верил в *Алексей*. (Н. Давыдова. *Любовь инженера Изотова*) 前几场比赛阿列克谢都搞砸了，什么名次也没取上，甚至最后一名。但伊万·伊万诺维奇相信阿列克谢。

改文：В своих первых соревнованиях Алексей провалился, занял последнее место. Но Иван Иванович верил в *него*. 前几场比赛阿列克谢都搞砸了，什么名次也没取上，甚至最后一名。但伊万·伊万诺维奇相信他。

这几个例子原文里都用了名词重复衔接，改文都替换成代词。第一个例子的上文语境中只提到一个人物，因此后续句完全可以用"他"来衔接，像原文那样重复"这个人"反倒让人费解：是指前面那个人还是另有所指？因此在修改时作者都改用了代词。俄罗斯作家的改笔也是出于同样的考虑：既然上文分别只有 Нина、Лена 和 Алексей 一个人物，就没必要在后续句里重复这个名字，改成代词后所指依然清楚，衔接得更紧凑了。

重复作为独特的修辞手法是无可厚非的，如果毫无理据地滥用重复，会给语篇造成额外的负担和累赘，影响语气连贯。2004 年俄罗斯总统普京访华前夕《北京晨报》刊登了一篇题为《蹉跎岁月，普京差点当"的哥"》的文章，在指称这位总统时，全文只用了 1 次代词"他"，其余全部为名词，共写了 68 次"普京"。由于篇幅所限，这里只引其中的几个段落：

斟酌再三，普京最终拿定主意，决意去开出租车，正好普京从德国带回一辆"伏尔加"。普京打定主意，就开着自己这台车去挣钱，就这样去靠劳动吃饭。

……决心已定，普京便立马行动。于是，普京就毫不犹豫地提笔写了第一份退职报告。普京不敢怠慢。1991年8月20日，即"8·19"事件的第二天。（注释：原文的标点符号如此）普京紧接着又打了第二份退职报告。

……然而，普京所受的教育自有其相应的行动准则。因此，任何时候普京都不允许自己为某些集团或某些公司的利益去处理某些问题。普京认为，普京是在竭尽所能地为圣彼得堡市和整个国家而工作的。

……但普京很快察觉到，有人已开始公开对普京进行讹诈，因为有关普京真实身份的情报最后已经泄露给了某些商业机构。泄露这些情报的首先是普京原单位此前已经离职的克格勃人员。

今后肯定还会有人这样做，这样普京将永远不得安宁。普京讨厌这种无耻的讹诈。正是从这时起，普京便更加认真地考虑，往下该怎么办？

这个表述从一个侧面反映了作者的语言文字功夫，由于语篇衔接手段的单一，让文章的质量大打折扣，从中也反衬出代词照应在语篇衔接中的重要性。

可见，人物不变时，汉语和俄语都倾向于不用重复的方式。但在代词或省略这两种方式的选择上，俄汉语之间存在着一些差异：汉语多用省略，俄语常用代词，这就是所谓"形合"与"意合"的差异。汉语注重意思上的连贯，并不过多地介意句子成分；而俄语有发达的形态体系，词语间的句法关系比较严格，有些时候不可轻易地省略某个句子成分。试比较：

这几天来，方鸿渐白天昏昏想睡，0晚上倒又清醒。早晨方醒，听见窗外树上鸟叫，0无理由地高兴，无目的地期待，0心似乎减轻重量，直升上去。（钱锺书：《围城》）В последнее время *Фана* днем клонило ко сну, и только к вечеру *он* приободрялся. По утрам же, заслышав щебетанье птиц, *он* испытывал беспричинную радость, чего-то ожидал, сердце *его* рвалось куда-то вверх. （Перевод В. Сорокина）

这个例子里汉语只在开始时点出人物，后面一律用零形衔接，因为各个句子的主题都是同一个人物。而在俄语里，虽然意义没有变化，但涉及不同句式，便不可用省略一贯到底。始发句中 Фана 是第四格，到下一个句子要用第一格来指称他，所以代词主语 он 必须出现；接下来用了副动词短语结构，这又要求句子中要有主语，于是 он 再次出现；而在最后一句里主体由主语转变为定语，使得物主代词 его 不得不显现。由此我们不难看出，句子类型和句子成分也是代词省略与否的重要因素。

表面看来谈话对象没变，其实俄语里句子的主语早已经变化了，这种情况下俄语里接应的代词不可省略。例如：

Ему шел уже пятый год. *Он* был тонок и слаб, но ходил и даже бегал свободно по всему дому. （В. Короленко. *Слепой музыкант*）孩子已经快五岁了。他身体瘦弱，可是能够毫无拘束地在整栋房子里走来走去甚至奔跑。

当上下两句中主语不同时，俄语倾向于使用人称代词指出替代的人或事，而不宜用省略的方式。正是由于俄语注重形式联系的缘故，不少大作家在修改作品时填上了空缺的代词：

原文：Морозов выпил снова, покривился, лицо 0 не розовело, а бледнело, 0 встал и заходил по комнате… （Ю. Бондарев. *Тишина*）

改文：Морозов, похоже, хмелел, лицо *его* не розовело, а бледнело, *он* встал и заходил по комнате…

原文：Идет по улице седой усатый человек, на *нем* полувоенный костюм, на голове у *него* форменная фуражка, на ногах запыленные сапоги, и неизвестно отчего 0 хохочет. （В. Липатов. *Смерть Егора Сузуна*）

改文：…на голове 0 форменная фуражка, на ногах запыленные сапоги, и неизвестно, от чего *он* хохочет.

原文：Ему казалось, кабинет давно опустел, но 0 еще слышал стук отодвигаемых стульев… （Ю. Бондарев. *Тишина*）

改文：Ему казалось, кабинет давно опустел, а *он* еще слышал звук отодвигаемых стульев…

原文：У *Нее* были теплые, без блеска, глаза, с нижней ступеньки 0 неподвижно смотрела на парня в тенниске…

(Ю. Бондарев. *Тишина*)

改文：У *нее* были теплые, без блеска глаза, с нижней ступеньки *она* неподвижно смотрела на парня в тениске...

在第一个例子里始发句的主语是 Морозов，接下来主语变成了 лицо，此时若没有物主代词 его 衔接，与前句的关系就不明确；再往后主语又重新回到人物身上，从语法关系来看，句子不能自动承续前面的主语，因此要求主语必须出现，代词 он 也就不能省了。第二个例子也是先用名词引出人物，接下来的二、三、四句都描写他的服饰，并且都是表穿戴的词作主语，句子结构相同，因此在前面用了 на нем 以后，后面就不必多次重复这个代词了。但是，在最后一句里主语又回到了人物身上，代词 он 必须出现。第三例始发句是一个无人称句，ему（他）用于第三格，后续句是人称句，主语应该是 он（他），尽管所指没变，但因为语法形式和功能不同，俄语里要求代词 он 必须出现而不可省略。第四例与第三例类似：上文说 у нее были теплые глаза（她的目光是温柔的），у нее 是间接格，不是主语；但在下文中 она（她）已经充当主语，因而该词不能在语境中省略。

二、上文中有两个以上指称对象

上一章中我们谈到，如果语境中有两个以上人物，则衔接词的选择应格外小心，弄不好会引起歧义。

根据我们的观察，当上文中有两个以上人物时，下文使用人称代词有以下一些规律。

1. 代词替代上句中的主语

前面我们谈到王灿龙的"主语倾向性"。根据王的说法，始发句的宾语或定语在后续句中要用名词形式而不能用代词。代词衔接的是前面句子中的主语。

小余对于父亲去世，十分悲痛。因为他清楚地记得父亲的好处。（周克芹：《勿忘草》）

吴所长向何如锦白了一眼，他不同意这种取消主义。（陆文夫：《围墙》）

将军的二哥也去世了。他生前不时接到北方来的汇款，也去城里享过几天福。（韩少功：《山南水北》）

奶奶一直很庆幸地说，如果不是大姨奶奶的强逼，她早已死去。(李天斌：《失忆的忆》)

这四个例子的上文语境都有两个人物，下文中复指时，它们都用人称代词指代前面作主语的那个名词，其所指是明确的。这四个例子都印证了王灿龙的说法：上句的主语"吴所长"和"奶奶"在下句中都转化为代词"他"和"她"，读者看到之后会自动把它与前面的主语联系在一起。

下面看俄文的情况：

Саенко снял патроны немного дрогнувшей рукой и поцеловал Баталова в закрытые веки. Потом он, отстранив санитара и сказав, чтобы тот шел к ногам, сам схватился за ручки носилок у изголовья. (К. Симонов. Товарищи по оружию) 萨延科用略微颤抖的手取下弹药，吻了巴塔洛夫紧闭的眼帘。然后他推开卫生员，让他抬脚下，自己则抓起担架的头这一面。

我们看到俄语和汉语一样遵守了这个规则，即用代词 он（他）替换上句的主语 Саенко。

2. 代词替代上句中的非主语

根据"主语倾向性"原则，如果上文中的名词不是主语而是宾语等其他成分，则下文倾向于用名词重复衔接。但实际上并非总是如此，其中有各种不同的情况。

（1）俄语用 тот 替代名词。

前面我们提到俄语可以用指示代词 тот 来替代重复的名词，这是俄语独特的接续手段，关于这个词的用法我们在前面已经进行了论述，这里再举两个例子：

Командующий вызвал Постникова на рекогносцировку на левый фланг, и *тот* взял с собой Артемьева... (К. Симонов. *Товарищи по оружию*) 指挥员派博斯特尼科夫去左翼侦查，他带上了阿尔捷米耶夫。

Сидя у стола, боком к *комбригу*, Артемьев, не поворачивая головы, искоса видел, как *тот* время от времени поглядывал на него. (К. Симонов. *Товарищи по оружию*) 阿尔捷米耶夫坐在桌边，

侧面对着旅长。他没有转头,从眼角瞥见旅长不时地朝他看。

我们看到,上文中用作间接格的名词 Постникова 和 комбригу 在接下来的叙述中都换作了指示代词 тот,因为这个指示词的语法功能就可以取代前面用于主格以外的名词。而汉语里这个时候需要用名词重复的方式。

(2)俄语用 он 替代名词。

俄语的替代是有前提的,即上文中两个人物的性别不同,此时俄语可以用同性的代词取代其中的一个名词。例如:

原文:Тася была расстроена, видя, что Алексею не по себе в этой компании. Алексей сидел молча...(Н. Давыдова. Любовь инженера Изотова)

改文:...Он молчал...

原文:Маша была прежде всего испугана его присутствием, верней тем, что она почувствовала, увидев его. Маша вдруг почувствовала, что это не тот далекий Ваня Синцов, с которым она несколько раз целовалась...(К. Симонов. Живые и мертвые)

改文:...Она вдруг почувствовала, что это не тот, прежний Ваня Синцов, с которым она целовалась...

原文:Она заговорила об отце. Ее отец был стар и тяжело болен。(Н. Давыдова. Любовь инженера Изотова)

改文:Она заговорила об отце. Он был стар и тяжело болен.

这三个例子的语境近似,都有两个性别不同的人物。原文中用的是名词衔接,修改时觉得这样不妥,换成了人称代词。对比两个版本,我们看到修改后的意思同样是清楚的,一点不会引起误解,而且表述清晰简明。可见,当人物性别不同时,俄语完全可以用代词来衔接。

那么,人物性别各异,汉语是否也可以用代词替代名词呢?我们比较两个译文:

И она покраснела за отца. Он тотчас же понял это и также покраснел.(Л. Толстой. Анна Каренина)她为父亲脸红。父亲立刻觉察了,脸也红了。

传达室的工人去把组织部的秘书赵慧文叫出来。赵慧文紧握着年轻人的两只手说……(王蒙:《组织部来了个年轻人》)
　　Вахтер вызвал сотрудницу оргoтдела Чжао Хойвэнь. Она пожала руки молодому человеку и сказала...

　　第一个例子里俄文用代词替代名词,但汉语却不好这样表达:汉语的"他""她"是同音词,在听觉上不好辨认,而且第一个"她"已占了先机,后面不好再跟其他的"他"了。关于汉语里"他"占先机的情况我们将在稍后的时候讨论,这里先继续讨论俄语中代词的衔接问题。第二个例子里汉语用"赵慧文"重复的方式衔接,俄文却并未照此办理,也没有用 тот (та)衔接,而是直接用了人称代词 она(她),要知道"赵慧文"在始发句里并非主语。然而我们看到俄语的译文一点不会引起歧义,究其原因就在于俄语人称代词性的作用:当上文中有男女各异的人物时,下文用 он 或 она 各指同性名词,不会导致误解。
　　(3)汉语用"他"替代非主语。
　　汉语也并不总是遵守"主语倾向性"原则,不少情况下后续句展开始发句的宾语或补语也用代词。为了不造成歧义,需要有一些附加条件。
　　①有名词重复帮助排除另一个指称对象。
　　也就是说,由于上文中的主语在下文中得以重复,使得另一个人物解放出来,可以在下文中用代词来替代用于非主语的名词。

　　　　露兰春为黄老板赚足了钞票,他也对露兰春体贴爱护,无微不至。(章君毂:《杜月笙传》)

　　这个例子里后续展开的不是前面的主语,但也都用了代词替代,并且未影响句意理解。其中重要的原因在于:"黄老板"虽然改作了"他",但因"露兰春"重复了,自然也就把"他"与"黄老板"挂起钩来。
　　②用逻辑推理帮助建立替代关系。
　　根据句子之间的逻辑联系可以推测出代词的所指。例如:

　　　　父亲找到了那位名人,他住在一所很堂皇的四合院里。(刘心武:《风雪夜归正逢时:我是刘心武》)

　　　　接下来,李默觉得小未多少有点疯狂了。她一下班就上网,在各大网站搜索有关市场营销方面的文章,东删西减,裁剪成

自己的观点……(姚鄂梅:《玫瑰》)

李默算算时间,小未该到了,她知道她要先入住天鹅饭店……(姚鄂梅:《玫瑰》)

第一例中上下句的逻辑关系是:"找到某人"的逻辑推理是"该人住在某处",因此接续句里表示住在某处的人可以用"他"来替代,衔接前面被找到的人。第二例的逻辑关系是:始发句表示两个意思,一个是李默的感觉,另一个是小未疯狂了,那么接下来的句子如果属于疯狂的举动,则这个"她"就是小未无疑。第三例的推理如下:始发句交代李默估计小未将到来,后续句说明思维行为的"她"应属于前句中同样表示思维行为主体的李默,而表示来后入住的"她"应该指小未。

3. "他"的管界问题

一般说来,"他"不替代本句中的名词,而是回指上文中出现过的词。下面的表述就不是十分清楚:

我有一个儿时的同学,母亲年纪大了总想把她接来同住,但每次超不过半个月,老太太一定要走。(柯云路:《另类"养老"》)

之后,霭玲正式向孙中山辞职,并推荐妹妹庆龄接替秘书工作。庆龄接任后她不仅在工作上帮助了孙中山,更在精神上支持了孙中山。(陈廷一:《辛亥之父孙中山》)

第一个例子里,第二句的"她"应该不说明本句中的"母亲",而应该指代上句的"同学",但从作者的本意可见"她"实际上恰好在指"母亲",如果没有最后两句的提示,读者一定会以为指的是"同学"。故这个代词使用不很恰当,我们建议此处改为,"我有一个儿时的同学,(他的)母亲年纪大了,他总想把母亲接来同住……"第二例中的"她"理论上也应不指本句中的"庆龄",而应回指上文的"霭龄",但从作者的本意看应为"庆龄"。为避免歧义,应将"她"字删除。

妈妈面容苍白衣着朴素。
我以为自己比妈妈漂亮。
外婆给我看了她年轻时的照片,
哦,她原来也曾服饰美丽神采飞扬!

这是《新世纪小学教科书语文第四册》（商务印书馆国际有限公司，1997）中一个课文选段，课文的题目叫《妈妈的奉献》。其中的第三句语义模糊："她"是谁——妈妈还是外婆？当然，根据上下文我们可以推测所指是妈妈，但此句仍以"外婆给我看了妈妈年轻时的照片"为佳。

经常会有这种情况：始发句的开始有一个"他"，接下来再讲述一个人物或者事物，再往下便出现了选择的问题——用"他"还是重用名词。研究发现，"他"有一个先入为主的优势，第二句或第三句里如果再用"他"，人们很可能理解为最初的"他"。需要指出的是，俄语里的这种"他占先机"只限于相同性数的代词，而不同性数代词不受此限制。汉语里则不论性数如何均有所限制。所以，如果后续句要继续表述另一个人或者事，就往往用名词重复。这就是我们所说的"他"的排"他"性。先看几个例子：

Молодой нервный человек, служащий в окружном суде, сидевший против него, возненавидел его за этот вид. *Молодой человек* и закуривал у него, и заговаривал с ним... (Л. Толстой. *В поезде*)

原文：Когда она вплывала в квартиру Егора Ильича, он задавался щекотливым вопросом: как с этакой мастодонтихой муж ее — маленький и щуплый директор кинотеатра — умудряется еженедельно ссориться и даже вступать в драку. Просто было удивительно, что *он* еще жив. Мадам Гоголева при желании могла бы превратить *его* в лепешку... (В. Липатов. *Смерть Егора Сузуна*)

改文：Когда она вплывала в квартиру Егора Ильича, он задавался щекотливым вопросом: как с этакой местодонтихой *Гоголев* — маленький и щуплый директор кинотеатра — умудряется еженедельно ссориться и даже вступать в драку. Просто было удивительно, что *Гоголев* еще жив. Мадам Гоголева при желании могла бы превратить *Гоголева* в лепешку...

原文：看着李振刚左膀子的血从袖口流下来，他忙从自己袖筒里扯出棉花，又把勒腰布撕下一条，替他去缠伤口。（陈登科：《淮河边上的儿女》）

改文：看着李振刚左膀子的血从袖口流下来，他忙从自己袖筒里扯出一块棉花，又把勒腰布撕下一条，替<u>李振刚</u>去缠伤口。

三、"他"的频率及修辞性运用

前面我们提到了人物数量、性别以及句子结构等因素对代词使用的影响。那么，如果人物关系比较简单、句子结构也不复杂，是否意味着可以连续使用代词？可以连续使用多少个代词？从篇章修辞的角度对此是否有一定的限制？俄语和汉语之间有无差异？我们做了一项对比统计，分析的客体是赵树理的小说《登记》（第一节）及其俄语译文，统计的对象为三个主要人物（张木匠、"小飞蛾"、艾艾）在两个指同名词之间代词的使用数量。具体做法是：找到一个人物的名字以后，往右数直到再次出现该人物的名字，同时找出这两个名字之间表示该人物的代词数量。

统计资料如下：

(1) 小说中有大量两个指同名词直接相连的情况，即始发句用名词以后在后续句里还用该名词指称，两个指同名词没有代词。这种现象在《登记》第一节中共出现 95 次。然而俄语译文中这种情况只有 78 次，减少了 17 次。也就是说，俄文译者倾向于少用相邻的名词重复。

(2) 两个指同名词之间插入一个替代该人物代词的情况，在赵树理的原文中有 9 处，而俄语的译文有 30 处。由此可见俄语的行文更习惯于用代词替代名词。

(3) 在连续使用同一个代词指代名词方面，小说原文最密集时可连续用 15 个人称代词或物主代词，俄语译文里最多连续使用 7 个以后就要改换其他衔接方式。

这些数据表明，汉语里可以连续使用单一的名词重复、代词替代和省略这三种衔接方式中的任意一种，而俄语倾向于把三种方式混合交替使用，避免连续多次用同一个方式。为了使读者更加清楚地看到对比的情况，我们选取《登记》的一个片断作为示例，看汉语和俄语的差异，由于原文较长，此处作简化处理：

<u>张木匠</u>听了这些话，才明白……后来这消息传到<u>他</u>妈耳朵里，他妈把他叫到背地里，骂了他一顿"没骨头"，骂罢又劝他说……他受过了这顿教训以后……

有一次他到丈人家里去……他把这消息报告了他妈，他妈说……他正一肚子肮脏气，他妈又给他打了算盘，自然就非打

不行了。他拉了一根铁火柱正要走，他妈一把拉住他说……

他从他的一捆木匠家具里边抽出一条小锯梁子来……他妈为什么知道这家具好打人呢？原来当他妈年轻时也有过小飞蛾跟保安那些事……（赵树理：《登记》）

这里在名词"张木匠"之后连续用了15个代词指代名词（一个句子中如果出现两个代词，如"他""他妈"，则只算作一个），甚至在两次分段以后仍继续用代词衔接。而俄语译文对上述画线词的处理采用了不同的方式，依照顺序分别是：плотник Чжан、он、его（мать）、сын、плотник Чжан、он、Чжан、плотник、он、плотник Чжан、он、его、он、его（мать）、плотник Чжан、Чжан、плотник Чжан。从这里我们看到，俄语每隔两三个（最多四个）代词就要重复一次名词。可见，俄语的语篇修辞强调衔接形式的多样性，不允许连续单调地使用一种方式。

代词"他"有很多修辞上的特殊用法。众所周知，"他"用来指代上文的名词，但是在很多文学语篇中却不是这样，有一类作品一开头便出现"他"，然后才点出故事的主人公。2007年在俄罗斯的 *Аргументы и факты* 杂志上登载了一篇通讯，介绍世界上第一个女宇航员 Валентина Терешкова，文章的开头是这样的：

ОНА заболела космосом, когда впервые увидела портрет Гагарина. Ей казалось, что он смотрел именно на неё, улыбался, словно говорил: 《И ты так сможешь!》《Конечно, смогу!》— подумала Валя, инструктор парашютного спорта, и написала заявку в отряд космонавтов. (В. Оберемко. *Ой, мамочки, полёт нормальный*!)

张洁的小说《尾灯》这样开头：

她的手真软，难怪贾宝玉说女人是水做的。
他不能像小青年搞对象那样搂搂抱抱。刚一接触，便进入实质性阶段。万一不行，将来连个退路都没有。

出于修辞的需要，语篇有时会全部用"他"来指称人物。此时，"他"已经不再起照应功能，而是等同于一个普通的名词来使用。俄罗斯作家

卡扎科夫的小说 *Двое в декабре* 全文 3133 个词，全文都是 он 和 она，没有人名。小说的开头是这样的：

> Он долго ждал ее на вокзале. Был морозный солнечный день, и ему все нравилось: обилие лыжников и скрип свежего снега, который еще не успели убрать в Москве. (Ю. Казаков. *Двое в декабре*)

英语里也有这种用法。下面的例子是文章的开头：

> HO CHI MINH CITY, Vietnam — *They* met for the first time at a hotel coffee shop. *He*'d flown five hours from South Korea. *She*'d come eight hours by bus from the Vietnamese countryside. The attraction was modest but enough. About 18 hours later, *they* were married.
>
> With the exchange of rings, provided by a broker, Danh Thi Cam Loan and Lee Kwan-ju became sudden partners in a matchmaking gamble — one in which strangers sharing neither language nor culture embark on a life together. (Chico Harlan. *Bride school: Where South Korea's mail-order wives learn their trade*)

完全用"他"和"她"写成的小说在中国文学中也不鲜见。通常，这些作品都是反映男女爱情的。贝尔的小说《温暖的地铁》通篇对于男女主人公的称呼都是他和她：

> 那年，他和她，因爱情留在了北京。
> 如果不是她，他可以回家乡做一个公务员；如果不是他，她可以回老家做一名中学教师，但为了爱情，他们留了下来。

当然，也有单独用"他"创作的作品，这也是作者独特的写作手法，目的是为了突出主人公，在该人物身上增添某种神秘的色彩。有一篇记录名人故事的报道，通篇以"他"指称该人物，如果不看文章的标题，读者甚至不知道所谈何许人也。故事很短，全文引出如下：

他的父亲是图画教员。当别的孩子还在玩玻璃球的时候，他已经画出完全可以放到博物馆里展出的画了。1900 年，他来到巴黎，重新拾起西班牙最珍视的题材——贫穷、孤独、悲哀。在近乎单色的油画中，他使用一种神秘的、深夜一般的蓝色调。这一时期也因此被称为"蓝色时期"。

　　从 1904 年起，他定居拉维尼昂路 13 号洗衣船，并开始"玫瑰时期"——他显得温柔起来，作品使人想到日本幽灵画家，特点是一种娇柔的感情、含糊不定的笔触、杂乱的魅力。

　　1907 年，他的"亚威农少女"标志着立体派的诞生，而他成为立体派贯穿始终的核心人物，近一个世纪的艺术活动使他获得了 20 世纪画家中最高的荣誉和名声。

　　在艺术领域中，他可以称得上无所不能的"艺术巨人"：油画、壁画、版画、雕刻、工艺、书籍装帧、舞台美术……一生作品数量之多，艺术风格变化之大、之快，由其"变色龙"的绰号便可见一斑。

　　西班牙的蓝色、巴黎的玫瑰红、分析立体主义和综合立体主义——这四个时期，他都是在不到 15 年内完成。能够源源不断发挥、改变并否定着自己的画家当然称得上大师。（刘健：《大师毕加索》）

第三节　"它"的用法

　　汉语里"它"指动物或非生命的事物，俄语因为名词有性和数的差异，可以用 он，она，оно，они 来替代相同性或数的名词。

　　汉语里表示动物的名词，它们的代词回指与普通指人的情况没有很大差异。看两个例子：

　　　　小黄猫经常吃不上饭，就在外面干起了偷偷摸摸的勾当。它抓开了钟家的碗橱，吃掉了一块排骨，在它激动无比地抓住第二块排骨时，它被莫老师连头带颈地抓着了。（叶弥：《成长如蜕》）

　　　　原文：这时候，有一个蜜蜂从叶底飞出来，老园丁以为这蜜蜂将刺他的手，便用衣袖把它拍到地上。（叶圣陶：《含羞草》）

　　　　改文：这时候，有一个蜜蜂从叶底下飞出来，老园丁以为它要蜇手，一袖子就把它拍到地上。

这两个例子都是写动物的。文字上用"它"指代表示动物的名词，实际上与表示人的并无二致。

本节的重点是讨论指物意义名词的指代问题，讨论的焦点是：何时必须使用"它"替代名词而何时"它"可以省略。

一、用作指示代词的情况

"它"用作指示代词是指"它的"或"它们的"，在俄语里为 его, ее, их。一般来说，表示领属关系的代词不省略。例如：

Дряхлая, слабосильная кобылка плетется еле-еле. Вся энергия ее ушла на вытаскивание ног из глубокого снега и подергиванье головой. (А. Чехов. Горе) 那匹瘦弱的老马一步一步吃劲地拖拉着雪橇。它的全部精力全耗在从深雪里拔出腿来，并扯动着头部。

船在打第二个钱水时就翻了。好多天后在下游几十里的一个山脚下找到了它的残骸。（陈世旭:《波湖谣》）

每天要去菜市场挑选最时鲜的蔬菜，回来再将它们的每一片叶子和茎秆儿都认真地洗择。（徐坤:《厨房》）

"瑶人用草木制成的毒药，它的力量是可惊的，一点点可以死人……"（沈从文:《都市一妇人》）

二、介词的制约

介词的特点是不单独使用，它总是与名词或代词合用。如果用代词替代前面出现过的名词，那么在介词后面的代词就不能省略。例如：

田野里白天的风景和情形，有诗人把它写成美妙的诗，有画家把它画成生动的画。（叶圣陶:《稻草人》）

父亲说这是我辛苦赚来的钱，我愿意把它怎么样就怎么样。（叶弥:《成长如蜕》）

她低头一看，原来是厨房里的那一袋垃圾。直到现在她还把它紧紧地提在手里。（徐坤:《厨房》）

"可是那一列车子总还值几个钱，我们应该首先把它打捞出

来。"（张天翼：《大林和小林》）

这四个例子中的代词都跟在"把"字的后面，表示及物动词的受事。这些地方的"它"都不能省略，因为"把"后面不能为空。

> 我父亲从不相信任何人的口头许诺，哪怕白纸黑字的合同，他也会指着说："这种东西，骗骗人而已。做生意的，千万不要让它迷惑。"（叶弥：《成长如蜕》）
> 父亲有意无意地把这枚铜钱放在了厨房的洗手池边，漫不经意地让它搁置了好几天……（叶弥：《成长如蜕》）

这是带"让"字的结构，第一例的意义近似于"被"字，第二例接近于"把"字，不论何种情况，这个介词后面支配的代词也不能为零。

> 我现在最想干的事就是种种月季花，给它们浇浇水，捉捉虫。（叶弥：《成长如蜕》）
> 父亲辟了一块绿油油的草坪，并在上面栽了一些名贵的月季，每天清晨和傍晚时分给它们浇水。（叶弥：《成长如蜕》）

"给""替"等介词结构表示服务的对象，也属于行为所及的客体。在这些结构中的宾语均不得省略。

三、"它"的使用频率

汉语的人称代词"他、她、它"远不及俄语里使用得那么广泛，因为俄语的 он, она, оно 不仅可以衔接表人先行词，也能衔接表物先行词。这样一来，俄语的第三人称代词的使用频率就大大超过汉语，许多俄文使用代词的地方汉语必须用名词衔接，试举两个俄汉互译的例子：

> *Глаза ее* ищут кого-то. *Они* ищут меня. （Ю. Казаков. *Голубое и зеленое*）她的眼睛在找什么人。她的眼睛在找我。
> Они могут объявить *его* вором, посадить в тюрьму и отобрать у *него золото*. Ведь *оно* все-таки чужое. （К. Паустовский. *Золотая роза*）他们会说他是小偷，把他关到牢里去，没收他的金子。不管怎样金子本来就是别人的。

Недавно я нашел *список* замечательных людей, который составлял для этой книги. *Он* очень велик. Вряд ли стоит приводить *его* полностью. Выберу из *него* наугад только несколько писательских имен.（К. Паустовский. *Золотая роза*）不久前我找出了为这本书拟的一张杰出人物的<u>名单</u>。这个名单是洋洋大观的，不必把它都写出来。只好从<u>这个名单</u>中随手抽出几个作家来谈谈。

这里第一例的始发句用了名词 глаза，后续句就没必要再重复这个词，而只需代词 они 就可以了。读者一看到 они，立刻就会根据它的语法特征(复数)往回(左)搜寻，直到找到它所替代的词为止。但是，汉语的情况却完全不同：汉语里表物的代词"它(们)"不具备这样的替代功能，"它"通常不能作为积极动作的发出者，所以后续句不可以译为＊"它们在找我"。第二个例子里俄语的先行词是 золото，衔接词用代词 оно 来替代，不会产生任何歧义，读者也立刻能找回所指。而汉语则不然：此句不可译作＊"它本来就是别人的"，这样听起来不符合汉语习惯，读者也感到费解。第三个例子中，先说了找到了一个 список(名单)，接下来的3个句子里再提到这个事物时，俄语里就用代词 он(它)的各格形式来指代，因为 он 可以指前面提到的单数阳性名词，而此前只有 список 这一个词具有这个语法特征，所以读者一看便知 он 指的是什么。然而在汉语里如果也像原文那样处理，译为"它很长，不必把它都写出来，只好从它里面抽出几个作家……"的话，并不符合汉语的表述习惯。

再看两个汉译俄的例子：

我真喜欢<u>大海</u>，可惜我从没有到过海边，我们这个城市离海太远了。(张抗抗：《夏》) Я люблю *море*, но никогда не ездил к *нему*: от нашего города до *него* далеко.（Перевод Ю. Сорокина）

我们兴致勃勃地谈起<u>文学</u>来。好像文学有一种魔力……(张抗抗：《夏》) Мы начали весело и оживленно говорить о *литературе*. В *ней* словно была какая-то демоническая сила... （Перевод Ю. Сорокина）

第一例里张抗抗没有说＊"我真喜欢<u>大海</u>，可惜我从没有到过它边上，我们这个城市离它太远了"。在类似的情景里汉语必须用名词衔接，而俄语则可采用人称代词衔接的方式。第二例也是同样的情景：当汉语必须用两个相同名词"文学"作为同指时，俄语则可以把其中的一个换为代词。代词的这种用法在俄语里俯拾即是，因此导致俄语的代词使用频率远远超过汉语。我们在一篇论文中曾做过这样的结论：即俄语代词回指的使用频率高于汉语，一方面是由于俄语里代词回指词种类比汉语多，另一方面也是因为指称对象、语法、修辞等因素制约了汉语使用代词的可能性，而俄语里有许多帮助辨义的方式；其次，汉语里可以连续多次使用代词回指，而俄语要考虑语篇修辞变化的需要，应当在代词之间适当增添名词重复的方式①。

---

① 史铁强：《俄汉语篇代词回指对比》，《外语学刊》2001年第4期，第59页。

第六章 句际联系手段之三——同义词替代

第一节 同义词的谋篇作用

语言的特点是具有丰富的表达潜式，可以根据不同场合的不同需要，随意调出所需的表达方式。同样一个事物，可以这样称谓，也可以换一种说法。其中语言中的同义词为表达的多样化提供了资源。

俄罗斯从小学教学开始就高度关注语言的丰富性问题，认为学生能否充分利用俄语丰富的语言资源并运用到言语实践中去，这是语文教学的重要任务之一。譬如在小学三年级的语文教科书中有这样的例子：

Мой брат играет в футбол. Вчера *Коля* забил решающий гол. Мы гордимся *нашим чемпионом*. （Русский язык：3 класс）
我弟弟喜欢足球。昨天<u>科里亚</u>一球定了胜负。我们都为<u>我们的冠军</u>感到骄傲。

这是用儿童浅显的语言组织起来的一段话，三个句子中用三种不同的说法指同一个人物。教材的目的是告诉学生：同样一个人或事，可以有多种表达方式，在可能的情况下，应该尽量避免单调的重复，这样的言语才有表现力。

为了让小学生们更好地体会语言的多样性，教材又以 Коля 的名义给他的爷爷奶奶写了一封信，但是信的语言却显得有些贫乏，不断地重复着同一个词或同一个句型，显示这个有体育天赋的小男孩在表达能力上还有欠缺。教材的作者请小学生们试着修改一下 Коля 的信，让它的语言丰富起来。以下就是信的全文：

Здравствуйте, бабушка и дедушка!

У меня всё хорошо, но я *соскучился*. Хотя жизнь у меня не *скучная*. Я *хожу* в школу, *хожу* в спортивную секцию, *хожу* на плавание, а потом занимаюсь английским языком. Когда мы *летом ходили* на речку, я не *умел плавать*. А теперь уже *умею плавать*. Я ещё *хожу в гости* к *Мишке*. *Мишка ходит в гости* ко мне. Я хочу, чтобы вы поскорее приехали. Обнимаю вас. Ваш внук Коля. (Русский язык: 3 класс)

这封信里讲了不少内容，可是句式非常单调，总是那几个词翻来覆去地使用。小学生们将怎样修改这封信我们不得而知，但是显而易见的是我们有多种表达手段取代其中的一部分斜体词，譬如用 интересная 替代 не скучная，用 бываю 换掉一个 хожу，ходили на речку 可以说成 были на речке，后一个 умею плавать 能够改成 научился плавать，而 Мишка 也不必重复，可以换作 он，至于 ходит в гости，则完全可以用动词 навещает 来替代。

由此可见，语言表达的丰富程度是衡量一篇作文的重要标志之一。

那么，语言里有哪些同义词资源可供选择，什么样的词才算作同义词，在语篇中的运用规律如何，等等，这些问题就是我们将讨论的重点。

关于同义词的界定，有不同的学术定义，最大的区别在于同义词是否应为同一词类。俄罗斯的《语言学术语词典》认为同义词是"表达同一概念，意义相近或等同，但有着意义色彩或修辞色彩或其他色彩方面差别的词。同义词应该是同一个词类，并在言语中可以互相替代"[1]。还有一部分学者只指出同义词在概念意义上的相同或相近而不管其词类是否相同，如俄罗斯出版的《俄语修辞百科辞典》就只强调同义词应属于同一语言层次（譬如词汇层面或句子层面），而不管其词类是否相同[2]。

我们认为，就语言体系来讲，同义词应该限制在同一词类的范围，这是从词汇学的角度来考察。但是在语篇中，涉及句际连接手段时，只要两个不同的单词或词组表达相同或相近的概念意义，起着连接前后句子的作用，就可以视为同义词或同一手段，而不必拘泥于词类是否相同。这里举一个例子：

Вронский уже пришел за ней для первой кадрили. Во время кадрили ничего значительного не было *сказано*, шел

---

[1] Розенталь Д. Э. и Теленкова М. А.: *Словарь-справочник лингвистических терминов*, Изд. 2-е, М., Просвещение, 1976, с. 384.

[2] *Стилистический энциклопедический словарь русского языка*, Под ред. М. Н. Кожиной, М., Флинта, Наука, 2003, с. 381.

прерывистый *разговор* то о Корсунских, муже и жене...（Л. Н. Толстой. *Анна Каренина*）伏伦斯基又来邀请她跳第一圈卡德里尔舞。跳舞时他们什么重要的话都没说，只断断续续地谈到科尔松斯基夫妇……

这里始发句用了 сказано（说），后续句还延伸前面的话题，但作者却换了一种说法：用名词 разговор（谈话）替代了动词，从语义上看，"说话"与"交谈"当然可以构成一对同义词，但在这里它们却属于不同的词类。因此我们认为，对于语篇中用于衔接的同义词来说，是否属于相同词类并不重要，关键看它们在语境中是否构成同义现象以及是否起到联系上文的作用。

第二节 同义词的类别

同义词可以从多个角度分类。有人[①]分为语义同义词（молодость-юность）和修辞同义词（жить-проживать）；有人[②]分为完全同义词（языкознание-лингвистика）、表意同义词（горячий，жаркий，жгучий，знойный）、语境同义词（тяжелое, злое чувство）、同根同义词（жилище-жилье）、修辞同义词（лицо-рожа）等。这两种分类都是从语言体系出发，考察语言中的表意和修辞资源。

同义词的分类还可以从语篇应用的角度进行，这方面徐赳赳做了有益的尝试[③]。他把表示人的同义词分为：表职务（巫山县县长）；表职称（口腔基础教研室教授）；表职业（失踪商人）；表家庭、亲戚成员（女儿）；表人际关系（我的好友）；表绰号（麻秆儿）；表称号（墨西哥超级大毒枭）；其他（一位纤弱少女）。这种分类就很具体地把指同某个人物的各种表达手法分门别类，便于了解语篇称名的基本规律。

我们在对语篇同义词分类时既考虑到语言体系内部的各种同义词资源，也兼顾词语在语篇中的具体应用。我们把语篇中用作衔接的同义词分为语言同义词和言语同义词两种。前者是指语言词汇里核心意义相同或基本相同，但有各种各样细微差别的同义词，后者指在一定的上下文

[①] Там же, с. 381.

[②] Розенталь Д. Э. и Теленкова М. А.： *Словарь-справочник лингвистических терминов*，Изд. 2-е，М.，Просвещение，1976，с. 384-385.

[③] 徐赳赳：《现代汉语篇章回指研究》，北京，中国社会科学出版社，2003，第158页。

和语境里构成同义关系。

一、语义同义词

语义同义词是语言同义词的一个大类。

所谓语言同义词，指词典中标注的同义词，包括同根词。这是最简单方便的替换手段，因为语言同义词已经进入持某种语言人的"典藏"中，无须语境也不用解释，可以信手拈来。

本研究中所说的语言同义词，既指语义完全吻合的类别，如 языкознание-языковедение，也包括在某个词义上的同义词。《牛津语言学词典》称前者为完全同义词（absolute synonyms），后者叫部分同义词（partial synonyms）。完全同义词指所有词义和所有语境中意义均相同的词，部分同义词则指部分词义吻合或在部分语境中意义相同，如 paper 只在表示"文章"意思时与 article 构成同义词。事实上，大部分语言同义词属于后一种情况，试比较以下两例：

Вечером Ольга зажгла *лампу*, в ней был на дне керосин, налитый когда-то отцом, и поставила *огонь* на подоконник. (А. Платонов. *На заре туманной юности*) 傍晚奥莉加点上了灯，灯里的煤油还是以前父亲倒进去的，现在已经烧到底了，奥莉加把灯放到窗台上。

Это было примерно на десятой минуте после начала немецкого *обстрела*. *Огонь* продолжался еще полчаса и ушел вглубь... (К. Симонов. *Живые и мертвые*) 这事发生在德军开火后的大约第十分钟。火力持续了大约半个小时，便远去了……

我们看到 огонь（火）在不同的上下文中分别与 лампа（灯）和 обстрел（扫射）构成同义词，前者表示煤油灯的火，后者指战场上的交火。

语义同义词意义上的差别表现在适用于不同的对象、情景。这类同义词由于各自在概念上有不同的侧重点，因此各自适用于不同的对象。如果从在句子里词与词的结合情况看，则表现为不同的搭配关系、不同的搭配习惯。有些同义词意义上的差别表现在词义的轻重分量上。同样是一个意思，但表现的程度有所不同，说话的轻重也不一样。

But such rivalry was not *preordained*, he added. "It is not *inevitable*; it is a choice," he said. (Simon Denyer. *U. S. , China try to emphasize potential for cooperation*)

下面我们再看几个修改的例子。我们把原文和改文都配上了译文，并在修改之处标注下画线，故后面不再解释修改的缘由。

原文：Вскоре после отъезда Ивана Семеновича погода *направилась*，засияло горячее солнце，и Валентина Георгиевна смогла，наконец，отправиться на работу в своих любимых белых туфлях. (С. Антонов. *Дождь*) 伊凡·谢苗诺维奇走了以后，天很快就<u>转变了</u>，热辣辣的太阳高挂着，瓦林金娜·盖奥尔季耶夫娜终于可以穿着她那双心爱的白皮鞋上班了。

改文：Вскоре после отъезда Ивана Семеновича погода *наладилась*，засияло горячее солнце，и Валентина Георгиевна смогла，наконец，отправиться на работу в своих любимых белых туфлях. 伊凡·谢苗诺维奇走了以后，天很快就<u>转晴</u>，热辣辣的太阳高挂着，瓦林金娜·盖奥尔季耶夫娜终于可以穿着她那双心爱的白皮鞋上班了。

原文：Егор Ильич всегда заметен в толпе. И причина не в том，что он одет в немодный ныне китель и фуражку，а в том，что его просто невозможно не *заметить*. (В. Липатов. *Смерть Егора Сузуна*) 叶戈尔·伊里依奇在人群里总能被人们发现。不是因为他穿着如今不时髦的制服上衣还戴着帽子，而是因为他简直太<u>容易被发现</u>了。

改文：Егор Ильич всегда заметен в толпе. И причина не в том，что он одет в немодный ныне китель и фуражку，а в том，что его просто невозможно не *выделить*. 叶戈尔·伊里依奇在人群里总能被人们发现。不是因为他穿着如今不时髦的制服上衣还戴着帽子，而是因为他简直太<u>出众</u>了。

1. 搭配不同

有些时候词与词之间的语义差异很小，区别只在两个词的搭配不同，即适用对象不同。例如：

Не знаю, кому пришла в голову *мысль* организовать физкультурный праздник. Это была смелая и оправдавшая себя *идея*. (Н. Тихонов. *Ленинградские рассказы*)

Вся эта маленькая колония ссыльных жила как одна большая семья. Они придумали для себя курсы и даже сдавали друг другу экзамены. Бывший адвокат Савич *читал* лекции по вопросам права, Рыжиков *преподавал* философию, а отец-медицину. Эсфирь *обучала* немецкому и французскому языкам. Только Федор ничему не *учил*, но сам учился старательнее всех. (В. Кожевников. *Заре навстречу*)

These *legends* are useful because they can tell us something about migrations of people who lived long ago, but none could write down what they did. Anthropologists wondered where the remote ancestors of the Polynesian peoples now living in the Pacific Islands came from. The *sagas* of these people explain that some of them came from Indonesia about 2,000 years ago. (Robin Place. *Finding Fossil Man*)

People are always talking about "the problem of *youth*". If there is one -which I take leave to doubt-then it is *older people* who create it, not the *young* themselves. Let us get down to fundamentals and agree that the *young* are after all human beings-people just like their *elders*. There is only one difference between an *old man* and a *young* one: the *young man* has a glorious future before him and the *old one* has a splendid future behind him; and maybe that is where the rub is. (Fielden Hughes. *Out of the Air*, *The Listener*)

When I was a *teenager*, I felt that I was just *young* and uncertain -that I was a new *boy* in a huge school, and I would have been very pleased to be regarded as something so interesting as a problem. (Fielden Hughes. *Out of the Air*, *The Listener*)

"Then is there any *house* to let- a little small new *cottage* just a builded, or such like?" asked the other. (Thomas Hardy. *The Mayor of Casterbridge*)

第一个例子里的мысль(思想)和идея(想法)是语言同义词，在词典中常可用来互相解释，但在用于мысль пришла в голову(产生一个念头)这个结构时固定搭配的是мысль。这里作者就恰当地运用了两个细微的色彩。第二个例子中有一组表示教学的同义词，差别都在搭配上：читать(读)和лекции(课程)搭配，指给学生上某门课；преподавать(教)指讲授某个学科，故与философию(哲学)连用；обучать(教)指系统地、完整地教授某种专业知识或技能，因此与языкам(语言)在一起，表示教授某门外语；而учить(教)泛指一般的教学。

2. 语义轻重不同

有些同义词表现在概念内涵只有细微的差别，但在适用情景和词义轻重方面有较明显的差别。例如：

Сияло солнце, вздыхала степь, *блестела* трава в бриллиантах дождя, и золотом *сверкала* река. (М. Горький)

Владислав Игнатьевич любил, чтобы нигде не было ни пылинки, и Людмила была фантастической хозяйкой: стёкла *блестели* так, как будто их нет, зеркала *сияли*, в них можно было войти. (С. Спивакова. *Не всё*)

Лошади, непривычные к горным тропам, всегда в горах... ощупывают копытом землю прежде, чем поставить ногу... Но наши *кони*, здешние, они летят, не оглядываясь. (Н. Тихонов)

朱自清很内向拘谨，叶圣陶也沉默寡言。(马建强：《民国先生》)

倥偬的岁月，我们的青春，都在灿烂的怒放中奔向永恒的终点，不同的是，有些是转瞬的沉寂，有些是短暂的沉沦，还有些是亘古的沉潜。(李舫：《为了忘却的纪念》)

So that when the day of *departure* came, between her two customs of laughing and crying, Miss Sedley was greatly puzzled how to act. She was glad to go home, and yet most woefully sad at *leaving* school. (William Makepeace Thackeray. *Vanity Fair*)

Catherine was always *agitated* by an introduction... Mr. Townsend, leaving her no time for *embarrassment*, began to talk with an easy smile, as if he had known her for a year. (Henry James. *Washington Square*)

在前两个俄文的例子里，сиять(照耀)是指发出均匀的光，一般较多用来指太阳；блестеть(闪耀)指发出明亮、耀眼的光亮，同它搭配的名词有表示本身发光的物体，也可用于写景，指物体在强光下闪亮，此处表示小草在雨后闪闪发光；сверкать(闪烁)指光亮闪烁不定，耀眼夺目，还可指突然出现的闪光，此处用于描写河水，河面像镜子一样有时突然会闪过金子般的光芒。中文的例子里画线词的词义轻重不同："内向"指人的性格，"沉默"指人的状态，"内向拘谨"和"沉默寡言"虽然并用是为了避免同一个词的重复，但是两者之间仍有些语义上的轻重之差，显然后者比前者程度略轻。

3. 词类不同

两个同义词的意义可能基本相同，也没有词义上的轻重之分，但因属于不同的词类，便不能划归到前面的类别中去，故单列一条以示区别。

За обедом он *поговорил* с женой о московских делах, с насмешливою улыбкой спрашивал о Степане Аркадьиче; но *разговор* шел преимущественно общий, о петербургских служебных и общественных делах. (Л. Толстой. *Анна Каренина*)吃饭时他同妻子谈了些莫斯科的事，带着嘲讽的微笑问到奥勃朗斯基的情况。不过，谈话都是一般性的，都是些彼得堡官场和社会上的事情。

Мы приготовляли чай, ставили стол и долго сидели *разговаривая*. Говорилось о разных житейских делах и о странных человеческих поступках... *Рассказывались* странные необъяснимые истории и случаи, иногда сказки... (М. Горький. *Биография*)我们准备好茶水，摆开桌子，久久地坐在那里谈天说地，话题往往是些日常生活琐事……再就是谈些迷惑难解的奇闻轶事，有时也讲些神话。

我们原本也很少来往，在这事之后更无瓜葛。(维舟：《小芸》)

我都到了不喜欢闹的年龄，当然也希望父母能过得清静一些。有这样的愿望也是事出有因……(陈亚军：《米粒里的世界》)

第一例中先说他和妻子谈了一会儿莫斯科的事情，поговорить（谈一会儿）是动词，接下来还顺着这个话题展开，说所谈的内容都是一些泛泛的事，说此话时就用名词 разговор（谈话）来接续了，这样就构成了不同词类间的衔接。

二、修辞同义词

这里所说的修辞，是指感情色彩和语体色彩两个方面。

1. 感情色彩的不同

俄语里的词大部分是中态的，不带任何感情色彩，但有些同义词在情味上有差别，主要表现在词的附加意义所带的感情色彩上。感情色彩主要是褒贬，如在基本意义之外，还带有肯定、赞许或者否定、贬斥的附加意味。

От *бригадной* работы я отказался. Я был уверен тогда（как и сейчас）, что есть области человеческой деятельности, где *артельная* работа просто не мыслима, в особенности работа над книгой.（К. Паустовский. *Золотая роза*）我拒绝了工作组的工作。那个时候，我认为（现在也是如此）有些人类活动的领域，共同工作简直是不可想象的，特别是写作工作。

Он с удовольствием разглаживает *рукопись* и бережно присоединяет ее к целой стопе других неведомых *манускриптов*, которые, наверно, тоже поедут с ним в Москву.（К. Федин. *Необыкновенное лето*）他高兴地抚平手稿，把它和其他未发表的手稿放在一起，也许要把它们带到莫斯科去。

В купеческом клубе *жрали* аршинных стерлядей на обедах. В Охотничьем разодетые дамы *кушали* деликатесы.（В. Гиляровский. *Москва и москвичи*）人们在商业俱乐部的午宴上贪婪地吃着小鲟鱼，穿着华丽的太太们在狩猎俱乐部吃着美食。

形容词 бригадный 和 артельный 的词义基本相同，都表示"集体的、合伙的"的意思，但是两词在修辞色彩上略有差异：бригадный 属于修辞中性的，而 артельный 带有口语色彩。这里先用了中性的词 бригадная работа 来引出这件事，然后对这件事进行评价，认为它很不适合作家的创作，评论中使用的 артельная работа 含有不赞同的口吻。第二例是作家费定描写高尔基的一段话。这里用了一组同义词：рукопись（手稿）和 манускрипт（手稿），两词表示的意义相同，区别在于前者是俄语自身的词，后者是外来词。它们的区别还在于修辞色彩上：манускрипт 来自于外语，也带有陈旧的色彩，这里作者使用这个词带有一定的讽刺意味。第三个例子里有两个表示"吃"的词，其中 жрать（吃）是俗语词，强调动作粗野，表示吃得又多又贪婪，带有蔑视和否定意味，这里作者描写商人们在争抢吃鱼的画面，带有鲜明的挖苦意味；кушать（吃）的语气委婉，因此在这里用于描写女士们，但是实际上也含有讽刺的意味，只不过用在妇女身上时，作者表述的更加委婉客气，更加温和。

汉语里同义词也有感情色彩的差异。请看一例：

> 车间里禁止吸烟，可就是有人喜欢在里面抽烟，当着领导的面不抽，领导走了便开始吞云吐雾。（滕肖澜：《月亮里没有人》）

"抽烟"是表示这个概念的基本词，属于修辞中性的，而"吞云吐雾"则含有一些不赞同的色彩，它既有形象意义，也有鄙夷的意味暗含其中。

2. 语体色彩的不同

同义词在语体风格上的差别，主要表现为口语体与书面语体具有各自的同义表达手段，它们既有共同的核心意义，又有不同的附加情味色彩，适用于不同的场合。

> *Картину* начали показывать после работы, когда стемнело. *Фильм* был про войну. （Ч. Айтматов. *Солдатенок*）
>
> Земский *врач* Григорий Иванович Овчинников... как-то утром делал у себя в больнице обход палат... Едва *доктор* начал обход, как ему стало казаться очень подозрительным одно пустое обстоятельство... （А. Чехов. *Неприятность*）

表示"电影"这个概念用 фильм 和 картина 都可以，其中 фильм 是基本词，是一种比较正式的说法，而 картина 只用于日常生活口语，此处是从孩子们的角度说话。第二个例子里，врач（医生）是职业的正式名称，使用广泛；доктор（大夫）是外来词，本意是博士，作"医生"解时仍保留这种敬意，带有口语色彩，是百姓对这个职业的敬称。

第六章　句际联系手段之三——同义词替代　221

　　Все войны Василиса Михайловна помнила не по годам, а по родным: японская война — когда отца *убили*, империалистическая — когда муж *помер*, Отечественная-когда сын с женой *погибли*. (С. Антонов. *В тихой станице*) 瓦西里莎·米海依洛夫娜对历次战争,不是以年代,而是以亲人来记:日俄战争——打死了父亲;帝国主义战争——死了丈夫;卫国战争——儿子和媳妇牺牲了。

　　关于"死",在各种语言中,都有较多的同义词,有些是意义上的差异,有些在修辞色彩上有所不同。在苏联科学院编写的《俄语同义词辞典》中,умереть(死)词条中有28个同义词,其中18个标有各种修辞色彩①。在俄文这个例子里,погибнуть(牺牲)表示人的非正常死亡,在意义上与表示这个含义的基本词 умереть(死)有所区别,而помереть(死)同样表示死亡这个概念,但有着明显的口语和俗语色彩,这里用这个词是为了突出主人公 Василиса Михайловна 的视角,表示这话是从她的角度出发的;至于 убить(打死)这个及物动词,在语法意义上并不属于"死"的语言同义词,但用作语篇衔接时也表示同一类别的概念,故也应算作语言同义词之列。

　　春节早过去了,年三十那件事却总还在眼前晃。(肖复兴:《风中的字》)

　　他参军三年后复员。复员应该加引号。不仅是他,他那些离开部队的战友,没有哪个真的会复到原地当个留守农民。(刘心武:《飘窗》)

　　他和庞奇,两年前在这条街就有过交往。他也听闻过庞奇那"若回来,要杀人"的恶誓。庞奇果然不期而至。(刘心武:《飘窗》)

　　随后顾命大还是任凭她的命运蹂躏。糟蹋人的现世让顾命大在多少年里,都不曾,有可能,或者有胆量,得以在青天白日的艳阳天里,再一次,悠闲地走走她少女时期那情景交融的小路,重温梦幻。(池莉:《爱恨情仇》)

---

① Академия наук СССР, Институт русского языка: *Словарь синонимов русского языка в двух тома*, Под. ред. А. П. Евгеньева, том второй, Ленинград, из-во《Наука》, 1971, с. 614-615.

这几个例子里的同义词都有语体上的差异："春节"是文话，而"年三十"是百姓的说法；"复原"是术语，"离开部队"是这个术语的通俗说法；"回来"是个通俗词，而"不期而至"就带有文言性质了；"蹂躏"比"糟蹋"带有更多的书卷语色彩。

三、修辞格

语言中有一些比较固定的修辞格式，称为修辞格或辞格。这些表达方式为使用该语言的民族所集体熟知，拈来即用，可以以一种说法取代另一种。

1. 换说

语言中有一种修辞格，叫换说（перифраза），也称为代用语，是用一种描写性短语来代替另外一个名词。这种修辞格较多地用于语篇衔接，以其鲜明的形象性来替代常用的说法，以此来突出人或事物的本质的和典型的特征。换说既可以避免重复同一个名称，又能给读者以深刻的印象，因而在小说和报刊政论文章中比较常用。

Казахстан находится в центре между ключевыми рынками потребления *нефти* — ЕС и КНР... Эксперты полагают, что в китайском направлении по 《*черному золоту*》 Казахстан может составить конкуренцию России... （А. Салицкий и Н. Семенова. *Китай и евразийские планы России*）

В 2009 г. КНР стала вторым по значению внешнеторговым партнером *Африки* после США. Объем товарооборота превысил 100 млрд. долл. Прямые инвестиции КНР на 《*черном континенте*》 составляют 4 млрд. долл. （С. Г. Лузянин. *Китай и мир*）

Цель фестиваля — познакомить жителей *Санкт-Петербурга* с теми, кто являются гордостью *города на Неве*, выразить им почтение и благодарность. Все программы фестиваля посвящены деятелям науки и культуры, спортсменам, получившим высокое звание почетного гражданина *Северной столицы*. Звание "Почетный Гражданин *Санкт-Петербурга*" является высшим знаком признательности города людям, внесшим выдающийся вклад в его развитие.

Все программы фестиваля посвящены деятелям науки и культуры, спортсменам, получившим высокое звание почетного гражданина *Северной столицы*.

Звание "Почетный Гражданин *Санкт-Петербурга*" является высшим знаком признательности города людям, внесшим выдающийся вклад в его развитие. Цель фестиваля — познакомить жителей *Санкт-Петербурга* с теми, кто являются гордостью *города на Неве*, выразить им почтение и благодарность. (В северной столице откроется IV фестиваль Почетные граждане Петербурга)

Затем Жуков отправился в*Ленинград*. При снятии блокады с *города на Неве*, которая продолжалась почти полтора года, Жуков координировал действия советских войск двух фронтов - Ленинградского и Волховского. (Сайт Посольства РФ в Китае. *Георгий Константинович Жуков*)朱可夫前往列宁格勒。在长达一年半的解除列宁格勒封锁的战役中，朱可夫负责指挥列宁格勒和沃尔霍沃两条战线的军事行动。

那时，在中国特别是闭塞的北方，马尔克斯的名字还很陌生，尽管很晚我们才明白，这部曾影响了几代人的作品，在版权和授权上并不那么合理或者合法。但是他几乎在一夜之间风靡神州……（李舫：《为了忘却的纪念》）

2. 婉曲

所谓婉曲，是指所要表达的意思不直截了当地说出来，而用委婉曲折的方式暗示给读者，这种表达方式也称为委婉语。

在中国文化里，说话有一些忌讳，比如在船上不能说"沉"或与"沉"同音的字，过年的时候不能讲"病"、"死"之类不吉利的话。碰到非讲不可的情况，得换一个说法，以委婉的方式来表达。

不久，曾祖父因病去世。一年后，曾外祖父也走了。（余秋雨：《吾家小史》）

著名演员赵丹辞世后，主演中日合拍的《一盘没有下完的棋》的任务，落到孙道临肩上。（闻华：《影坛探胜录》）

先生谢世后，人们取海中巨石原位凿柩安葬，并将此陵园拓

为庄严、壮丽、肃穆的海中游览胜地。(傅子玖:《集美略感》)

各种语言中关于"死"都有很多种表达法,英语中竟有 102 种[①],其中有些属于委婉曲折的说法。这里关于死亡分别运用了"去世"、"走了"、"辞世"、"谢世"四种不同的说法,都是表示对于逝者的崇敬,带有一些庄重的书面色彩。

"刚才,四老爷和谁生气呢?"我问。"还不是和祥林嫂?"那短工简捷地说。"祥林嫂?怎么了?"我又赶紧地问。"老了。""死了?"我的心突然紧缩……(鲁迅:《祝福》)

1991 年老家来信说,嫂子病重,是肺气肿;1992 年冬天,她走了。接到电报时已办完事了,我没能也无法回去。(雷达:《新阳镇》)

我父亲昨天过去了,今儿个要火化。(蒋子龙:《一个工厂秘书的日记》)

国凯走了,选了一个只有他自己在家的时候,悄然飘逝。(蒋子龙:《国凯师兄》)

2014 年 6 月 11 日,88 岁的杜修贤老先生解脱了,追随着他镜头中一个个先他离世的伟人身影,驾鹤西去。(顾保孜:《中南海摄影师杜修贤》)

1984 年 2 月 5 日,粟裕怀着诸多的眷恋与极大的遗憾,驾鹤西去,享年 74 岁。(刘明钢:《中共党史上的那些人与事》)

布夏教授是在三年前辞世的,死于再次大面积中风。(张翎:《阵痛》)

祥林嫂是在人们迎接新年、拜求福禄的爆竹声中死去的,因此,这时不能直接说祥林嫂死了,而要说她"老了"。"走了"、"过去了"也都是死的一种委婉说法。

成岗愉快地看着这个聪明伶俐的孩子:这孩子,太可爱了。"你在这里……呆了好久了?"成岗不愿对孩子说出那个可怕的

[①] 何明延:《"死"的别名和委婉说法》,中国修辞学会华东分会主编:《修辞学研究》第 2 辑,合肥,安徽教育出版社,1983,第 337 页。

"关"字，改口说成"呆了好久"。"我从小就在这里……"（罗广斌、杨益言：《红岩》）

成岗不忍心把"关"字与这个天真无邪、聪明可爱的孩子联系在一起，哪怕说出这个字都怕伤到孩子，因此便换了一种说法。这里不仅表现了成岗对孩子的怜爱，也看得出他对国民党惨无人性做法的无比愤恨。

四、言语同义词

言语同义词亦称语境同义词，指在一定上下文条件下可以互相替代的一组词。离开语境，这些词本身并不构成同义关系，因此在词典中不被列入同义词序列。徐赳赳所介绍的一系列名词回指词，如局长，县长，画家，商人，父亲，婆婆，等等，我们认为它们都属于言语同义词。此处的分类很大程度上借鉴了徐的研究成果，也有一些是我们新的思考。

1. 纯语境同义词

这个类别的同义词是在具体的语境中形成的。换句话说，它们在词典中不被标注为同义词，但在具体的上下文里可以表示相近的意义。这是言语同义词中最基本的类型。在语篇的具体运用中，有大量的词语可以进入这个序列。此处我们以一组作家修改的实例来说明语境的作用。

原文：В ее себялюбивой душе все остальные люди, вместе взятые, *занимали так мало места* по сравнению с ней самой, что в этом маленьком кусочке, оставленном для других, Артемьев занимал заметное место. (К. Симонов. *Товарищи по оружию*)

改文：В ее душе все остальные люди, вместе взятые, *значили так мало* по сравнению с ней самой...

在这个例子中，动词 значить（意味着）和 занимать место（占据位置）在词典里不认同为同义词，但在这个具体的语境中，却可以拿来替换而保持原来的意义不变，因为在俄文里 значить 的意思就是 иметь значение（有意义），而 иметь значение 就意味着 занимать место，这样 значили 和 занимали место 就自然构成了同义关系。

再看两个汉语的例子：

总有拿第一的<u>好胜心</u>,喜欢<u>博得赞美</u>。<u>虚荣</u>并非总是坏事……(盛可以:《春天怎么还不来》)

此等琐碎之事,常常<u>为人所烦恼</u>。特别是对于那些追求淡泊、清静无为的人来说,更是<u>不堪其扰</u>。(路来森:《琐事的美感》)

"好胜心"和"喜欢博得赞美"的确可以归入"虚荣"一类中去,但词典里并没有把它们列为同义词,它们是在语境中临时组成的同义序列。"所烦恼"和"不堪其扰"也是在这个上下文中才指同一个事,是为了避免一个词的单调重复。

英文里也有这种语境同义词衔接,例如:

For *a man whose trade was to keep people alive*, he had certainly done poorly in his own family; and a bright *doctor* who within three years loses his wife and his little boy should perhaps be prepared to see either his skill or his affection impugned. (Henry James. *Washington Square*)

She confessed that she was *not particularly fond of literature*. Morris Townsend agreed with her that *books were tiresome things*... (Henry James. *Washington Square*)

2. 专有名词和普通名词

徐赳赳研究过人名作为回指词的现象。他举例说,假如有一个叫"赵国亮"的人引进篇章后,下面可能出现几种衔接词:"赵""赵某""国亮""老赵""小赵"和"赵老"等。徐所指出的这类现象在俄语里也很常见,而且俄语的表现手法更多样,因为俄语里除了姓和名以外,还有父称,每一种称呼形式都有其特定的含义。以托尔斯泰的《安娜·卡列尼娜》为例,主人公是 Анна Аркадьевна Каренина,由"名+父称+姓"组成,何时称呼她"安娜"、何时"安娜·阿尔卡迪耶夫娜"以及何时"卡列尼娜"都有其文化信息,俄罗斯读者会毫不费力地把不同的称呼与该人物联系起来。

Вот на Варины руки легла тень. Это подошел *дедушка Подобедов*. Чувствуя позади себя *Ивана Егоровича*, Варя старалась провести стебелек ровней и тоньше. (С. Антонов)

原文:*Быковы* завтракали. Сам *Быков*, красный, распаренный,

в полосатой пижаме, пил...(Ю. Бондарев. *Тишина*)

改文：*Быковы* еще завтракали. Сам *Петр Иванович*, красный...

第二个例子是作家的修改，原文用同形名词回指（Быковы—Быков），此后作者觉得这样太单调，换成同义形式（Быковы—Петр Иванович），不仅增强了表现力，而且增加了信息量。但是，修改后的句子对于中国人来说却是费解的，所以译成中文时仍须采用同形回指的表述方式："贝可夫一家正在吃早饭。贝可夫本人……"由此可见，汉语与俄语在同义词回指上还是有较大差异的。俄语这样表述的用意，一是为了避免单调重复，二是以替换方式增加信息量（不额外加词）。

He had married at the age of twenty-seven, for love, a very charming girl, *Miss Catherine Harrington*, of New York, who, in addition to her charms, had brought him a solid dowry. *Mrs. Sloper* was amiable, graceful, accomplished, elegant...(Henry James. *Washington Square*)

When the child was about ten years old, he invited his sister, *Mrs. Penniman*, to come and stay with him. The *Miss Slopers* had been but two in number, and both of them had married early in life. (Henry James. *Washington Square*)

以上分析的都是先行词指人的情况，如果先行词是物，徐赳赳[①]称未发现明显规律。在我们看来，至少有表示地理名称的词可以列入其中。例如：

1957年我当了"右派"后，发配去劳动改造的第一站，就在贯穿豫西北和晋东南的铁路新线工地上。河南这边，山极高，极陡，极荒凉；山西那边，地极干，极旱，极贫瘠。（李国文：《饮酒》）

During a portion of the first half of the present century, and more particularly during the latter part of it, there

---

[①] 徐赳赳：《现代汉语篇章回指研究》，北京，中国社会科学出版社，2003，第151页。

flourished and practised in the city of New York a physician who enjoyed perhaps an exceptional share of the consideration which, in the *United States*, has always been bestowed upon distinguished members of the medical profession. This profession in *America* has constantly been held in honour, and more successfully than elsewhere has put forward a claim to the epithet of "liberal."(Henry James. *Washington Square*)

这里用了河南和山西两省的正式称名以及它们的简称，两组名称变换使用，构成了同义词的接续。在正式名称和简称之间一般很容易构建起同义词的回指，如"俄罗斯联邦——俄罗斯"、"大韩民国——韩国——南韩——南朝鲜"等。第二个英文的例子里，作者分别用 United States 和 America 来指称同一个国家。

我们的语料中还有一种类型使用率很高，即地理专名和表示该区域的普通称名构成同义词衔接，如"河南省——河南"、"海南岛——海南"、"汉源县——汉源"，等等。例如：

北京地势总体上西北高，东南低。全市地貌由西北山地和东南平原两大地貌单元组成。北京市平均海拔高度43.5米……（维基百科）

В *Ливнях* я никогда не был. *Городок* понравился мне чистотой...（К. Паустовский. *Золотая роза*）我从前没到过利夫内。我喜爱这座小城的整洁……

Петрозаводск был в то время тихим и пустынным. На улицах лежали большие мшистые валуны. *Город* был весь какой-то слюдяной...（К. Паустовский. *Золотая роза*）彼得罗扎沃茨克当时很僻静荒凉。街上到处是长满青苔的大石头。这座城市全是些云母……

Та *Ока*, на которой провел Глеб лучшие свои дни, омывает и *Калугу*. *Город* на высоком берегу.（Б. Зайцев. *Путешествие Глеба*）格列博在奥卡河畔度过了一段最美好的日子。那条奥卡河还流经卡卢卡市。这座城市坐落在很高的河岸上。

Хотя основной конструкционной составляющей ШОС

является взаимодействие *РФ* и *КНР*, сегодня мы наблюдаем и 《мягкую》 конкуренцию *Москвы* и *Пекина*. (Салицкий А. и Семенова Н. Семенова. *Китай и евразийские планы России*)俄罗斯和中国是上合组织的主要成员国，今天我们看到的是莫斯科和北京之间"温和"的竞争。

This time, the *Netherlands* had no theatrics or surprises up its sleeve. There'd be no substitutions, no miracles and for the *Dutch*, no return to the World Cup title match. (Rick Maese. *Argentina beats Netherlands on penalty kicks to reach World Cup final vs. Germany*)

She had hardly ever visited the place, only a small tract even of the *Vale* and its environs being known to her by close inspection. Much less had she been far outside the *valley*. (Thomas Hardy. *Tess of the d'Urbervilles*)

这里的第一个例子中分别用了三种不同的称谓表示北京，可以算作同义词的衔接。第二例和第三例类型相同，都是先说城市名后用"城市"这个普通名词再指称它。值得注意的是，上述两个例子译成中文时都要在衔接词"城市"前加"这座"字样，即分别译为"这座小城"和"这座城市"，其道理也在于汉语的非专有名词单独使用不起特指作用，譬如可以说："我第一次到大连，这座海滨城市给我留下了深刻印象"或"……这座城市……"；但不可以单用＊"海滨城市给我留下……"或＊"城市给我留下……"等形式。在第六个英文例子里，用两个不同的专有名词来指荷兰人：the Netherlands 指国家，the Dutch 指的是人，这里作者用两种说法都来指人。第七例中的 Vale 用了大写，因为它是专有名词，它指 the Vale of Blackmoor，而后面出现的 valley 就是个普通名词了，仅指"山谷"而已。在以下的中文例子里，书名《我的遥远的清平湾》与普通名词"这篇小说"构成同指，即一个事物的两种说法。

当年读过《我的遥远的清平湾》的读者至少都应该五十岁以上了。这篇小说在当时文坛上影响很大……（马未都：《哲人史铁生和"阿福"海波》）

3. 表示亲属关系

所谓表亲属关系的词，是指那些表示家庭成员及其他亲戚关系的词语，包括"丈夫""妻子""父母""表兄"之类的名词。

Но *Маша* ничего не говорила, и это всего более удивило Артемьева. Этого не могло быть, но это было так. *Сестра* сидела неправдоподобно притихшая... (К. Симонов. *Товарищи по оружию*)

Вначале профессор, увидев американца, подумал даже, что *сын* находится под арестом. Но уже спустя несколько минут стало ясно, что у *Вальтера* все в порядке и он является при американце чем-то вроде советника. (Эм. Казакевич. *Дом на площади*)

Она сидела на краю кушетки, рядом с неподвижно лежавшей Русаковой, продолжая смачивать ей лоб и виски, и Климович чувствовал, что сейчас, в эту минуту, *жена* несравненно лучше его знает, что надо и чего не надо делать. (К. Симонов. *Товарищи по оружию*)

Dr. Sloper would have liked to be proud of his *daughter*; but there was nothing to be proud of in poor *Catherine*. (Henry James. *Washington Square*)

Catherine was with her *aunt* when the young man's name was brought in, and *Mrs. Penniman*, effacing herself and protesting, made a great point of her *niece*'s going into the drawing-room alone. (Henry James. *Washington Square*)

...she should tell her *father* that Mr. Morris Townsend had called again. She announced the fact abruptly, almost violently, as soon as the *Doctor* came into the house... (Henry James. *Washington Square*)

从以上三个俄语的例子中我们看到：表亲属的词有两个功能，一方面表示该人与另外一个人物的关系；另一方面与叙述视角有关，即亲属词总是从某个人物的视角发出。这里第一个例子的 сестра（妹妹）是指与主人公 Артемьев 的关系，也同时包含了哥哥观察妹妹的视角。第二个例子里的 сын（儿子）是从教授的角度来说的，而第三例的 жена 是针对 Климович 而称名的，表示 Климович 的想法。在三个英文例子中也都有表亲属关系的词与其他词构成的同指现象，譬如第四个例子中先用了 daughter，这是作者的叙事，接下来转称女主人公 Catherine 的名字，还用 poor 来修饰它，此时的视角已经悄悄转换到父亲 Sloper 的身上，这是从他的角度来讲话；第五例和第六例里分别由 Catherine 与 niece，aunt 与 Mrs. Penniman，father 与 the Doctor 构成了同指现象。

他把这个想法告诉了张慰平，希望大舅子能转告大家，给他这个聚会的机会，让他买单请一次客。(叶兆言：《苏珊的微笑》)

杨道远没有选择与张慰芳分手，他宽恕了她对自己的背叛，决定与高位截瘫的妻子一起重新开始生活。(叶兆言：《苏珊的微笑》)

李延安的眼睛和耳朵，对一些景物一些声音，异常地敏感了起来。何淳安的学生越来越多，何淳安在系里的职责也越来越重。李延安的目光如雷达默然地扫过丈夫繁忙的生活天地……(张翎：《空巢》)

离结婚20周年纪念日越来越近了。父亲又执意地让母亲去商场挑两件合身的衣服。母亲已经有很长时间没给自己添过衣服了。丈夫整天出门在外，自然要穿得体面些；女儿呢，又正处在爱美的年纪，她不允许自己的丈夫和女儿受丝毫的委屈。(颜彦：《爱的纪念日》)

看看时候尚早，他给儿子挂了个电话。今天是刘棋的13岁生日，正好借花献佛，把赢棋当作礼物送给儿子。(丁晨：《包围》)

离婚离得有几分辛苦，主要是因为晓藻的抚养权。建平虽对春枝有了二心，却是极爱这个女儿的，死活要带着走。(张翎：《空巢》)

这六个例子的语境各不相同，但表现出来的现象相似。第一个例子里，"张慰平"是从作者的角度称名的，接下来的"大舅子"是从"他"的视角说的，对"他"来说张慰平是大舅子。第二个例子里用"张慰芳"和"妻子"指同一个人。在第三至第六个例子里，也都发生了视角的变换：第三例里的(1)、(4)句是从作者的角度客观的叙事，而中间的(2)、(3)句视点转到了女主人公李延安的身上，这是从她的角度来看何淳安；第四例里的前三句都是作者的视角，从第四句开始，视角转至母亲身上，这是母亲在思考问题；第五例中的"刘棋"是从父亲"他"的角度讲的，这是父亲的内心思想活动；最后一例的视点先在女主人公春枝身上（是她觉得离婚离得辛苦），然后转到作者的客观叙事，即从旁观者的角度讲建平对他女儿的态度。不同语言，甚至不同的作者，可能会使用不同的句际衔接方式。总体来讲，根据我们的观察，俄语比汉语更喜欢使用诸如表示亲属关系等词作为联系手段。试比较：

李先生笑了一笑，捏着那信纸又只管出神。大儿子和少奶奶咬了一会耳朵，就悄悄地溜出了大门。李先生知道他们又是看影戏去了。（茅盾：《微波》）Господин Ли усмехнулся и застыл с письмом в руке. Старший сын и невестка, пошептавшись о чем-то, незаметно вышли. Отец знал, что они побежали в кино. （Перевод Вл. Рудмана）

4. 表示人生阶段

人的一生要经过婴儿、幼儿、童年、少年、青年、中年、老年这些阶段，表示每个历程的词语都可以与人名或其他表示人的名词构成同义词。

Подбоченившись, попыхивая сигареткой, Лорка внимательно разглядывает Егора Ильича. Юноша спокоен, на лице опять цветет ласковая, доброжелательная улыбка. （В. Липатов. Смерть Егора Сузуна）劳尔卡两手叉着腰，一口接一口地喷着烟雾，全神贯注地盯着叶戈尔·伊里依奇。这个年轻人很镇定，脸上又绽放出温柔、善意的微笑。

Пьяный Мина Клейменый давно уже лежал под столом. Его там нашли только утром, когда Окся принялась за свою работу. Разбуженный старик долго не мог ничего понять, как он очутился здесь, и только беззвучно жевал своим беззубым ртом. （Д. Мамин-Сибиряк. Золото）喝醉酒的米纳早已躺在桌下。到第二天早上奥克贾上班时才发现他。老人被叫醒后很长时间都没明白，自己怎么会在这里，只能悄无声息地咬着无牙的嘴。

Невдалеке от меня стоял старый певец Рентыгыргын. Я невольно обратил внимание на его лицо и не узнал старика.

(Ю. Рытхэу. *Паруса*)老歌手连奇格尔根站在离我不远的地方，我不由自主地观察他的脸，一点也不像老人。

这几个例子里都是人名和表示年龄的词构成同义现象，俄文中分别用 юноша（年轻人）和 старик（老人）回指上文中的人物。

Дедушка суетливо вскочил. Скрючив босые черные ноги и отправляя на тщедушном теле рубаку, *старик* уставился на пристава бессмысленными солдатскими глазами. (В. Катаев. *Белеет парус одинокий*) 祖父慌慌张张地站起身来。老头儿屈着黑黝黝的光脚，扯了扯干瘦的身上的褂子，朝警察署长瞪着一双毫无表情的大兵般的眼睛。

Шамет привез девочку в Руан и сдал с рук на руки высокой *женщине* с поджатыми желтыми губами — *тетке* Сюзанны. *Старуха* была вся в черном стеклярусе и сверкала, как цирковая змея. (К. Паустовский. *Золотая роза*) 沙梅把小姑娘带到里昂，当面把她交给了一位皱着黄嘴唇的高个子妇人——苏珊的姑母。这位老妇人满身缀着黑玻璃珠子，好像马戏班里的一条蛇。

这两个例子里是两个普通名词之间构成的同义词：第一例中的 дедушка（爷爷）和 старик（老人）同指，这个变化不仅是为了避免重复，而且也有视点的转变，即由人物视角转为作者叙述。第二个例子里在 женщина（妇女）、тетка（姑妈）和 старуха（老妇人）之间存在着同义词同指的关系，最后一个词是从小姑娘的角度观察的。

在作家的修改中，有大量名词重复改为同义词替代的现象。例如：

原文：Он влез на сиденье рядом с *шофером* и едва успел достать мокрыми пальцами сигарету, как *шофер* резко затормозил машину, положил локоть на руль... (Ю. Бондарев. *Тишина*)

改文：Он влез на сиденье рядом с *шофером* и еле успел достать мокрыми пальцами сигарету, как *парень* круто затормозил машину, облокотился на руль...

5. 表示职业或专业

职业是指人们所从事的工作，它必然要和具体人联系在一起，如"外科医生王平"、"画家李丽"、"农民工小张"等。把名字和职业词分开来，用在不同的句子中，就构成了语篇中的同义词联系。例如：

> С этого дня командир батальона часто встречал *Прокофьева*. *Художник* бывал на занятиях, на зарядке, на чистке оружия. (В. Карпов. *Взять живым*) 从这天起，营长经常碰到普罗克费耶夫。这位画家常常去演练场、操场，去擦拭武器的地方。

> 尼采的晚年是在孤独中度过的。病床上的哲人，看到窗外的那一线光芒，激动万分……（何贤桂：《穿越黑夜的精灵》）

第一个例子中，先说出人物的姓，接下来不再重复这个姓，而是说出人物的职业。上文中虽然有两个人物，但读者会自动把 художник（画家）与上句中的 Прокофьев 联系在一起，这里表职业的名词在衔接手段上相当于名词重复，即用同义词替代名词重复来回指前面用了间接格的名词。第二个例子里的"尼采"与"哲人"构成同义词，避免了同一个词的单纯重复。

表职业的词既可以和人名同指，也可以与其他表人的名词构成同义现象：

> Над Комаровым склонилась рослая, грузная *женщина* в зеленом шелковом платье. Позади *воспитательницы* лежали двадцать-двадцать пять сверстников Комарова. (Ю. Нагибин)

> 我的乡亲们是些最有文化的人。这些平日的泥腿子、庄稼汉，扛长活的……（雷达：《新阳镇》）

这两个例子里不是人名与表职业词构成的同义表达，而是两个普通的名词。第一例中虽然上文语境中也有两个人物，但因名词性的标志可以清楚地看出 воспитальница（保育员）是指前面的 женщина（女人）的指向。第二例中把"乡亲们"的概念具体化了。

6. 表示职务或职称

汉语里早就有这种同义词替代的手法。古籍中有时不直称姓名，却用别的名称来代替，叫"称谓替代"。其中最常见的是用官名替代，如用太史公代替司马迁，因司马迁曾任太史令，用阮步兵代替阮籍步兵校尉等。

在语篇中，某个人物出现后，接下来可以不再重复他的名字，而用这个人的职务替代。例如：

开场仅6分钟，隋东亮突破了对方两名队员的防守，传给禁区前的<u>陶伟</u>，<u>现代队长</u>的射门在碰到对方后卫身体后变线入网。(北京晨报，2004年10月21日)

Сарычев посмотрел в лицо *Климовичу* и с удовольствием отметил, что ни одна жилка не дрогнула на лице *капитана*. (К. Симонов. *Товарищи по оружию*)

Старик *Себастьян* был уверен, что его сын находится в каком-нибудь канцлагере или тюрьме у американцев, так как при Гитлере он занимал довольно видные места в химической промышленности. Вначале *профессор*, увидев американца, подумал даже, что сын находится под арестом. Но уже спустя несколько минут стало ясно, что у Вальтера все в порядке и он является при американце чем-то вроде советника. (Эм. Казакевич)

President *Nixon* met with Chairman *Mao Tsetung* of the Communist Party of China on February 21. The two *leaders* had a serious and frank exchange of views on Sino-US relations and world affairs. (*Joint Communique of the United States of America and the People's Republic of China*)

在第一个例子里，读者会自动把"现代队长"与陶伟挂起钩来，因为从常理上可以推出：射门的人是接球而非传球的人，故现代队长是指陶伟而不是隋东亮。第二例中 Климович 和 капитан(大尉)也是指的一个人，后者是从另外一位人物的角度来讲的：Сарычев 在看着他的领导。第三例中的 профессор(教授)回指前面的 Себастьян，表示他的身份。第四例先说 President Nixon 和 Chairman Mao Tsetung，人名加上他们的职务，然后用 the two leaders 来回指这两个人。

与前面表示职业的词一样，表示职务和职称的名词也可以不和人名呼应，而与另外一个普通名词构成同义词，甚至前后两个普通名词都可以表示职务和职称。例如下面两个例子里，"主任"和"教授"指同一个人，комбрич(旅长)和полковник(上校)也指相同的人，两个例子中都用了表示职务的词和表示职称(军衔)的词。

孙主任查病房来了。穿白大褂的各级大夫跟了一大群。病人怀着急切的心情，都早已坐好在床上，翘首盼望这位有名的教授给自己看上一眼。（谌容：《人到中年》）

Вечером в расположении батальона прибыл комбрич. Бодрой походкой уверенно шагает полковник Драгунский в лесок, где расположились разведчики. （Н. Новиков）

7. 表示身份或事件主体

这里不同于前面的类别，它既不是职业，也不属于职务或职称。所谓身份，是指人的资格和地位，即所充当的角色。

Расшалившись в спальне, Наташа мазнула кремом Николая Ивановича и сама оторопела от удивления. Лицо почтенного нижнего жильца свело в пятачок, а руки и ноги оказались с копытцами. （М. Булгаков. Мастер и Маргарита）在卧室里胡闹了一阵，娜塔莎竟异想天开地拿过油脂给尼古拉·伊万诺维奇抹起来。可是刚抹了几下她就急忙住手了：眼看着这位可敬的楼下住户的脸缩成了猪拱嘴，两手和两脚变成了猪蹄子。

Шамету повезло. В Вера-Крус он заболел тяжелой лихорадкой... Больного солдата, не побывавшего еще ни в одной настоящей перестрелке, отправили обратно на родину. （К. Паустовский. Золотая роза）沙梅很走运。他在维拉克鲁斯得了很重的热病……于是这个害病的士兵，没上过一次阵，就被送回国了。

莫言和杨振宁坐在各自的沙发上，之间隔着一只茶几。但是在两位诺奖得主之间，隔着很长很长的时间。（陈祖芬：《莫言和杨振宁和一只幸运的茶几》）

But the *first people* who were like ourselves lived so long ago that even their sagas, if they had any, are forgotten. So archaeologists have neither history nor legends to help them to find out where the *first* "*modern men*" came from. Fortunately, however, *ancient men* made tools of stone, especially flint, because this is easier to shape than other kinds. (Robin Place. *Finding Fossil Man*)

第一例中的 Николай Иванович 的身份 жилец(住户)，后者在接续句里替代了人名。第二例中 солдат(士兵)就是指 Шамет，这是他的身份。一般来说，这种衔接方式在汉语里通常要有"这个"与表示身份的词连用，否则像俄文那样直接用"害病的士兵"衔接，恐怕读者要花费些时间才能找回先行词(甚至根本找不到)。第三例中的"诺奖得主"回指莫言和杨振宁，以两人曾经获得的称号而代之。最后一个例子里，the first people 和 ancient men 都带有术语性质，是人类学和历史学里的概念，而 the first "modern men"则属于普通表述范畴。

所谓表示事件的主体，是指做了某件事情的某人，这种回指与上文的情节密切相关，须有事件映照。

将军的娘当然也去世了。那个保住了村庄的女人，葬在老屋的后山上。(韩少功：《山南水北》)

第三节 同义词的功能

洛谢娃认为，同义词在语篇中主要有两个功能：一是作为句际联系手段；二是对人物、事物、现象做出补充评价[1]。《俄语修辞百科辞典》认为同义词有三个功能：第一，准确表达思想；第二，避免重复；第三，表达各种情感和修辞色彩[2]。

根据我们的研究，同义词作为语篇衔接手段，主要具有以下功能。

---

[1] Лосева Л. М.：*Как строится текст*，Под ред. Г. Я. Солганика，М.，Просвещение，1980，с. 49-50.

[2] Стилистический энциклопедический словарь русского языка，Под ред. М. Н. Кожиной，М.，Флинта，Наука，2003，с. 382.

一、避免重复

在叙述一个人或一件事时，固然可以用同一个称名一直贯穿下去，但这种行文是很单调的，甚至在修辞上是不允许的，尤其是针对俄语而言。在很多时候，作者在指称同一个事物时，不断变换表达方式，以求最大限度达到修辞的多样化。因此，同义词的第一大功能就是避免词语的单调重复，使言语变得丰富多彩。

前面我们提到俄罗斯教科书的例子，就是告诉小学生们要充分利用语言的修辞资源。俄罗斯著名的作家楚科夫斯基在他的著作《像生活一样鲜活》中指出，现在不仅小学生们会经常单调地重复某个词，就连某些文学作品也这样用词，他举例说人们一提到揭示了某个现象，就只会用 показал 或 раскрыл：в повести показаны, в этой сцене показаны, писатель показал, Горький показал 或 Фурманов блестяще раскрыл, Фадеев раскрыл, автор в своих заметках раскрыл，等等。

Мальчик этот чаще всех других был помехой их отношений... Они считали бы оскорблением самих себя обманывать этого *ребенка*... Но, несмотря на эту осторожность, Вронский часто видел устремленный на него внимательный и недоумевающий взгляд *ребенка* и странную робость, неровность, то ласку, то холодность и застенчивость в отношении к себе этого *мальчика*. Как будто *ребенок* чувствовал, что между этим человеком и его матерью есть какое-то важное отношение, значения которого он понять не может. (Л. Толстой. *Анна Каренина*) 这孩子是他们来往中最大的障碍……他们认为欺骗孩子是可耻的。不过，尽管这样留神，伏伦斯基还是常常发现这孩子在用专注和怀疑的目光盯着他，还带有一种古怪的羞怯和变幻莫测的神情，对他忽而亲切，忽而冷淡，忽而腼腆。仿佛这孩子感到在这个人和他母亲之间存在着一种重要的关系，只是他弄不懂那究竟是什么关系。

Одна за одной, торопливо семеня, *появились* старушки, за ними женщины помоложе с малышами за руку, иные с грудными младенцами. *Явилась* и Настасья Петровна с Машунькой. *Пришел* Илья Михайлович. (С. Голицын. *Тайна старого Радуля*)

第六章　句际联系手段之三——同义词替代　239

СШA — страна, которая, используя исторический шанс, стремится на максимально продолжительный срок закрепить свое *первенство в международных отношениях*... Иное дело, что международная среда, природа которой сильно меняется под влиянием транснационализации, способна еще не раз резко осложнить воплощение в жизнь американской стратегии *глобального лидерства*. (А. Богатуров. *Истоки американского поведения*)

她得以提前启程。出发前她在网上找到了一个想到纽约体验生活的巴黎画家……（张翎：《阵痛》）

我们决定启程了。临行，爸爸什么珍贵的东西也没买……（任远芳：《和爸爸任弼时在一起的日子》）

如果说住宿学院给学生们提供了一个生活的天堂，那耶鲁大学的课程教育就给学生提供了一个充分自由的乐园。（唐骏：《感受耶鲁》）

夏天随妈妈划船到镇里上缴稻谷。如果粮食验收不合格，妈妈必须把谷子摊开晒一上午……（盛可以：《春天怎么还不来》）

Those virtues which characterize the young English gentlewoman, those accomplishments which become her birth and station, will not be found wanting in the amiable Miss Sedley, whose INDUSTRY and OBEDIENCE have *endeared* her to her instructors, and whose delightful sweetness of temper has *charmed* her AGED and her YOUTHFUL companions. (William Makepeace Thackeray. *Vanity Fair*)

His first *child*, a little boy of extraordinary promise, as the Doctor, who was not addicted to easy enthusiasms, firmly believed, *died* at three years of age, in spite of everything that the mother's tenderness and the father's science could invent to save him. Two years later Mrs. Sloper gave birth to a second *infant*—an infant of a sex which rendered the poor *child*, to the Doctor's sense, an inadequate substitute for his lamented first-born, of whom he had promised himself to make an admirable man. The little girl was a disappointment; but this was not the worst. A week after her birth the young mother, who, as the phrase is, had been doing well, suddenly betrayed alarming symptoms, and before another week had elapsed Austin Sloper was a *widower*. (Henry James. *Washington Square*)

　　She was not ugly; she had simply a plain, dull, gentle *countenance*. The most that had ever been said for her was that she had a "nice" *face*, and, though she was an heiress, no one had ever thought of regarding her as a belle. (Henry James. *Washington Square*)

　　第一个例子的汉语译文把小主人公全部翻译成"孩子",实际上俄语原文里在交替使用两个词,一个是мальчик(小男孩),另一个是ребенок(孩子)。两个词指的是同一个人,托尔斯泰用两个词不断的交叉变化,是为了避免同一个词的单调重复,使行文变得多样活泼。其他各个例子里也都使用同义词来丰富表达手段,以免出现机械的重复。第二个例子先说来了一些老太太,这里的"来"用的是动词появились(出现),接下来讲Настасья Петровна和Илья Михайлович也来了,这两个"来"就不用前面出现过的动词,而是改换成явилась(来了)和пришел(来了)。第三个例子摘自学术文章。第一句话说美国力图巩固其在国际关系中的领先地位(первенство в международных отношениях),接下来讲要实现美国的全球领袖(глобальное лидерство)战略,这是一个意思的两种表达,换一种说法是为了避免重复。第四、五例的开头都用了"启程"的表述,往下分别用同义词"出发"、"临行"来接续上句。第六例形容大学里住宿条件和学习环境好,把它们称作"天堂"和"乐园",既在含义上加以了区分,也避免重复。第七例中的"稻谷"和"粮食"本属于上下义关系,但在此处指相同的对象。第七例是《名利场》中女校长给学生爱米丽亚母亲的信中的一段,她在赞扬爱米丽亚时用了 endear(使受喜爱)、charm(使陶醉)这样的同义表达手段。在第八例中,讲Sloper医生的第一个孩子时用的是 first child,接下来讲到他的第二个孩子时就换了一种说法,用 second infant;在提到"死"时作者也用了多种说法:讲第一个孩子死了,小说中直接用了 died 这个词,但是讲医生妻子的死时,作者用了相当委婉的说法,即 had elapsed Austin Sloper was a widower,避开了"死"的字眼。第九例也出自《华盛顿广场》,是对医生女儿外貌的描写。在谈到她的外表时,作者分别用了 countenance 和 face 这两个不同词,以免上下文中出现重复。

为了更加清楚地看清同义词的语篇衔接功能，以下我们用作家修改的例子，以各种词类的同义词变换来说明这个问题。

原文：Ремешков присел на корточки, снизу с загнанным выражением следил за *Новиковым*. На какую-то долю секунды мелькнула мысль, что если бы *Новикова* ранило, хотя бы легко, то не пришлось бы идти под огонь на другой конец озера; тогда ему Ремешкову, надо было бы вести командира батарей в тыл, в санроту. (Ю. В. Бондарев. *Последние залпы*)

改文：...следил за *капитаном*. На...

原文：Стеша с похудевшим лицом встречает его молчанием, часто в *слезах*. По-человечески, как муж жену, должен бы спросить, поинтересоваться: что за *слезы*, кто обидел? (В. Тендряков. *Не ко двору*)

改文：Стеша, с похудевшим лицом, встречает его тяжелым молчанием, иногда заставал *плачущей*...

原文：Тогда поразило его, почему люди покорно ложились под пули? Устали от *страданий*? Хотели покончить с этими *страданиями*? (Ю. Бондарев. *Последние залпы*) 那时令他感到震惊的是，为什么人们心甘情愿地迎着子弹倒去？被<u>痛苦</u>折磨累了？想永远结束这些<u>痛苦</u>？

改文：Тогда поразило его, почему люди покорно ложились под пули? Устали от *мучений*? Хотели покончить с этими *страданиями*? 那时令他感到震惊的是，为什么人们心甘情愿地迎着子弹倒去？被苦难折磨累了？想永远结束这些<u>痛苦</u>？

第一例原文用人名 Новиков 来指称人物本来未尝不可，但考虑到接下来的句子中再次出现了这个名字，为了避免单纯重复人名，作家在修改时把其中的一个名字换成了表示身份的同义词。第二例原版中两次用了 слезы（眼泪），显得单调，故而修改时替换了一个，改作 плачущий（哭的），回避了词语的反复出现。这几个例子都是名词同义词的运用。第三例中的原文本来都是无可厚非的，前后句用 страдания（苦难）联系起来，这是名词同形衔接。但从修辞的角度，俄语绝对不提倡这种单调的重复

（除非上下文要求如此），认为这样只会降低语言的表现力，所以修改时作者把它换作了同义词。以上这些例子都是名词同义词的替代。

不仅名词需要变换同义词来丰富表达手法，其他词类的运用也都要遵循这个原则。例如：

原文：... пошутил он, но шутка не *вышла*: убитый Глущенко никак не *выходил* у него из головы. （К. Симонов. *Живые и мертвые*）

改文：... пошутил он, но шутка не *получилась*: убитый Глущенко никак не *выходил* у него из головы.

原文：Артемьев сел в кабину, успев *заметить* на подножке большое пятно свежей крови.

-В ногу раненный лейтенант ехал, -сказал шофер, *заметив* взгляд Артемьева. （К. Симонов. *Товарищи по оружию*）

改文：Артемьев сел в кабину, успев *увидеть* на подножке большое кровавое пятно...

原文：Старший лейтенант слушал Синцова и не *верил*, не потому, что Синцову нельзя было *поверить*, а потому, что, наоборот, ему очень хотелось *уверить* себя, что этот сидящий перед ним человек лжет... （К. Симонов. *Живые и мертвые*）

改文：Старший лейтенант слушал Синцова и не верил, не потому, что Синцову нельзя было поверить, а потому, что, наоборот, ему очень хотелось *убедить* себя, что этот сидящий перед ним человек лжет...

原文：Авиационная разведка с рассветом донесла, что к Баин-Цагану подходят русские танковые части. Одновременно разведка *донесла*, что ближайшие русские пехотные части с артиллерией еще находятся на марше в шестидесяти километрах от фронта. （К. Симонов. *Товарищи по оружию*）

改文：Авиационная разведка с рассветом донесла, что к Баин-Цагану идут русские танковые части. Одновременно разведка *сообщила*, что ближайшие русские пехотные части с артиллерией еще находятся на марше, в шестидесяти километрах от фронта.

原文：Люба сидела за столом, накрытым для чая, и

дремала, положив голову на руки. Подняв голову, она виновато улыбнулась.

-Задремала. Ждала-ждала и задремала, — сказала она.

（К. Симонов. *Товарищи по оружию*）

改文：Люба сидела за столом, накрытым для чая, и *спала*, положив голову на руки. Подняв голову, она виновато улыбнулась.

-Задремала. Ждала-ждала и задремала.

这一组例子的修改，全部用动词同义词替换了重复的动词。第一个例子里，вышла 和 выходил 是动词的重复，为了避免这种现象，修改时把 вышла 改成它的同义词 получилась，意思不变，表达增加了花样。第二个例子的原文里 заметить 和 заметив 也是重复，故后来作家将前者改为 увидеть。第三个例子的原文用了两个同根动词，即 верить（相信）和 уверить（使相信），略显呆板，改文将后一个动词换做 убедить（使确信），解决了单调的重复问题。第四例讲空中侦察报告说如何如何，前后两个句子连续用了一模一样的动词 донесла（报告），后来作家把后一个动词改为 сообщила（告知），将单纯的重复换做同义词替代，语言变得更加丰富了。最后一例中，原文里三次出现了完全同形的动词 задремала（眯着了），改文去掉了一个，换做 спала（睡着），避免了过多的重复。

我们说要避免词语重复，不仅指绝对意义上的两个或两个以上相同的单词，而且还包括同根词在内，因为同根词在一个上下文里的复现，也会给人单调、呆板的印象。例如：

原文：*Поднимаясь* по широкой лестнице горкома, идя по просторному длинному коридору, Минаев высоко *поднимал* голову...（Д. Гранин. *Собственное мнение*）

改文：*Ступая* по широкой лестнице горкома, идя по просторному длинному коридору, Минаев высоко *поднимал* голову...

原文：Когда их машина *подъехала* почти к самому мосту, Синцов, встав в кузове, поинтересовался, как переезжают передние. Сейчас через мост как раз *ехал* грузовик Шмакова.（К. Симонов. *Живые и мертвые*）

改文：Когда их машина подъехала почти к самому мосту, Синцов, встав в кузов, поинтересовался, как переезжают передние. Сейчас через мост как раз *двигался* грузовик Шмакова.

第一例原文在反身动词和及物动词之间构成了重复，这种同根词的复现也是作家们极力避免的，因此修改时用 ступая 替换了 поднимаясь。第二例的原文用了一对同根的动词 подъехала（驶近）、ехал（行驶），后来作者把后一个动词改为 двигался（运动），使语言变丰富了。

原文：Федор *во время* ремонта снимал комнатку близ МТС, *во время* же полевых работ столовался и ночевал у дальнего родственника…（В. Тендряков. *Не ко двору*）

改文：*При* ремонте снимал комнатку близ МТС…

这里是前置词的替换。在原文中两次用了 во время（在……时候），而作者并非有意使用排比句，易显得语言单调，故而后来把前面的一个换作 при（在……时候），还是这层意思，但避开了一次重复。这是前置词用作同义词的情况。

原文：В пути же *человек* бывает один, как нигде. А разве одиночество не обогащает *человека*?（С. Залыгин. *Тропы Алтая*）

改文：В пути же *ты* бываешь один, как нигде…

在名词和代词之间也发生替换关系，这里就是用代词取代了重复的名词。在原文的两个句子里都使用了 человек（人）一词，显得有些单调。改文考虑到这个情况，用 ты（你）替换掉一个 человек，句子仍然保留了原来的泛指意义，即泛指惯常的情况，不仅避免了单调的重复，而且由于使用了 ты 这个字眼，读起来让人感到更加亲切朴实，修改后的泛指人称句把这层意思表达得更加贴切了。

二、准确表达思想

同义词最主要的修辞作用，就是准确地表达思想，有时还为了增强语言的表现力。作家们往往从同义词组里挑选一个最恰当的词来使用，使意思表达得最为贴切。同义词首先用来区分意义的细微差别，为了准确地说出某些近似，但有差异的现象。如果在上下文里交替着、变换着选用合适的同义词，不仅可以避免行文的单调、重复，而且可以使意思表达得更精密、更圆满。例如：

  Старику захотелось важных, серьёзных мыслей; хотелось ему не просто *думать*, а *размышлять*. （А. Чехов. Печенег）老人有一种嗜好，专喜欢想严肃的、沉重的念头；他不但要沉思，还要幻想。

  Врача *пригласить*, а фельдшера *позвать*. （А. Чехов）医生要请，而医士是叫。

  一次，总理在大会堂接见外宾，外交部礼宾司的同志向总理报告：中方主人全到齐了，是不是可以叫外宾了？总理眼睛一瞪，说："什么'叫'，是'请'！"（吴建民：《了解中国，你才能了解世界》）

即使意义上最为接近的一对同义词，也一定有某个方面的细微差别，所谓"世界上没有两片完全一样的树叶"。有时说话人想要表达的正是这个细微差别，例如：

  В какую *правду* верил он сам? В великую трагическую историю России? Но это была *истина*, а не *правда*. （А. Толстой. Хождение по мукам）他自己相信哪个真理？是俄罗斯悲壮的历史？但这是真实，而不是真理。

  《Ах, ах, ах! Ааа!》— замычал он, *вспоминая* все, что было. И его *воображению* представились опять все подробности ссоры с женою,,, （Л. Толстой. Анна Каренина）"啊呀呀，啊呀呀！真糟糕！"他一想到家里出的事，就叹起气来。他想象中又浮现出他同妻子吵架的详情细节……

俄语里的 правда 和 истина 在汉语里都译作"真理"，两词在俄文原文词典的注释完全相同，都是"符合客观事实的事物"。但在托尔斯泰的这个例子里这两个词却区分开来，一个是我们口头说的真理，另一个是客观现实。作家以这种方式来谈这两个近似的事物。在例二里把"想到"和"想象中"相提并论，前者是回想起某事，后者是联想到另外一件事，一个向前回忆，一个往后联想，两者是不一样的。托尔斯泰不仅把两个词义细微的差别区分出来，还用它们来衔接上下文，用词十分准确地道。

下面我们再看几个修改的例子：

原文：И это было такое великое *горе*, рядом с которым просто не умещалось другое, маленькое и нестрашное в эту минуту *горе* — никогда не увидеть больше ее прекрасного лживого лица. (К. Симонов. *Живые и мертвые*)

改文：И это было такое великое *несчастье*, рядом с которым просто не умещалось другое...

原文：Шагая навстречу, Егор Ильич *рассматривает* Афонина так, как ученый-биолог *рассматривает* экземпляр редкой бабочки. (В. Липатов. *Смерть Егора Сузуна*)

改文：Шагая навстречу, Егор Ильич *рассматривает* Афонина так, как ученый-энтомолог *изучает* экземпляр редкой бабочки.

原文：Но тут под обрывом, в затоне, хлестнула большая рыбина; по воде пошли круги.

Петька *остановился*:

— Видал?

Старик тоже *замер*.

(В. Шукшин. *Демагоги*)

改文：Под обрывом, в затоне, сплавилась большая рыбина; по воде пошли круги.

Петька *замер*:

— Видал?

Старик тоже *остановился*.

第一例是一个主从复合句，原文的前后两部分里都用了 горе 一词，而且作者的意图是在两者之间分出轻重来：前者是 великое горе（巨大的痛苦），后者只是 маленькое и нестрашное горе（很小的和并不可怕的痛苦）。其实在俄语里本来就有一个比 горе 表意程度更重的同义词 несчастье（不幸），因此用 несчастье 来替换第一个 горе 表意更加准确：对于主人公来说，发生的事件已经不仅是"痛苦"，而是"巨大的不幸"。第二个例子是两个同义动词的调整：改文用 изучает（研究）替换了原文的

рассматривает(审视)，这两个词本不算严格意义的同义词，但在这个语境中，说某人仔细地看另外一个人，就像昆虫学家研究稀有的蝴蝶标本一样，显然"研究"一词用得更加准确。第三例的语境讲述一老一少走在路上，突然看到峭壁下的河里有一条大鱼甩了一下尾巴，在水面上留下一串漩涡。原文的表述是，小男孩佩琦卡<u>停下来</u>，问"看见没有？"老头儿也<u>惊呆了</u>。后来作者意识到这个表述不准确，便改为佩琦卡惊呆了，因为他先看到了鱼（照年龄来看，也是应该小男孩惊呆），而后老头儿也停下来了。这样一改，意思就准确多了。

三、添加补充信息

同义词替代不仅可以避免词语单调重复，而且还可以在内容上增添新的信息。从前面同义词类别中我们就可以看到，这些词一方面用来同指某个人物或者事物；另一方面可以同时指出该指称对象的身份、职业、职务、年龄、品格等多方面的信息。下面举两个例子：

У маленькой Клавы *сестра* на фронте. Клава очень гордится *Наташей*. （Н. Тихонов. *Ленинградские рассказы*）小科拉瓦有个<u>姐姐</u>在前线。科拉瓦为<u>娜塔莎姐姐</u>感到骄傲。

这个例子里发生了语义增值，或称表达紧缩，实际上这里应该有三个句子，即：У маленькой Клавы сестра на фронте. *Ее зовут Наташа*. Клава очень гордится Наташей.（小科拉瓦有个姐姐在前线。<u>姐姐叫娜塔莎</u>。科拉瓦为娜塔莎姐姐感到骄傲。）这里的原文实际上相当于把三个句子的信息合并在两个句子里，而我们所添加的中间一句在作品中并没有，因为同义词增添了这个意义：俄国读者一眼就可以看出 сестра（姐姐）和 Наташа 指的是同一个人，因此作者完全没有必要加上那句多余的话。顺便指出，此句的汉语不能简单的对译：如果后续句译成"科拉瓦为<u>娜塔莎</u>感到骄傲"，中国读者会觉得奇怪，从哪里出来一个娜塔莎？因此，此句的汉译处理有两种方法：第一，用重复方式，即"科拉瓦为<u>姐姐</u>感到骄傲"；第二，用同义词加重复，即"科拉瓦为<u>娜塔莎姐姐</u>感到骄傲"。

Девушка сняла пальто, достала из чемоданчика белый халат, попросила теплой воды, вымыла руки.

-А кроватку надо приобрести обязательно.

Детский врач долго сидела со Стешей, еще раз напоминала ей, как надо и в какой воде купать... (В. Тендряков. *Не ко двору*)

Майору никогда не приходило в голову, что Антошкин может кому-нибудь не понравится... *Комбат* как-то ни разу даже не подумал о том, что Антошкин некрасив. (В. Карпов. *Взять живым*)

果然，对古典建筑颇有研究的黄达泉接茬儿了。这老头儿有点天真，他的话是用不着猜摸的……（陆文夫：《围墙》）

While the present century was in its teens, and on one sunshiny morning in June, there drove up to the great iron gate of Miss Pinkerton's *academy* for young ladies, on Chiswick Mall, a large family coach... A black servant, who reposed on the box beside the fat coachman, uncurled his bandy legs as soon as the equipage drew up opposite Miss Pinkerton's shining brass plate, and as he pulled the bell at least a score of young heads were seen peering out of the narrow windows of the stately *old brick house*. (William Makepeace Thackeray. *Vanity Fair*)

第一个例子先讲了姑娘脱掉大衣等一连串的动作，然后说这位儿科医生如何如何，这里"儿科医生"不仅起着衔接上文的作用，而且还给出了补充信息，即这位姑娘的职业。第二个例子先说少校脑袋里从未产生某种想法，接下来不再用"少校"这个词，而改用"营长"，但读者一看便知它们指的是同一个人。第三例的首句点了主人公的名字，后续句不再用名字，而是用"这老头儿"来指他，不仅变换了名称，而且给出补充信息，即人物的性别和年龄。最后一个英文例子是小说《名利场》的开头，首次提到了平克顿女子学院（Miss Pinkerton's academy for young ladies），接下来描写姑娘们从这幢旧砖房里向外张望，这里的旧砖房（old brick house）与女子学院指的是同一事物，换一种说法后不仅避免了重复，而且告诉读者学院的建筑是怎么样的。

四、对事物进行评价

许多语境同义词是用称名及其评价性词语构成的。通常的作法是：

先说出某个事物，然后用一个带有评论性的词来表示它，这就在名称和属性之间建立起了联系。

由单纯表示概念意义的词跟相应的带有形象色彩的词所组成的同义词之间的差别在于，前者表示抽象的、概括的意义，作用于人的理性；后者在表示概念意义以外，还带有关于那个概念的形象感觉，作用于人的感官。

实际上情感和评价也是信息的一种，但是与前面的类别又有所区别。如果说补充信息是为了交代职业、年龄、身份的客观情况的话，那么情感和评价则主要是表达作者的态度。例如：

И все же хорошо, что наконец-то наши союзники активно включились в борьбу с *гитлеровским фашизмом*. Значит, скоро разгромим *общего врага*. (Н. Новиков)

Самолет был маленький и всем своим видом говорил, что он много пережил на своем веку, но никогда не сдавался. Казалось, что бравая наружность *маленького кораблика* похожа на искателя приключений...(Н. Тихонов)

Так погиб комсомолец *Вася Лисунов*, открыв путь танковым батальонам. Похоронили *славного разведчика* в Трептов парке. (Н. Новиков)

Появление ШОС стало естественной реакцией государств-основателей этого объединения на опасное нарастание угроз *терроризма, сепаратизма и экстремизма* на фоне общей разбалансировки системы международных отношений, сложившейся после окончания «холодной войны». Для того чтобы переломить *негативные тенденции*, надежно обеспечить собственную и региональную безопасность, указанные страны решили обратиться к инструментам многостороннего сотрудничества. (К. Барский. *Шанхайская организация сотрудничества: новое слово в мировой политике*)

Лауреат нобелевской премии по экономике Джозеф Стиглиц заметил, что Бен Ладен вряд ли мог себе представить размер ущерба, который *теракты 11 сентября* нанесли Америке. За прошедшее со дня *трагедии* десятилетие моральный и финансовый авторитет **США** упал до невиданно низкой отметки.（А. Ломанов. *Мягкое и твердое*）

孙主任查病房来了。穿白大褂的各级大夫跟了一大群。病人怀着急切的心情，都早已坐好在床上，翘首盼望这位有名的教授给自己看上一眼。(谌容：《人到中年》)

这镇上唯一像样的旅馆挂牌"客满"，只好住在一家小店里。(钱锺书：《围城》)

她家里已欠下了七万块钱的巨款，这窟窿且还不断地扩大。(何立伟：《玉姐》)

史铁生在最苦闷的日子里会去地坛"默坐呆想"，任何一个身体健康的作家也不会如此苦行。(马未都：《作家哲人史铁生》)

MADAM,—After her six years' residence at the Mall, I have the honour and happiness of presenting *Miss Amelia Sedley* to her parents, as a *young lady* not unworthy to occupy a fitting position in their polished and refined circle. Those virtues which characterize the *young English gentlewoman*, those accomplishments which become her birth and station, will not be found wanting in the amiable *Miss Sedley*, whose INDUSTRY and OBEDIENCE have endeared her to her instructors, and whose delightful sweetness of temper has charmed her AGED and her YOUTHFUL companions. (William Makepeace Thackeray. *Vanity Fair*)

"Stop!" cried *Miss Jemima*, rushing to the gate with a parcel.

"It's some sandwiches, my dear," said she to Amelia. "You may be hungry, you know; and Becky, Becky Sharp, here's a book for you that my sister—that is, I—Johnson's Dixonary, you know; you mustn't leave us without that. Good-by. Drive on, coachman. God bless you!"

And the *kind creature* retreated into the garden, overcome with emotion.

(William Makepeace Thackeray. *Vanity Fair*)

第一例中先说与 гитлеровским фашизмом（希特勒法西斯）进行战斗，

接下来讲要战胜 общий враг(共同的敌人)，两种说法指的是同一个对象，后者具有明显的评价色彩。第二例描写苏军的一架飞机，开始时就叫它 самолет(飞机)，接下来就换了一种说法，叫做 маленький кораблик(小飞船)，把它比作探险的飞船，赋予了它评价性。第三例先说共青团员 Вася Лисунов 牺牲了，接着说把这个勇敢的侦查员安葬在某处，用 славный разведчик(勇敢的侦查员)指 Вася Лисунов。第四例谈到上海合作组织的成立，是为了应对日益增长的恐怖主义、分裂主义和极端主义的威胁（ опасное нарастание угроз терроризма, сепаратизма и экстремизма），接着再谈这些威胁时就称之为 негативные тенденции(负面的趋向)。第五例提到了"9·11事件"，接下来说"悲剧"发生的当天……第六例中的"孙主任"是个普通的称名，后面用"这位有名的教授"就带有评价色彩了。在第七至九例中，分别用"小店"指旅馆，用"窟窿"指七万块钱，用"苦行"指默坐呆想，都是些具有情感评价色彩的词。第十例是平克顿女校长给爱米丽亚·赛德笠母亲的信的开头，她在提及这个学生时，先称她为 Miss Amelia Sedley，接着说她已成为 a young lady，可以认为是 young English gentlewoman，用这些带有评价色彩的词语来指爱米丽亚，表达写信人对女孩子的赞赏之意。最后一例用 the kind creature 回指 Miss Jemima，表示了作者对这位善良女子的评价。

五、反映叙述视点

一个文学作品，一段叙述，很少有平铺直叙、一统到底的，有时要在主体的话语中掺杂进其他的声音，白春仁称这种现象叫"多声的叙述"，即"在一个主体的话语中，混合着他人的身份、格调、态度"[①]。据我们观察，能够悄悄变换主体身份的手段之一就是名词回指词的使用。

Пленный продолжал стоять, уронив голову на грудь. Его удрученная поза все время вселяла в Камацубару уверенность, что *русский* вот-вот начнет отвечать... (К. Симонов. *Товарищи по оружию*)

Шофер вылез. *Артемьев* подвинулся на его место, а шофер, обойдя машину кругом, сел на место *Артемьева* и положил себе на колени его чемодан. Несколько минут он

---

① 白春仁：《文学修辞学》，长春，吉林教育出版社，1993。

недоверчиво следил за тем, как *капитан* ведет машину...

（К. Симонов. *Товарищи по оружию*）

第一例讲日本人逮住了一个俄罗斯俘虏，先从作者的角度叙述俘虏怎样站着、他的站姿给了日本军官怎样的信心等。接着，从 русский 开始，叙事的视点悄悄从作者转移到人物（日本人）身上：从他的角度来看，"俄国人马上就要开口了"。第二例讲军官 Артемьев 在找部队途中搭乘一辆卡车的情景。在接续句里没有再用他的名字，而用军衔 капитан（大尉），这恰到好处：从司机的角度来看，他只知道身边坐着的是一个大尉军官（从军服上看得很清楚），又哪里晓得那个人叫什么名字呢。从这个词我们明显看出视角已经从作者的叙述转向了人物，即开车的司机。

下面再看几个汉语的例子：

离结婚 20 周年纪念日越来越近了。父亲又执意地让母亲去商场挑两件合身的衣服。母亲已经有很长时间没给自己添过衣服了。丈夫整天出门在外，自然要穿得体面些；女儿呢，又正处在爱美的年纪，她不允许自己的丈夫和女儿受丝毫的委屈。（颜彦：《爱的纪念日》）

她父亲有慢性支气管炎，早晚总拼命地咳嗽，却不戒烟不戒酒。老头说，人生贵在适意，怎能为了多苟活几日，而战战兢兢如履薄冰地生活呢？（阿袁：《鱼肠剑》）

孙东坡的父亲本来不愿意来省城带这个孙女儿的，老头子舍不下他瓜红葱绿的菜园……（阿袁：《鱼肠剑》）

许东芳说得有点不着边际，但万炳感觉到了，人家是善意的。（林那北：《龙舟》）

几个朋友难得聚在一起，商量怎样帮一个人的忙。这位仁兄在大学教哲学，刚过 50 岁，一副落魄的夫子相，皮瘦发长，懦弱有余而精气神不足……（蒋子龙：《寻找悍妇》）

正犹豫间，就听见了身后一阵铃声，回头一看，有人正跨在自行车上冲她打手势，她这才明白过来对面是红灯——原来恍恍惚惚之间她已经走到了马路中间。

她回到人行道上，正想跟那人道一声谢，突然看到那人衣襟上别着一枚和她一模一样的校徽，便忍不住问你是哪个系的？那人的口音很重，连说了几遍，小桃才听清是纺织机械。看见小桃一脸疑惑的样子，那人笑了，说对不起，我的中文不好，我是越南留学生。那人笑起来露出两排雪白的牙齿，照得小桃满目晕眩。（张翎：《阵痛》）

第一个例子中，开始时人物的称名是"父亲"，这是从客观的第三人称角度的叙述，但很快"父亲"变成"丈夫"，称呼的变化实际上反映了视角的转变：只有妻子才称他为丈夫，所以后两句话的说话角度已经悄悄地转移到母亲的神态。第二、三例是同一作者的例子，都是把角度转向儿女的方面，因此才有"老头子"这种叫法。第四、五例视点分别转到万炳和几个朋友那里。最后一例从头至尾反映了说话的角度：正是女主人公（而不是作者）才把那个人看成是"那人"。

相比较汉语而言，俄语更喜欢使用表示亲属关系的词来体现视角的变换。试比较一下汉语译成俄语后的变化：

……他母亲最需要的是他父亲的温情，而父亲最需要的却是摆脱这个脾气古怪的妻子。（张贤亮：《灵与肉》）... матери больше всего нужна любовь *мужа*, а *отцу* больше всего нужно отвязаться от жены с ее странным характером. （Перевод А. Монастырского）

金旺老婆现任妇救会主席，因为金旺好到小琴那里去，早就恨得小琴了不得。（赵树理：《小二黑结婚》）Жена *Цзиньвана* была председательницей Женского союза спасения родины. Она знала, что *муж* ее заглядывался на *Сяоцинь*, и поэтому терпеть не могла *эту девчонку*. （Перевод В. Кривцова）

在《灵与肉》的例子里，原文的两句话都是作者站在人物许灵均的角度讲的，连续用了两个"父亲"，而译者在翻译时却采用了不同的处理方式：他把其中的一个"父亲"译为муж（丈夫），把视点转移到许灵均母亲的身上，这样既避免了先行词和衔接词的单调重复，又不断调整了叙事的角度。赵树理的例子也是类似的情形，原文用同形名词衔接"金旺——金旺"、"小琴——小琴"，意思清楚明白，但视角看不出什么变化。俄译文作了相应的调整：用муж（丈夫）衔接Цзиньван，这是从"金旺老婆"的角度来讲的，然后顺着"金旺老婆"这个视点再去看Сяоцинь，那丫头已经是个令人讨厌的девчонка（丫头片子）了。

为了更加清楚地展示俄文同义词的视角功能，以下再举几个作家修改的例子：

原文：На башне открылся верхний люк, и в нем появился *танкист*. (К. Симонов. *Живые и мертвые*) 坦克车盖掀开了，一个<u>坦克兵</u>伸出脑袋。

改文：На башне танка открылся люк, и в нем появился *немец*. 坦克车盖掀开了，一个<u>德国兵</u>伸出脑袋。

原文：Он узнал, что отец, комиссар полка, выводил два батальона из танкового окружения под Копытцами, с боями прорвался к своим, был тяжело ранен в грудь и после тылового госпиталя направлен на окончательное излечение в Москву. *Отец* застал Асю одну в полупустом, эвакуированном доме, мать умерла. (Ю. Бондарев. *Тишина*) 他听说当团政委的父亲把两个营从敌军坦克的包围中带出了科佩察郊区，一路战斗着向我军阵地后撤，父亲胸部受了重伤，从后方医院转到莫斯科进行彻底的治疗。<u>父亲</u>回到家时，全家都已经疏散，四壁空空的，只见到阿霞一个人，母亲早过世了。

改文：Он узнал, что отец, комиссар полка, выводил два батальона из танкового окружения под Копытцами, с боями прорвался к Вязьме, был тяжело ранен в грудь и позже тыловым госпиталем направлен на окончательное излечение в Москву. *Николай Григорьевич* застал Асю одну в полупустом, эвакуированном доме, мать умерла. Отец неузнаваемо постарел. 他听说当团政委的父亲把两个营从敌军坦克的包围中带出了科佩察郊区，一路战斗着向我军阵地后撤，父亲胸部受了重伤，从后方医院转到莫斯科进行彻底的治疗。<u>尼古拉·格里高利耶维奇</u>回到家时，全家都已经疏散，四壁空空的，只见到阿霞一个人，母亲早过世了。

原文：Она сидела на краю кушетки рядом с неподвижно лежавшей Русаковой, продолжая неторопливо смачивать ей лоб и виски. Климович почувствовал, что сейчас, в эту минуту, *Люба* и сильней и умней его и несравненно лучше, чем он, знает, что надо и чего не надо делать. (К. Симонов. *Товарищи по оружию*)她坐在卧榻边上，紧挨着躺着不动的鲁撒克娃，还在为她擦拭额头和太阳穴。克里莫维奇感到现在，也就是此时此刻，柳芭比他更坚强、更聪明，比他好得多，她知道什么该做和什么不该做。

改文：Она сидела на краю кушетки, рядом с неподвижно лежавшей Русаковой, продолжая смачивать ей лоб и виски, и Климович чувствовал, что сейчас, в эту минуту, *жена* несравненно лучше его знает, что надо и чего не надо делать. 她坐在卧榻边上，紧挨着躺着不动的鲁撒克娃，还在为她擦拭额头和太阳穴。克里莫维奇感到现在，也就是此时此刻，妻子比他更坚强、更聪明，比他好得多，她知道什么该做和什么不该做。

第四节　同义词在各语体中的运用

作为衔接手段的同义词，可以用于各种功能语体之中，但使用的频率和目的有所差异。一般来讲，报刊语篇和文学小说最喜欢使用同义手段，以增强作品的可读性和修辞多样性。公文语篇和科技文献强调严谨和准确，同义词的使用就受到一定的限制。口语的用词十分灵活，也具有多样性的特点，但即兴反应的特点往往不会给说话人更多选择同义词的时间，所以它的使用也有所局限。

一、在文学语体中的运用

文学语篇的主导力量是美学功能，它重在塑造形象。因此，作者总是力图形象、生动、立体地把画面展示在读者面前，而能够起到形象性的手段之一就是同义词。在一组表达同一概念的词语里，作者会优先考虑更具形象性的词，特别是表示行为的动词和表示性质的形容词。例如：

月光下，塘里稀疏的水浮莲都睡着了，我也微微瞌睡。（石言：《秋雪湖之恋》）

凳子在咳嗽。躺椅在呻吟。（韩少功：《山南水北》）

这里作者把没有生命的事物当作人来写，赋予它们生物的特质，这其中同义词在塑造形象中起着独特的作用。

再看几个作家改笔的例子：

原 文：Они *стояли* на школьном дворе в линейку, по росту. Вторым справа *стоял* Артемьев.（К. Симонов. *Товарищи по оружию*）

改 文：Они *выстроились* на школьном дворе в линейку. Вторым справа *стоял* Артемьев.

原 文：То ей *вспоминалось* ожесточенное лицо Синцова, когда он говорил о немцах; то она вспоминала, как под диктовку инструктора зубрила наизусть последние данные: улицу, дом, пароль...（К. Симонов. *Живые и мертвые*）

改 文：То ей *виделось* ожесточенное лицо Синцова, когда он говорил о немцах; то она вспоминала, как под диктовку инструктора зубрила наизусть последние данные: улицу, дом, пароль...

原 文：Все лето, пока мы сидим на плацдарме, один за другим наступают фронты севернее нас. Значит, скоро и мы *будем наступать*.（Г. Бакланов. *Пядь земли*）

改 文：Все лето, пока мы сидим на плацдарме, один за другим наступают фронты севернее нас. Значит, скоро и здесь *что-то начнется*.

第一个例子中，原文说他们在学校的操场上站成了一排，但后来西蒙诺夫觉得这样说不够形象，就改成了排成了一列，把一个静止的"站"改为动态的"排"，可以看出学生们的动作。第二例原文讲她回忆起了辛措夫的脸，这种说法过于抽象，后来改为她眼前浮现出了辛措夫的脸，形象立刻就树立起来了。第三例与前两例的表现手法有很大的不同，但目的都是一样的：原文说其他战线都开始进攻了，不久我们也会开始进攻，这种说法用词重复，语言单调；改文说不久这里也要有什么事情发生。这样一改，话语说得更加模糊了，但是文学的魅力正在于此，正是这种欲言又止才能给读者无限的想象空间，也才更符合文学的美学功能。

在小说中有一种特殊的称名方式，即人们（或作者）根据某主人公的特点给他起个别号，后面作品中便拿这个非正式的称呼来指该人物。这个用法可以使读者感到语言的亲近性和人物更加贴近生活。譬如在史铁生的《我的遥远的清平湾》中，主人公叫白老汉，因为他穷，知青私下里不无亲切地叫他"破老汉"，而作者就利用了这个绰号，在小说叙事的作者话语部分也这样提及这个人物。类似的例子还有：

  一间阴暗的小屋子里，上面坐着两位老爷，一东一西。东边的一个是<u>马褂</u>，西边的一个是西装……<u>马褂</u>问过他的姓名、年龄、籍贯之后，就又问道："你是木刻研究会的会员么？"（鲁迅：《写于深夜里》）

  张安达的<u>围脖</u>拧成了一条"绳子"，乱糟糟绕在脖子上，使那难看的皮肤松弛的脖子更加难看，但仍能看出，"<u>乱糟糟</u>"是毛料的，有着黑色的条纹……（叶广芩：《小放牛》）

  一个叫陈士屏，是欧美烟草公司的高等职员，大家唤他 Z. B.，仿佛德文里"<u>有例为证</u>"的缩写。一个叫丁讷生，外国名字倒不是诗人 Tennyson 而是<u>海军大将</u> Nelson，也在什么英国轮船公司做事……同局的三位，张太太、"<u>有例为证</u>"和"<u>海军大将</u>"一个子儿不付，一字不提，都站起来准备吃饭。（钱锺书：《围城》）

  There was to be a good deal of dancing, and before it had gone very far, Marian Almond came up to *Catherine*, in company with a tall young man. She introduced the young man as a person who had a great desire to make *our heroine*'s acquaintance, and as a cousin of Arthur Townsend, her own intended. (Henry James. *Washington Square*)

二．在报刊语体中的运用

  报刊语篇运用于社会政治活动领域，为人们在社会政治生活领域的交际服务。社会政治生活包括政治、经济、外交、军事、科技、文教、体育、道德等许多方面。报刊政论语篇在反映这些方面的情况时是从社会政治的角度着眼，无论是报道的内容还是分析评论的观点，都有很强的现实针对性和政治倾向性。报刊政论语体的任务就是及时向广大读者或听众报道和宣传国内外的重大事件。

  报刊语篇有两大特点，一个是它的程式性，许多报纸语言有现成的句套，只需把要写的事带进这个套子就可；另一方面，报刊要感染读者，使读者受启发、受鼓舞，引起读者的思索和共鸣，此时作者便会选用一系列具有表现力的手段，也包括同义词。记者们总是力图使用尽可能新鲜的词语或者变换表达方式来赋予文章新颖性。换句话说，把没有多少新闻性的事件写成有可读性的文字。

Контакты между главами государств России и Китая приобрели интенсивный характер: встречи проводятся до трех раз в год (официальные визиты, двусторонние контакты в рамках саммитов Шанхайской организации сотрудничества и АТЭС). 1-3 декабря 2002 года *состоялся* официальный визит в КНР Президента Российской Федерации В. В. Путина. 26-30 мая 2003 года *прошел* государственный визит в Россию нового Председателя КНР Ху Цзиньтао. *Имеет место* регулярное общение по 《горячей》 линии телефонной связи. (*Сайт Посольства РФ в Китае*. Опубликовано: 14. 10. 2004)

Тогда *сборная Аргентины* победила *команду Нидерландов* в дополнительное время со счетом 3∶1 и впервые стала чемпионом планеты. Впрочем, *голландцы* тоже нанесли *своим нынешним соперникам* два чувствительных поражения — в 1974 году они не пустили *аргентинцев* в финал ЧМ, разгромив тех со счетом 4∶0, а в 1998 году оставили без полуфинала(2∶1). (ИТАР-ТАСС. *Сборная Аргентины вышла в финал, победив по пенальти команду Нидерландов*)

The United States shares interests with China, but we also have some *disagreements*. We believe that we can discuss our *differences* with mutual understanding and respect. (*President Bush Meets with Chinese President Jiang Zemin*)

85% poor population in China are from rural *areas*, and about 66% are concentrated in the western *region*. (Lu Mai. *Poverty Eradication in China: A New Phase*)

The potential 2016 *Democratic presidential candidate* also has been paid for speeches at the University at Buffalo, Colgate University and Hamilton College in New York, as well as Simmons College in Boston and the University of Miami in

Florida — all of which declined to say how much they paid Clinton. However, if *the former secretary of state* earned her standard fee of $200,000 or more, that would mean she took in at least $1.8 million in speaking incom from universities in the past nine months. (Wesley Lowery. *Hillary Clinton says she donated all money from college speeches*)

When "Hard Choices," *Hillary Rodham Clinton*'s memoir of her time at the State Department, came out in early June, the book—and subsequent book tour — were touted as the first steps in the inevitable 2016 presidential bid by *the nation's former top diplomat*. (Chris Cillizza. *Who had the worst week in Washington? Hillary Clinton.*)

While technical glitches are regular occurrences in the Moscow *Metro*, the *subway* hasn't seen deadly accidents in decades. (Associated Press. *Rush-hour Moscow subway derails: 20 dead, 150 hurt*)

A modern-day Chinese emigration *wave* is already underway, but a *tsunami* may soon hit America's shores. (Diane Francis. *The Chinese are coming, and they'd like to buy your house*)

Last week, when *China Central Television* leveled money-laundering allegations against Bank of China, the *state-run broadcaster*'s report prompted the revelation of a previously unannounced government program that enables individuals to transfer their yuan and convert it into dollars or other currencies overseas. (*Secret path for Chinese on property buying spree*. The Sydney Morning Herald, Jul 17, 2014)

这里我们仅分析两个俄文的例子。这两篇是时事类的报道文章。第一例报道中俄的元首会面，其中"举行会面"这个意思在三个句子里用了三种说法。第二例报道阿根廷和荷兰足球队的比赛，一会儿用两国正式的称呼，一会儿用"对手"，一会儿又用"阿根廷人"和"荷兰人"来称呼。

以下我们引用一个完整的语篇，系报纸上刊登的纪念性文章，其中对于故去的诗人使用了多种称名手法，颇有代表性：

Сердце поэта

21 апреля на 81-м году жизни скончался поэт, фронтовик, Герой Советского Союза *Эдуард Аркадьевич Асадов*.

Он ушел на фронт добровольцем, сразу со школьной скамьи, еще не достигнув призывного возраста. Во время войны окончил артиллерийское училище. Командовал батареей на Северо-Кавказском и 4-м Украинском фронтах. На 4-м Украинском фронте *Асадов* провоевал до мая 1944-го. В боях за освобождение Севастополя *молодой офицер-артиллерист* был тяжело ранен и потерял зрение.

В госпитале между операциями писал стихи. Его опыты одобрил Корней Чуковский, и в 1946 году *Эдуард Асадов* поступил в Литературный институт. В начале 60-х он стал одним из самых популярных и публикуемых советских поэтов.

До последних дней *Эдуард Аркадьевич* продолжал писать стихи. Книги *поэта* неизменно привлекали внимание многочисленных читателей-поклонников его творчества.

Память о *знаменитом поэте-фронтовике* останется в сердцах благодарных читателей, его стихи не будут забыты.

23 апреля *Эдуард Асадов* похоронен в Москве на Кунцевском кладбище, рядом с родными. Кроме того, будет исполнена последняя воля *поэта*, который завещал захоронить своё сердце в Севастополе.

《ЛГ》 выражает своё соболезнование всем, кто скорбит о кончине *этого талантливого поэта* и *незаурядного человека*.

该语篇全文共15个大句,每句都提及主人公 Эдуард Аркадьевич Асадов,但这个名词全角出现只有一次,即在文章开头时为点明主题而使用,其他各句提及该人物时用名词重复4次,人称代词照应3次,省略3次,而使用最多的是同义词替代,共6次,依次为 молодой офицер-артиллерист(年轻的炮兵军官)、поэт(诗人)、знаменитый поэт-фронтовик(著名的阵地诗人)、поэт(诗人)、этот талантливый поэт(这位有才华的诗人)、незаурядный человек(不平凡的人),足见同义词在语篇衔接中的作用。

三、在口语中的运用

口语是人们在日常生活、生产劳动及其他非正式场合私人交际时使用的言语变体，其基本形式是口头对话。对口语的观察可以直接从普通人的对话里获得，也可以通过文学作品或者报刊中的对话了解，后者对于外国人研究某种语言的口语来说尤为重要。本书中的对话，就是主要取自于俄罗斯知名作家的作品，还有一部分摘自报刊和网络。

一提到多样性，人们往往首先想到书面语，想起文学作品，似乎修辞是书面语的专利。其实在日常口语中人们也力求避免同一个词的机械重复，在语境允许的情况下尽量变换一些表达的方式。例如：

| — Что вас ещё *беспокоит*? | "您担心的还有什么？" |
| — Меня *волнует* ситуация в Чечне. | "我担忧车臣的形势。" |

"It was only *the other day* that Catherine made your acquaintance."

"It was *not long ago*, certainly," said Morris, with great gravity.

（Henry James. *Washington Square*）

"I *told* Catherine yesterday that I disapproved of her engagement."

"She *let me know* as much, and I was very sorry to hear it. I am greatly disappointed."

（Henry James. *Washington Square*）

在第一个例子里，问话人用动词 беспокоит（担心）提问，而答话人却没有重复这个词，而是换了一个意义接近的动词 волнует（担忧）。一则是不愿重复同一个词，避免言语单调，另外也想突出词义之间的差异：担忧比担心语气更重一些。

— Василиса Егоровна *пре-храбрая дама*, — заметил важно Швабрин. — Иван Кузмич может это засвидетельствовать.

— Да, слышь ты, — сказал Иван Кузмич, — *баба-то не роб-кого десятка*.

（А. Пушкин. *Капитанская дочка*）

"瓦西莉萨·叶戈罗芙娜是一位<u>非常勇敢的女士</u>，"施瓦布尔认真地说，"这一点伊凡·库兹米奇可以证明。"

"是的，告诉你吧，"伊凡·库兹米奇说，"这个<u>娘们可不是个胆小鬼</u>。"

这是普希金的小说《上尉的女儿》中一段对话。Швабрин 把那位女士称作 прехрабрая дама（非常勇敢的女士），Иван Кузмич 虽然对此没有异议，但在接话中换了一种说法，称那位女士 баба-то не роб-кого десятка（不是一个胆小的娘们）。在这一来一往的对话中，两个人用了不同的词语来描述同一个人，前者的表达带有书面语意味，后者则有很强的口语色彩。

以下我们看一个作家改笔。

原文：—...Дай-ка завяжу.
— Ладно, *завязывай*!
— согласился Сергей, подставляя шею.
改文：—...Дай-ка завяжу.
— Ладно, *действуй*!
— согласился Сергей, подставляя шею.
（Ю. Бондарев. *Тишина*）

原文："我来给你<u>系</u>吧。"
"行，你<u>系</u>吧!"谢尔盖一边同意着一边把脖子伸过去。
改文："我来给你系吧。"
"行，你<u>弄</u>吧!"谢尔盖一边同意着一边把脖子伸过去。

这个语境中，妻子看到丈夫好半天系不上领带，就要帮他系上。原文在两个人的话语里都用了 завязывать（系）这个动词，修改时作者觉得答话人更可能换另外的动词，便改成了 действуй!（做吧!）足见在邦达列夫的眼里对话中是可以用同义词表示一个现象的。

不仅在两个人对话中双方力图避免用词重复，口语的一个人话语里也时常变换词语，因为同义词连用本来就是一种修辞手法，口语也不例外。下面我们以两个修改的例子来说明：

原文：—...*Кури*, *кури* на здоровье!	原文："吸吧，随便吸吧！"
改文：—...*Кури*, *дыми* на здоровье!	改文："吸吧，随便抽吧！"
（Ю. Бондарев. *Тишина*）	
原文：— И что же вы, интересно, думаете об Уварове? То же самое?	原文："您怎么看乌瓦洛夫这个人？也是这样认为？"
— *Сложно* думаю, Сережа, *сложно*.	"我觉得不好说，谢廖沙，不好说。"
改文：— И что же вы, интересно, думаете об Уварове? То же самое?	改文："您怎么看乌瓦洛夫这个人？也是这样认为？"
— *Трудно* думаю, Сережа, *сложно*.	"我觉得很难说，谢廖沙，不好说。"
（Ю. Бондарев. *Тишина*）	

第一个例子的语境是某人问对方可以吸烟吗，回答可以。原文用了两个 курить（吸）字，这是标准语，本来也在情理之中。但修改时作家认为两个词有些重复，实际情况可能更口语化一些，所以便换了一个动词，改用更加口语的 дымить（抽）代之。第二个例子中，原文里说话人重复说 сложно（复杂），修改时拿掉了其中的一个副词，改换作 трудно（很难），就避免了同一个词的反复出现。可见口语也要讲究变化。

第五节　同义词衔接在俄汉语中的差异

　　与俄语相比，汉语的同义词替代手法使用得没有那么广泛。究其原因，应该是汉语里更加倾向于把意思表达清楚，而不一定看重修辞上的变化。对比一个常见的称谓，我们就可以看到两种语言的差异：俄罗斯的报纸在报道普京总统时，可以用 В. В. Путин（普京）、Владимир Владимирович（弗拉基米尔·弗拉基米尔诺维奇）、Президент России（俄罗斯总统）、Глава Российской Федерации（俄罗斯联邦首脑）、бывший сотрудник КГБ（前克格勃官员）等多种指称形式，并且把上述称名交替使用，使得它们一直处在变化之中。而我国媒体在报道习近平主席时，往往通篇都是"习近平"三个字，至多偶尔出现"总书记"、"习主席"、"近平同志"等字眼，且使用频率不很高，也不是为了交叉变换用，而只可能是在某些人的直接话语中的引用。

　　顺便指出，英语里的指称方式也有多种变换方式，譬如一篇题为"Talks on North Korea's nuclear problem to continue"的报道中，提到中国前外交部副部长王毅，分别用了下面一些表达方法：China's Deputy Foreign Minister Wang Yi, the chairman, Wang Yi, the head of the Chinese delegation, the deputy minister, the Chinese diplomat，等等。

　　在赵树理的《传家宝》中，有一个人物叫"李成娘"。小说中总共用了两种方式指称这个人物，即"李成娘"和"婆婆"，而译文用了五种：мать Ли Чэна（李成的母亲）、матушка Ли Чэна（李成娘）、матушка Ли（李妈妈）、свекровь（婆婆）和старуха（老太太）。

　　在钱锺书的《围城》里有一个孩子，上下文始终用"小孩子"指称，俄语的译文分别用了：маленький мальчик（小男孩）、ребенок（小孩儿）、мальчонка（男孩子）、малыш（小家伙）、озорник（小淘气）、проказник（调皮鬼）等词。这样，不仅增加了称名形式，而且加进了不少评价色彩。

　　下面我们看几个具体的例子，以《围城》里"张小姐"的译法作为对比的对象：

第六章　句际联系手段之三——同义词替代　265

张太太张小姐出来了。	Тем временем появились госпожа Чжан и *ее дочь*.
他和张小姐没有多少可谈。	Не подыскав другой темы для разговора с *барышней Чжан*.
（鸿渐）宁可陪张小姐闲谈。	Он предпочел бы побеседовать с *барышней*.
抬头看见张小姐注意自己，忙把书放好，收敛笑容。	Заметив, что *юная владелица библиотечки* наблюдает за ним, тут же стер с лица улыбку и поставил книгу на место.
"有例为证"要张小姐弹钢琴。	Цумбайшпиль пожелал, чтобы *названная племянница* сыграла на фортепьяно...
张小姐不能饶恕方鸿渐看书时的微笑。	*Девушка* не могла простить Фану улыбки, с которой он рассматривал ее книгу.（Перевод В. Сорокина）

我们看到，这几个地方的"张小姐"分别译作 дочь（女儿），барышня Чжан（张小姐），барышня（小姐），юная владелица библиотечки（年轻的藏书人），названная племянница（干侄女），девушка（姑娘）。

根据我们的语料，俄语里选作衔接手段的同义词，使用频率最高的是表示人的年龄特征和亲属身份的词，在这个方面俄罗斯人很容易接受多样化的称名形式。下面我们以罗果夫翻译的两部赵树理的作品为例，说明表年龄和表亲属关系词在俄语中的运用：

第二天，不等恒元起床，家祥就去报告昨天晚上的事。恒元听了……（赵树理：《李有才板话》）На другой день, как только *Янь Хэнъюань* поднялся с постели, Янь Цзясян рассказал ему о вчерашнем разговоре. *Старик* выслушал его молча...（Перевод В. Рогова）

老秦觉着这一下不只惹了祸，又连累了邻居。他以为自古"官官相卫"……（赵树理：《李有才板话》）*Лао Цин* совсем перепугался: не только сам попал в беду, но еще и соседа в нее втянул. *Старик* считал, что, как повелось с древних времен, чиновник чиновника всегда защищает...（Перевод В. Рогова）

从挨打那天起，她看见张木匠好像看见了狼，没有说话先哆嗦。张木匠也莫想看上她一个笑脸。（赵树理：《登记》）Теперь, когда «Порхающая бабочка» смотрела на *мужа*, ей казалось, что перед ней волк. Не успевал он заговорить, она уже дрожала. *Плотнику Чжану* больше никогда не удавалось увидеть улыбку на ее лице. （Перевод В. Рогова）

一会儿，张木匠玩罢龙灯回来了，艾艾回房去做她的好梦，张木匠和小飞蛾商量女儿艾艾的婚事。（赵树理：《登记》）Немного погодя вернулся домой *плотник Чжан*. Ай-ай ушла в свою комнату в надежде увидеть хорошие-хорошие сны. *Отец и мать* в эту ночь долго разговаривали о браке Ай-ай.（Перевод В. Рогова）

当艾艾长到十五那一年，她拿匣子来给艾艾找帽花，艾艾看见戒指就要。（赵树理：《登记》）Когда *Ай-ай* исполнилось пятнадцать лет, «Порхающая бабочка» открыла шкатулку, чтобы достать шелковые цветы на шапочку *дочери*. Девочка увидела колечко и начала просить его у матери.（Перевод В. Рогова）

我们对比了赵树理的《传家宝》及其两位俄罗斯译者的译作。统计结果显示：第一，俄语里衔接手段的使用比汉语高，两部译文分别比汉语原文高出22%和29%；第二，俄语的词汇重复手段运用频率低于汉语，因为俄语修辞不提倡词语本身机械性的重复；第三，俄语同义词衔接手段明显高于汉语，当汉语用重复形式时，俄语力求变换各种同义表达方式。以下是我们统计的数据：

类型	《传家宝》原文 数量	百分比(%)	Г. Монзелер 的译文 数量	百分比(%)	В. Сперанский 的译文 数量	百分比(%)
词汇重复	63	67.02	71	61.74	68	56.20
同义词	31	32.98	44	38.26	53	43.80
总计	94	100	115	100	121	100

第七章　句际联系手段之四——零形式

零形式是一个比较难确定的范畴，因为它没有实在的词语表现形式。陈平从语义和语法两个方面给零形式衔接下了定义：在意义上句子中有一个与上文中出现的某个事物指称相同的所指对象，但在语法形式上该所指对象却没有实在的词语表现形式①。我们原则上采用陈平的划分标准，在认定时主要看是否有所指对象和表现形式，如果有前者无后者，那就可看作是零形式衔接。例如：

　　Вот идет *старик*, вытянув руку. Ничего 0 не несет, ничего 0 не просит, а рука вытянута. (Н. Тихонов. *Ленинградские рассказы*)路上走着一个老人，伸着手。他什么也没拿，0什么也不要，手却伸着。

俄文里的第二句话有两个单数第三人称的动词谓语形式，但主语空缺。在意义方面，这个句子脱离上文含义不清；从语法形式来看，如果没有第一句话则第二句话根本不能成立。因此我们可以判定第二句里有零形式存在，它可以用代词он(他)来添补。

第一节　零形式的类型

零形式是不完整的表达，但在语境中可以被正常理解，这是因为人们可以在语境和新信息之间做出推理，即受话者可以从上下文中找到缺少的成分。发话者在省掉某一成分时必须是以该语言成分在上下文中的存在为前提的，而受话者也必须从上下文中寻找缺省的语言成分并以此来补足省略结构。正是由于省略结构与被省略成分之间的这种预设关系使句子或语篇前后衔接②。

目前所见的研究，基本上都把零形式和省略看作同一种现象，只是

---

① 陈平：《现代语言学研究——理论·方法与事实》，重庆，重庆出版社，1991，第183页。
② 朱云生、苗兴伟：《英汉省略的语篇衔接功能对比》，《山东外语教学》2002年第1期，第24页。

术语的不同。本研究把它们区分开来：零形式是广义的概念，凡是没有形式衔接标志的，都属于零形式范畴。零形式内部分为两种情况：一种是下文省略上文的话题，如有必要，很容易将它恢复，这种类型叫"省略"；另一种根本不存在省略的话语，而是该语境本身就应该不带衔接性成分，这种类型我们称之为"缺省"。省略是无必要，缺省是不存在。

一、省略

有人根据词类形式分为名词性省略、动词性省略和小句性省略①。这种划分值得借鉴，但仍嫌过于笼统，譬如名词性省略就可能包括主语和宾语两种。本研究从句法出发，根据词语在句中充当的成分，分为省略主语、省略宾语、省略定语等类别。

1. 省略主语

主语在一定的上下文里比较容易省略，因为始发句中提过的话题在后续句里自然容易承续下来而不必再次提及。从语义的角度看，这种情况大多是省略行为的发出者，即施事。

省略作为句际衔接手段，在汉语里运用十分广泛，特别是充当句子的话题时，汉语里可以连续使用多个省略主语的句子。例如：

　　很快我们真能看书了，我的第一本 0 是《安徒生童话》。（余秋雨：《吾家小史》）

　　这位仁兄在大学教哲学，0 刚过50岁，一副落魄的夫子相，皮瘦发长，懦弱有余而精气神不足，妻子去世两年多了，看上去他活得蛮艰难。（蒋子龙：《寻找悍妇》）

　　他们虽然没有当过知青，但在大学时代 0 参加过下乡"社教"和支农，0 对农村并不完全陌生。（韩少功：《山南水北》）

　　对于杨道远，张慰芳表现出了非常的冷漠。杨道远想不明白为什么，这让他感到非常苦恼。0 询问丈母娘，询问大舅子张慰平，都是支支吾吾，都是语焉未详，最初是一个劲儿地回避，后来就胡乱搪塞。（叶兆言：《苏珊的微笑》）

　　毛窝是白塑料底的，塑料底在当时属于时髦范畴，0 无疑是他女儿张玉秀从商场买来的。（叶广芩：《小放牛》）

---

① 朱云生、苗兴伟：《英汉省略的语篇衔接功能对比》，《山东外语教学》2002年第1期，第25页。

友人力哥，他父亲去世那年，之前毫无征兆，健壮身材的父亲，还叼着大烟斗吸烟，爽朗大笑，幽默谈吐。可有一天0到医院一检查，是晚期癌症了……（李晓：《你要明白生命无常》）

俄语与汉语一样，同样有许多省略主语的情况，譬如作为话题的名词，在下文里如果话题不变，两种语言的省略大致相同。试比较下面的译文：

Вронский покатился со смеху. И долго потом, говоря уже о другом, 0 закатывался своим здоровым смехом...（Л. Толстой. Анна Каренина）伏伦斯基大笑起来。后来，过了好一阵，已经在谈别的事情时0还爆发出健康的笑声……

"我呀，从穿开裆裤那么小的时候，就跟我舅舅学熟皮子活儿，0干了几十年，0也放下了几十年"。（浩然）-Я с малых лет, еще с той поры, как бегал в штанишках с разрезом, начал учиться у дяди выделывать кожи. Не один десяток лет 0 занимался этим делом, но давно 0 его забросил.（Перевод В. Сухорукова）

在第一例里，先提到了Вронский，接下来还说他，就不必重复这个名词了，汉语也可以照此办理。第二例也是一样，都是后续句与始发句共享一个主语。从两个例子的译文我们看出，俄、汉语在省略主语方面有相同之处。

然而，俄语毕竟是一种注重形式联系的语言。有时候，即使话题没有发生变化，俄语也倾向于用一种形式手段与上文衔接，譬如用代词，而此时的汉语则可以继续采用零形式。试比较：

Южный ветер набирал силу. Он толкался в спины слушателей.（Ю. Рытхэу. Паруса）南风越刮越猛，0敲打着听众的脊背。

Мелодия нарастала. Она с каждой секундой наполнялась силой...（Ю. Рытхэу. Паруса）乐曲越来越响，0每一秒钟都在增强。

两个例子的句子结构相同，前后句子之间的话题都没有变化，但是两种语言却采用了不同的处理方式：俄文都用了代词照应，而汉语全部省略了。

为了说明汉语的使用特点，我们看一个鲁迅先生修改的例子：

原文：落得一个"作家"的头衔，依然在沙漠中走来走去，不过已经跳不出在散漫的刊物上做文字，叫作"随便谈谈"。从此有了小感触，我便写些短文，夸大点说，就是散文诗……（鲁迅：《〈自选集〉自序》）

改文：落得一个"作家"的头衔，依然在沙漠中走来走去，不过已经跳不出在散漫的刊物上做文字，叫作"随便谈谈"。有了小感触，0就写些短文，夸大点说，就是散文诗……

此外，俄语可以省略，汉语却要把名词说出。俄语的名词有性和数的属性，与之搭配的形容词须与名词保持性数一致。借助这个特点，俄语里比较容易省略掉名词，前提是有形容词的提示。这种现象是汉语里所没有的，试比较：

Весь этот день я ходил по городу и искал себе *квартиру*. Старая 0 была очень сыра...（Ф. Достоевский. *Униженные и оскобленные*）这一整天我都在城里奔走，想找一个住所。我的旧住所很潮湿……

Восьмьдесят четвёртый *полк* снялся. Находится на марше. Пятнадцатый 0 идёт за артполком.（Ю. Бондарев. *Батальоны просят огня*）八十四团拔营了，现正在行军的路上。十五团跟在炮兵后面。

这两个例子里俄语都用了省略形式衔接，而汉语则用名词衔接。俄语借助于形容词修饰语的词形略掉了被它说明的名词，人们只凭形容词的外部形式就可以看出略去的成分。汉语则基本上不能单独使用形容词，譬如上述两个例子就不可以说："我的旧0很潮湿"以及"十五0跟在炮兵后面"。

2. 省略宾语

这里是指后续句里省略动作所及的客体，俄语称这种句子成分为补语。与前一类相比，这种省略形式用得较少。例如：

-Командующий вас разыскивает. Велел доставить 0 немедленно живого или мертвого. (К. Симонов. *Товарищи по оружию*)

现在城里人，十有八九没有看星星的愿望，有了，也看不着0……（叶延滨：《星河与灯河》）

女人又问了一句话。这句话很长，阿喜没听懂0。（张翎：《阿喜上学》）

今天，写这则文字的时候，书就在身边，我再一次拿过来翻看0的时候，才发现一本书对于一个人成长的作用和分量。（肖复兴：《他将长生草留给水》）

末雁将骨灰盒搂在怀里，怕冷似的端着双肩。盒子是檀香木做的，精精致致地镶了一道金边，像是从前富贵人家的首饰匣。末雁搂了一会儿0，手和盒子就都黏黏地热了起来。（张翎：《雁过藻溪》）

一个倒霉的司机，开车猛冲过来，把那人的妻子撞飞，0当场死亡。（李晓：《你要明白生命无常》）

比较而言，作为"意合"的汉语，更倾向于使用省略的形式。例如前面的最后一个例子，哪怕中间间隔多个句子，只要语境可以理解，汉语就可以不用重复。下面我们看一个郭沫若先生修改的例子：

原文：季小姐：我去打电话来。
　　　章夫人：不，我叫佣人替你打电话好了。（郭沫若：《甘愿做炮灰》）
改文：季小姐：我去打电话。
　　　章夫人：不，我叫佣人替你打0。

俄语与汉语"形合"和"意合"的差异在宾语省略方面也有体现。汉语认为不言自明的事情，俄语却偏要加上一个形式联系词。试比较：

我也恨这些衣服，又舍不得脱去0。（老舍：《月牙儿》）...я ненавижу эти платья, и в то же время жалко расстаться *с ними*.

（Перевод А. Тишкова）

在宾语省略方面，俄语和汉语的表述有时还会出现另一种差异：俄语中的某些及物动词后面可以省略直接补语或间接补语，但汉语可能要求把受事对象表达出来。例如：

Петрицкий описал ему в кратких чертах свое положение, насколько оно изменилось после отъезда Вронского. Денег нет ничего. Отец сказал, что не даст 0 и не заплатит 0 долгов. Портной хочет посадить 0...（Л. Толстой. *Анна Каренина*）. 彼特利茨基简单地向伏伦斯基讲了他走后自己的情况。钱一点都没有了。父亲说不再给他钱，也不肯替他还债。裁缝想让他坐牢……

这里俄语句子中的补语可以省略，而且丝毫不影响句意的理解；但汉语必须用代词衔接，否则意义完全被扭曲，试比较：*父亲说不再给钱，也不肯还债。裁缝想坐牢……

俄语里有一种情况较容易省略宾语，那就是借助形容词修饰语。前面我们在谈主语省略时分析了类似的情况，宾语也可以利用被说明的地位而略去核心词，包括"形容词（形动词、序数词）＋名词"词组或"名词＋名词"词组，这两种类型中的名词成分都可以省略。比较起来，第一种情况比较多见。顺便指出，汉语也可以存在这种形式的衔接，当然使用范围和频率小于俄语。我们先对比一个俄译汉的例子：

На《Милом друге》у Мопассана служили двое *матросов*. Старшего 0 звали Бернар.（К. Паустовский. *Золотая роза*）在"可爱的朋友"船上，莫泊桑用了两个水手。年岁大一点的 0 叫伯尔纳。

这里前后两个句子的衔接，如果不用省略衔接也可以使用名词重复的方式，即...служили двое матросов. Старшего матроса звали... 和"……用了两个水手。年岁大一点的水手叫……"，但这种表述既啰唆又无必要，因为省略的形式足以把意思表达清楚。

省略被说明词的第二种情况是"名词 ＋ 名词"的类型，这里的一个名词可以被略去。此类情景俄语里有，汉语里也可见到。先比较一个译文：

Я решил заняться плаванием и стать *чемпионом* СССР, а потом и 0 мира．（Ю. Казаков．*Голубое и зеленое*）我决定练游泳，当一个苏联<u>冠军</u>，然后再当世界<u>冠军</u>。

这里俄语用了省略衔接，即出现了 чемпион 字样以后没有再次重复它，而汉语则采用名词衔接。但是，我们可以仿照此例假设一个语境："我想当一名<u>球星</u>，先是中国的<u>0</u>，然后再当世界级的<u>0</u>。"我们看到这个表述是完全符合汉语习惯的。那么，为什么汉语里有时可以用省略衔接，而有时必须用名词或代词衔接呢？根据我们的观察，由"名词＋的"充当定语的，其后的被说明名词比较容易省略，而由纯粹"形容词＋名词"构成的词组里名词不大可能略去。

3. 省略定语

定语用来修饰名词及其他代名词的品质、性质、所属关系等。省略定语意味着话题不变，只需在后续句中点出某个事物的特征，即后续句的动作或状态不直接指出它的发出者，而用省略衔接替代，因为语境会帮助读者做出判断。例如：

祥子的脸通红，<u>0</u> 手哆嗦着。（老舍：《骆驼祥子》）
我的儿女都读过大学，<u>0</u> 学历比我高了，更比我的父亲和爷爷高了。（陈忠实：《家之脉》）
鸡崽长大以后，<u>0</u> 雌雄特征变得明显。（韩少功：《山南水北》）
Завиток *у нее* тоже в муке． На затылке — 0 короткие волосы．（Г. Бакланов．*Пядь земли*）

第一例中的第二句里虽然没再重复第一句里的定语，但读者立刻就可看出这个动作是属于"祥子"的。本来这句话也可以说"祥子的脸通红，<u>他的</u>手哆嗦着。"这两种说法只是形式结构不同，但语义结构一致，传达的信息相同，它们只是句子衔接手段不同：一个属于人称代词衔接，另一个是零形式联系。

上面例子中的俄语例子的情况也是类似：始发句中用了 у нее（她的），后续句就不必重提了。这种用法常见于对人物的描写中，比重复定语更加简练。下面我们比较两个俄罗斯作家修改的例子：

原文：*Нонна* затягивается дымом， лицо *ее* становится злым

и решительным.（В. Липатов. *Капитан*《*Смелого*》）

改文：*Нонна* затягивается дымом, лицо 0 становится злым и решительным.

原文：*Он* с трудом перевернулся на левый бок и, опершись на локоть, сел. Вся правая сторона груди, плечо и рука были *у него* в крови.（К. Симонов. *Товарищи по оружию*）

改文：... Вся правая сторона груди, плечо и рука были 0 в крови.

这两个例子中原文都是用代词衔接（ее，у него），修改时全都删掉了定语。为什么要做这样的修改？其道理就在于省略衔接的语篇功能：在上下文清楚的情况下，省略也是一种有效的衔接形式。我们所说的上下文清楚，是指一定要排除歧义的可能，下面的例子中就不能用省略衔接了：

原文：张在牛躺着的地方，撒了一些糠，但也很快浸湿了。0头转过来用她的嘴唇去触前脚近边的地方。（周立波：《牛》）

改文：张启南在牛躺着的地方，撒了一些糠，但也很快浸湿了。牛头转过来用它的嘴唇去触前脚近边的地方。

这个例子中的原文令人感到费解：谁的头转过来？而且还用"她"的嘴唇去触前……修改后的话语才表达清楚了：原来是牛的头和牛的嘴唇。那么，为什么原文中的省略形式不可取呢？原因在于始发句里有"张启南"和"牛"两个指称对象，而且这两个指称对象都可以有"转头"这个动作。这样一来，后续句如果用省略衔接，读者便不知动作的归属了。关于指称对象的数量与衔接形式的关系在下文中还要重点谈及。

二、缺省

缺省不是省略。如果说省略是因不想重复前面提到的事物的话，那么缺省则完全不是因为它被提到过，恰好相反，缺省的词语在上文并未出现，而语境却提示了它的存在。省略的成分可以填补上，而缺省一般不能补充。计算机的术语中管缺省叫"默认"，移到语言学里也适用，即语篇里没有显性的衔接成分，但接受者默认该语篇是连贯的。这种类型也叫"隐性衔接"。既然没有显露的衔接形式，我们把它们归入零形式。

俄罗斯学者索尔加尼克早就注意到一种叫作"平行式联系"的句子衔接方式①，实际上这种连接手段就是零形式里的缺省类衔接。例如：

А костер уже потухал. Свет уже не мелькал, а красное пятно сузилось, потускнело...（А. Чехов. Степь）篝火已经熄灭了。火光不再闪烁，红点在缩小，黯淡下去……

Дом стоял у прибрежного песка. Тускло поблескивала Припять. На берегу штабелями лежали доски.（К. Паустовский. Золотая роза）房子盖在河岸的沙洲边上。普里皮亚特河不时泛起朦胧的闪光。河岸上堆着木板。

Было совсем темно. Ветер налетал порывами и злобно выл. В лесу и в овраге скрипели невидимые деревья. Дождь хлестал по лицу, слепил глаза. Внизу под горой шумели волны в реке.（С. Голицын. Тайна старого Радуля）天已经全黑了。风一阵紧似一阵，咆哮着。只听到树林里和沟壑里的树木吱吱地响。雨点打在脸上，迷住了双眼。脚底下的山下河水汹涌着浪花。

这些句子之间都没有衔接词来连接句子，也不需要有任何词，每个句子都是平行的，分别从不同的侧面展开所描述的对象。

第二节　零形式衔接的制约因素

前面我们考察了零形式衔接的几种表现形式和适用范围，下面我们看一下允许和不能使用这种衔接形式的各种制约因素，它涉及指称对象、话题、语法、语体等几个方面。

一、指称对象因素

上文中指称对象的多寡对下文衔接手段的选择有很大的影响。一般来说，当上文中只有一个指称对象时，下文比较容易省略，因为顺着原来的话题往下说，后续句里有无指称对象也不会导致误解。此时如果用衔接词，听起来反倒不自然。试比较修改的例子：

---

① Солганик Г. Я.：*Синтаксическая стилистика (сложное синтаксическое целое)*，М.，Высшая школа，1973，с. 39.

原文：他不能再留下去。他便匆匆赶到长途汽车站去。（巴金：《寒夜》）

改文：他不能再留下去，0便匆匆赶到长途汽车站去。

原文：В первую неделю пребывания в школе она наивно, как *она* теперь понимала, попросила, чтобы...（К. Симонов. *Живые и мертвые*）她现在明白，来学校第一周她就提请求是多么天真……

改文：В первую неделю пребывания в школе она наивно, как 0 теперь понимала, попросила...她现在明白，来学校第一周0就提请求是多么天真……

这两个例子里都只含有一个指称对象，显然第二个句子不需要重复代词"他"和"她"，省略后丝毫不影响对上下文的理解。

前面两个例子是将重复的一个代词删除。如果上文是名词，后面的代词也可以不用。我们看作家西蒙诺夫修改的例子：

原文：На башне открылся верхний люк, и в нем появился танкист. Наверно, *он* хотел получше присмотреться к обстановке.（К. Симонов. *Живые и мертвые*）坦克车盖掀开了，一个坦克兵伸出脑袋。可能他想观察得更清楚一些。

改文：На башне танка открылся люк, и в нем появился немец. Наверно, 0 хотел получше присмотреться к обстановке. 坦克车盖掀开了，一个德国兵伸出脑袋。可能0想观察得更清楚一些。

但是，如果语境比较复杂，譬如含有两个以上的指称对象，就要慎用省略衔接了。例如：

1983年11月22日晚8时，余秋萍匆匆走入朱慎独博士的会客室。她神色激动，脱大衣时竟拽掉了一枚美丽发光呈放射状的蓝扣子。（王蒙：《冬天的话题》）

他捡起床上的信用卡再次塞给她。苏惠觉得那张卡像烙铁一样烫……（沈星好：《隆乳》）

我母亲把抽纸递给她，她接过一张，擦去泪水……（崔曼

莉：《卡卡的信仰》）

这几个例子的上文都有两个人物。第一例中，前句话中有余秋萍和朱慎独博士这两个人物，如果后续句直接说神色激动，读者不知所指何人，因而必须要用代词照应前面的名词。后两个例子也是同样情况，这里不一一解释。

我们再看修改的例子：

原文：天上的星星越来越稀，张治国又给牛添了一遍草，0便放亮了。（杨朔：《模范班》）

改文：天上的星星越来越稀，张治国又给牛添了一遍草，天便放亮了。

这个例子里原文用了省略衔接，但修改后变成了名词衔接。为什么这里不能用省略衔接？按照陈平的说法，省略衔接的使用在很大程度上取决于话语宏观连续性的强弱，如果宏观连续性很弱，就不能使用省略衔接[①]。一般来说，先行词与衔接对象各自所在的句子先后邻接时，宏观连续性较强；中间插入其他句子时，宏观连续性相对较弱。而这个例子刚好是宏观连续性弱的例子：先行词"天"与衔接对象所在的句子"便放亮了"相距很远，中间插入了另外一个句子，所以这里不宜使用省略衔接。假如此例的句序作个调整，把"张治国又给牛添了一遍草"放在开头，便可以考虑使用省略衔接了。

二、话题因素

这个问题与前面的问题有一定的联系，但不是一回事。所谓话题，是指说话的出发点，如果出发点不变，那么话语比较容易使用省略衔接；反之，话题发生变化以后，就不大可能用省略衔接了。试比较下面修改的例子：

原文：他到韩廷瑞的房里拿出一盘高脚的麻油灯，他点燃了灯，他又向老董说……（丁玲：《太阳照在桑乾河上》）

改文：他到韩廷瑞的房里拿出一盘高脚的麻油灯，0点燃

[①] 陈平：《现代语言学研究——理论·方法与事实》，重庆，重庆出版社，1991，第183页。

了灯，0 又向老董说……

虽然语境的上句里有两个人物："他"和"韩廷瑞"，但在下句里话题没有变，还是顺着"他"往下说，因此后续句不必再重复这个代词。

原文：Вскоре вправо, на довольно крутой пригорок, заросший дубами, повела тропа. 0 Пошли по ней...（В. Солоухин. *Владимирские проселки*）再往右是一个陡坡，长满了橡树，有一条小路通向那里。0 沿着小路走去……

改文：Вскоре вправо, на довольно крутой пригорок, заросший дубами, повела тропа. *Мы* пошли по ней...再往右是一个陡坡，长满了橡树，有一条小路通向那里。我们沿着小路走去……

原文：И он увидел их. 0 Стояли возле перехода через площадь...（Ю. Бондарев. *Тишина*）他看见了他们。0 站在广场的地下通道处……

改文：И он увидел их. *Они* ждали на переходе через площадь...他看见了他们。他们站在广场的地下通道处……

这两个例子与前面截然相反。这里第一例的上文讲陡坡和小路，后续句转而讲"我们"，若继续省略，则可能语焉不详，不如明确指出后续的行为主体。第二例首句的话题是"他"，而后句转为"他们"，故而必须要用代词来衔接了。

三、语法因素

这里涉及汉语和俄语的差异。当话题不变的情况下，汉语里可以连续多次地使用省略衔接，有时甚至可以多达十几个；而俄语通常不允许出现这种现象，因为俄语的语篇结构更加注重形式的变化，俄语还要考虑语法因素。试比较下面汉译俄的例子：

电车到站时，他没等车停就抢先跳下来，0 险的摔一跤，亏得 0 撑着手杖，0 左手推在电杆木上阻住那扑向地的势头。0 吓出一身冷汗，0 左手掌擦出一层油皮，0 还给电车夫教训了几句。（钱锺书：《围城》）Трамвай еще не остановился, а Фан уже соскочил с подножки и едва не расшибся-к счастью, 0 успел ухватиться за столб. *Он* перепугался, 0 ободрал руку и, вдобавок ко всему, *его* еще отчитал вагоновожатый.（Перевод В. Сорокина）

　　金桂是个女劳动英雄，0一冬天赶集卖煤，0成天打娘家门过来过去，0几时想进去看看就进去看看，0根本不把走娘家当件稀罕事。（赵树理：《传家宝》）Цзиньгуй-Героиня труда. Всю зиму *она* продает на базаре уголь от кооператива. Ежедневно проходя мимо ворот родительского дома, она может, когда 0 захочет, навестить родителей. Зайти домой для *нее* не такое уже важное событие.（Перевод Г. Монзелера）

　　这两个例子里都是话题不变的表述，汉语很自然地用了省略衔接，但俄语却采用了一些变化，多次插入了代词衔接，因为俄语在选择衔接手段时必须考虑语法结构。关于汉语话题后省略的特点，有学者在比较汉英衔接手段时曾指出：由于汉语是一种以意合为主的语言，因而语篇中的省略注重意义的表达，不大考虑语法和逻辑[1]。汉语是主题显著型的语言，重在意义连贯而不计较形式的作用[2]。这个结论用在汉语与俄语的比较上同样适用。

　　通过俄汉对比可以看出，不少句子里俄语句子采用有形衔接（代词或名词），而汉语则用省略式，其中比较典型的是表示空间意义时。例如：

　　Правда, дивизии не везло. В *ней* с начала войны сменялся уже третий комиссар.（К. Симонов. *Живые и мертвые*）这个师的确很不走运。0从战争开始以来已经换了三个政委。

　　离老通宝坐处不远，一所灰白色的楼房蹲在"塘路"边，那是茧厂。十多天前0驻扎过军队……（茅盾：《林家铺子》）У края дороги, недалеко от того места, где сидел на камне Тунбао, высилось серое здание кокономотальной фабрики. Десять дней назад *в нем* квартировала воинская часть...（Перевод Вл. Рудмана）

---

[1] 朱永生等：《英汉语篇衔接手段对比研究》，上海，上海外语教育出版社，2001，第74页。
[2] 许余龙：《对比语言学概论》，上海，上海外语教育出版社，1992，第251~252页。

我们看到在第一例第二句里俄语有一个表示处所的词(в)ней 与第一句相连，而汉语则无此必要：既然话题没有变化，就可以使用省略衔接，如果用"在它里面已经换了三个政委"反倒不符合汉语的规范。第二例的汉语顺着原话题叙述，不必插入状语成分，而俄语却要在适当的地方点明所指，以减轻读者在理解上的负担。

原文：У нее были теплые, без блеска, глаза, с нижней ступеньки 0 неподвижно смотрела на парня в тенниске...（Ю. Бондарев. *Тишина*）

改文：У нее были теплые, без блеска, глаза, с нижней ступеньки *она* неподвижно смотрела на парня в тенниске...

从这个修改的例子我们可看出指称对象与语法因素的关系。这里只有一个指称对象——"她"，在汉语里可以在第二句话里省略，原文也是这样处理的。但修改时作者意识到，"她"在上下句中的句法地位不同：前句的主语是 глаза(眼神)，句中使用了 у нее(她的)，而后续句的主语变为 она(她)，这样该句子的主语就必须显现。

然而，就语法形式来讲，俄语也有它的优势：由于它有性、数、人称等变化形式，可以比较方便地使用省略衔接而不会产生误解。例如：

Вронский удовлетворял всем желаниям матери. 0 Очень богат, умен...（Л. Толстой. *Анна Каренина*）伏伦斯基能使吉娣母亲的愿望全部得到满足。他很有钱，又很聪明……

1983年11月22日晚8时，余秋萍匆匆走入朱慎独博士的会客室。她神色激动，脱大衣时竟拽掉了一枚美丽发光呈放射状的蓝扣子。（王蒙：《冬天的话题》）22 ноября 1983 года в восемь вечера Юй Цюпин ворвалась в гостиную профессора Чжу Шэньду. В таком волнении, что, сбрасывая пальто, ненароком 0 оторвала красивую, с переливами голубую пуговицу.（Перевод С. Торопцева）

这两个例子里汉语都用了代词衔接，因为用省略衔接会使意义模糊——这两处话语里都分别有两个人物，不用代词就难以分辨所指物件。而俄语很方便地使用了省略衔接，阳性的形容词 богат，умен 和阴性的动词过去时形式 оторвала 都提示了指称对象。

四、语体因素

在各种不同的语体中，口语是最容易使用省略衔接的，因为省略和简化的形式符合口语经济、快速的原则。我们看到，在俄语里，凭借词形的丰富变化，可以大量地使用省略衔接，尤其是第一人称很容易被省略掉。试比较：

原文：— Сколько людей вывел?
— Около пятисот, — сказал Климович. — Через час уточню.
— Люди драться могут?
— Могут. Но боеприпасы на исходе.

原文："带出来多少人？"
"大约五百人，"克里莫维奇说，"一小时后就有准确的数字。"
"这些人会打仗吗？"
"会。但是弹药快打完了。"

改文：— Сколько людей вывел?
— Около пятисот, — сказал Климович. — Через час уточню.
— 0 Драться могут?
— Могут. Но боеприпасы на исходе.
（К. Симонов. Живые и мертвые）

改文："带出来多少人？"
"大约五百人，"克里莫维奇说，"一小时后就有准确的数字。"
"0 会打仗吗？"
"会。但是弹药快打完了。"

这里原文用名词重复的方式衔接，但后来作家认为这样说不太符合口语习惯，不如用省略更适合语境和人物语言。

下面我们再看几个西蒙诺夫修改的地方：

原文：— Слушай, Миша, я не поеду с тобой. Я останусь на несколько дней тут. （К. Симонов. Живые и мертвые）

改文：— Слушай, Миша, я не поеду с тобой. 0 Останусь на несколько дней тут.

原文：— Знаешь, я теперь поняла, почему с самого начала я нисколько не волновалась... (К. Симонов. *Живые и мертвые*)

改文：— Знаешь, я теперь поняла, почему с самого начала 0 нисколько не волновалась...

原文：— Я не рассудительная, а я просто хочу тебе помочь. (К. Симонов. *Живые и мертвые*)

改文：— Я не рассудительная, а 0 просто хочу тебе помочь.

这三个例子的原文都用了人称代词的重复，改文全部拿掉了。从修改的地方可以看出：在口语中，如果在开始的句子里用了第一人称代词，则后面话题继续时该人称可以省略，谓语的行为归属可以通过动词变位或动词的性体现出来。零形式衔接既节省了交际时间，又给语言表述一种无拘束的、亲昵的意味，是口语中很常见的衔接形式。

以上我们简要分析了俄语和汉语中使用省略衔接的各种不同情况。作为一种积极的语篇衔接手段，省略衔接在两种语言中都有广泛的应用。每种语言都有自己的语法和修辞规则，因此也就决定了这样或那样表现形式的使用范围。总的来说，如果语篇中话题不变，汉语更倾向于多用省略衔接，此时俄语多强调衔接形式的翻新；而另外一些时候，俄语借助于自身词形变化的特点，可以在口语等领域较多地使用省略衔接。以下是我们对赵树理小说《传家宝》及其两位俄罗斯译者的翻译所做的统计对比，结果显示：俄语更加注重形式的衔接，故而译文的省略远低于原文。

类型	《传家宝》原文 数量	百分比(%)	Г. Монзелер 的译文 数量	百分比(%)	В. Сперанский 的译文 数量	百分比(%)
名词衔接	108	40.60	121	51.05	132	54.77
代词衔接	46	17.29	85	35.87	69	28.63
省略衔接	112	42.11	31	13.08	40	16.60
总计	266	100	237	100	241	100

第八章　超句统一体

　　超句统一体（сверхфразовое единство）亦称为"复杂句法整体"（сложное синтаксическое целое），是指连贯话语中由两个以上句子组成、享有共同话题的句法单位。

　　超句统一体这个术语是布拉霍夫斯基（Л. А. Булаховский）于1952年提出的[①]，但其并非这个概念的首创者。早在1948年，波斯彼洛夫就曾提出"复杂句法整体"的概念。那年，波斯彼洛夫发表了两篇轰动苏联语言学界的文章：《复杂的句法整体及其主要结构特征》[②]和《现代俄语中的复杂句法整体问题》[③]。波斯彼洛夫认为，在连贯语中，表达相对独立完整思想的单位不是句子，而是复杂的句法整体。句子在没有语境支撑的时候可能意义含糊，语焉不详，但复杂句法整体则能在脱离上下文的情况下保持内容和形式上的独立性。1952年，布拉霍夫斯基在《标准俄语教程》一书中首次使用了"超句统一体"的术语，其内涵与波斯彼洛夫的"复杂句法整体"大体一致，都指比句子更大的句法单位。虽然"超句统一体"的名称来自于布拉霍夫斯基，但俄罗斯语言学界一般把波斯彼洛夫视为语篇语法的奠基人，1948年成为该学科的元年。

第一节　超句统一体的属性

　　近年来，尽管话语语言学的重点已由超句统一体转向全篇话语，由分析统一体中的句际联系及其表达方法转向探讨整篇话语的构成规律及其模式，但超句统一体作为话语的基本单位仍有很多问题没有得到彻底解决，许多问题仍在争论之中，其中最突出的，便是超句统一体的基本属性和特征。

[①] Булаховский Л. А.：*Курс русского литературного языка*，Киев，Вища школа，1952.
[②] Поспелов Н. С.："Сложное синтаксическое целое и основные особенности его структуры"，*Доклады и сообщения Ин-та русского языка АН СССР*，Вып. 2. М.，1948.
[③] Поспелов Н. С.："Проблема сложного синтаксического целого в современном русском языке"，*Ученые записки МГУ，Труды кафедры русского языка*，кн. 2，ВЫП. 137，1948.

一、向心性

什么是超句统一体？从字面上来分析，它是超出句子的联合体。显然，统一体中不能只有一个句子，最小的超句统一体由一问一答两个句子组成。那么，是什么因素使几个独立的句子结合成为一个统一体呢？

首先，是统一体的意义向心性（смысловая центростремительность），有的学者称之为"凝聚性"（интеграция）。也就是说，统一体中的每一个句子都围绕一个意义中心展开，这个中心叫"小主题"（микротема）①，它概括了一个统一体的中心内容，举一例：

> Алеше было двенадцать лет. Он был такой же, как все: ходил в школу, держал голубей на балконе и замечательно умел проникать на стадион без билета. Так же, как и все, он гонял шайбу на дворовом катке и был влюблен в знаменитого хоккеиста Эдика Дуганова. Он был обыкновенным мальчишкой до того дня, когда счастливая случайность... (Ю. Трифонов. *Победитель шведов*) 阿辽莎十二岁。他和其他人一样：上学，在阳台上养鸽子，还能不买票就钻进体育场看比赛。和别人一样，他在大院的溜冰场上打冰球，他的偶像是著名的冰球运动员艾吉克·杜加诺夫。他是一个普普通通的男孩子，直到有一天发生了意外的惊喜……

这一段里总共有四个句子，它们都围绕一个小主题展开，那就是Алеше(阿辽莎)。每个句子都写这个男孩：他的年龄、爱好、课外活动，最后一句话总结说，他是一个普普通通的孩子。当然，末尾一句还暗示着将要发生一件不寻常的事情，但那将是另外的超句统一体了。

那么，如果没有意义向心性，即小主题，统一体是否还会存在呢？我们来做一试验，将前面这个超句统一体改为：

> Алеше было двенадцать лет. А его отец работал на заводе «Серп и молот». В это время его бабушка вышла из кухни. Он

---

① Реферовская Е. А.: *Коммуникативная структура текста в лексико-грамматическом аспекте*, Л., Наука, 1989, с. 47.

был обыкновенным мальчишкой... 阿辽莎十二岁。他父亲在"镰刀和锤子"工厂上班。这时他祖母从厨房里走了出来。他是一个普普通通的男孩子……

显然这几句话不能构成一个意义整体，它只是几个毫不相干的句子的堆砌，尽管各句子间仍保存着形式上的联系。因此我们说，意义向心性是超句统一体最基本的特征，而向心性的标志是可以提炼出一个小主题。

二、连贯性

超句统一体的第二个特征，是统一体中句际间的连贯（связанность）。连贯包括意义和形式两个方面。

所谓意义连贯，指上下句之间的意义联系，而形式连贯则指句际间的形式联系。当然，二者的划分并没有严格界限：内容需要用形式反映，而形式为内容服务，它们互为关联。请看下面一例：

Мама была машинисткой. Работу она брала на дом. Ей казалось, что отлучись она из квартиры на день-и случится что-то ужасное, произойдет какая-нибудь непоправимая катастрофа. (А. Алексин. *Неправда*) 妈妈是一个打字员。她把工作拿回家做。她觉得她只要离开家一天，家里就会出可怕的事情，会发生无可挽回的灾难。

这里每后一句都与前一句有着内容和形式上的联系，如没有第一句，我们便不知第二句中的работу（工作）和она（她）各指什么，无法理解它的不寻常词序——为什么将работу提至句首等。同样，没有前面两句，第三句中的ей（她）也是难以理解的。

在这个例子中，各个句子之间都存在着一定的形式联系：第二句与第一句靠代词替代（она代мама）和倒装词序联系起来，第三句与前两句也是依赖人称代词联系的。那么，假如没有形式上的联系，统一体又将如何呢？我们来做一试验，将上例改为：

Мама была машинисткой. Мама брала работу на дом. Маме казалось, что отлучись она из квартиры на день-и случится что-то ужасное, произойдет какая-нибудь непоправимая катастрофа. 妈妈是一个打字员。妈妈把工作拿回家做。妈妈觉得她只要离开家一天，家里就会出可怕的事情，会发生无可挽回的灾难。

显然，这里并不是一段连贯的话语。尽管句际间仍保持着意义上的联系，但由于没有形式上的联系，仍不能构成统一体。

三、理序性

在超句统一体中，只有向心性和连贯性是不够的，它作为全篇话语的一部分，还需具有话语的基本特性——表述的理序性（последовательность изложения）。也就是说，统一体中的句子排列，应该体现一定的逻辑关系。还以前面的统一体为例。它先交代 Алеша 是一个十二岁的孩子，然后讲他的日常活动和业余爱好，最后总结说他是一个普通的男孩。下面让我们来打乱这个句子的顺序，看结果如何：

Так же, как и все, он гонял шайбу на дворовом катке и был влюблен в знаменитого хоккеиста Эдика Дуганова. Алеше было двенадцать лет. Он был обыкновенным мальчишкой до того дня, когда счастливая случайность... Он был такой же, как все: ходил в школу, держал голубей на балконе и замечательно умел проникать на стадион без билета. 和别人一样，他在大院的溜冰场上打冰球，他的偶像是著名的冰球运动员艾吉克·杜加诺夫。阿辽莎十二岁。他是一个普普通通的男孩子，直到有一天发生了意外的惊喜……他和其他人一样：上学，在阳台上养鸽子，还能不买票就钻进体育场看比赛。

尽管句子本身一字未动，就是说，所有句子仍指向一个意义中心，但这里却不是一个统一体，而是无意义的句子罗列。因为我们从中看不出句子间的逻辑关系。

因此我们说，意义向心性、表达连贯性和表述理序性是超句统一体的基本特征，缺一不可。这其中最重要的是意义向心性，它是统一体的核心，是凝聚句子的基本因素。如果说向心性表现在整个统一体的范围内，则形式联系性只表现在两个句子之间，是指句际间的联系；而表达连贯性则介于两者之间：既涉及全段统一体，又涉及两句间的联系。此外，即使全部句子都是有内在和外在联系的，如果表述的顺序不对，仍然是不可接受的，所以超句统一体还要求表述的逻辑性和顺序性。

第二节　超句统一体的划界

超句统一体的划界，是一个颇有争议的问题，可以说是仁者见仁智者见智。究其原因，在于超句统一体是一个主观性很强的语篇单位，没有严格的形式标准。

那么，怎样从语流，即连贯的话语中切分出超句统一体呢？经过数十年的探索，人们总结出一些规律性的东西，譬如小主题的变换，时空的更迭，句际联系的松紧等，这些都可以作为超句统一体划分的参考指标。

一、小主题因素

每个超句统一体都有自己的小主题，一旦主题变化了，就意味着该超句统一体的结束和新的超句统一体的开始。例如：

  Женился я молодым; баба мне попалась плодющая, восьмерых голопузых нажеребила, а на девятом скопытилась. Родить-то родила, только на пятый день в домовину убралась от горячки... Остался я один, будто кулик на болоте, а детишек ни одного бог не убрал, как ни упрашивал... // Самый старший Иван был... На меня похожий, чернявый собой и с лица хорош... Красивый был казак и на работу совестливый. // Другой был у меня сынок четырьмя годами моложе Ивана. Этот в матерю зародился: ростом низенький, тушистый, волосы русявые, ажник белесые, а глаза карие, и был он у меня самый кожаный, самый желанный. Данилой звали его... (М. Шолохов. *Семейный человек*)

在这个例子中，开始讲"我"的婚姻，讲老婆如何死掉，扔下几个孩子，这是一个小主题；接下来写"我"的大儿子，写他的相貌等，这又是一个小主题；最后介绍"我"的另一个儿子，写他的长相，这是第三个小主题。根据这三个小主题，我们将这一段分为三个统一体，其界限标志用"//"符号来表示。

但是,小主题的确定常常有一定的困难,因为它没有客观标准,全凭研究者的主观意志。因此在划分统一体时,还要参考它的其他一些特征。比如它的结构性(композиция),可以用来帮助我们确定小主题。

所谓结构性,是指统一体所具有的某种固定的结构模式。通常认为,一个完整的超句统一体是三元的,即包含三个部分:启句(зачин)、展题(развитие темы)和合句(концовка)。

启句为统一体的首句,它用来表达统一体的中心内容,即小主题;展题也称作中间部分(средняя часть),用来揭示小主题的具体内容,进一步展开这一思想;合句用来收束统一体,总结前面的思想,有时合句也可表达小主题或重复启句的小主题。举一例:

Естественно, что Иван любил Магнитогорск затаенной, но сильной любовью. Город был для него не просто местом проживания, как старые города для своих жителей, -один не мог бы существовать без другого: если бы не город, Иван не стал бы Иваном, если бы не Иван, город не стал бы городом. Отцовская и сыновная любовь одновременно-редчайшее чувство; такое чувство питал Иван к Магнитогорску. (Э. Казакевич. *Приезд отца в гости к сыну*)自然,伊万很爱马格尼托哥尔斯克市,爱得含蓄,但很炽烈。城市对他来说不仅是生活的地方,像其他老城对于它们的居民一样,谁也离不开谁:如果不是城市,伊万就不能成为伊万,如果没有伊万,城市也不会成为现在的城市。父亲般和儿子般的爱同时存在,这是一种少见的感情;伊万对马格尼托哥尔斯克市就是这种感情。

在这个超句统一体中,第一句为启句,它揭示了统一体的小主题,即"伊万对马格尼托哥尔斯克市的爱";二、三句为展题,进一步阐释伊万和城市的关系;最后一句是合句,总结前面各句并重复小主题——"伊万对城市的爱"。

В 1918 году в Астрахан было очень тяжелое положение. Белые подняли восстание и захватили большую часть города. // Главным руководителем красных войск был тогда Киров.

Он работал неустанно день и ночь, сам посты расставлял, сам следил за распределением боеприпасов; он выкинул лозунг: 《Астрахань не сдадим!》(Н. Тихонов. *Меткий выстрел*)

这个例子中的第一句，写 Астрахань 这个城市处在危急之中，白匪军暴动并占领了城市的大部，这是统一体的启句，点明了小主题；第二句具体揭示第一句的内容：为什么说该城市处境危险？险从何来？第二句是这个统一体的展题。接下来，第二段中的第一句，讲红军当时的领导人是 Киров，这句话显然不是上一个统一体的合句，而是另一个统一体的启句，表达另一个小主题；接下来的句子又是它的展题，介绍 Киров 是怎样工作的。这样，该例中有两个结构，各自由一个启句和展题组成，没有合句。因此，我们将这个例子划分为两个统一体。

二、时空因素

除了结构特征以外，小说中的时间和空间变换也可以作为超句统一体划界的参考依据。众所周知，主体、时间和空间是文学作品的三大要素。要叙述某一事情，表达某一思想，必然要涉及事情发生的时间和所处的位置。而在一个超句统一体中，所描述的事情是在有限的空间和时间段内发生的。让我们举例来说明：

К старухе Агафье Журавлевой приехал сын Константин Иванович. С женой и дочерью. Попроведывать, отдохнуть. Деревня Новая — небольшая деревня, а Константин Иванович еще на такси подкатил, и они еще всем семейством долго вытаскивали чемоданы из багажника... Сразу вся деревня узнала: к Агафье приехал сын с семьей, средний, Костя, богатый, ученый.

К вечеру узнали подробности: он сам — кандидат, жена тоже кандидат, дочь — школьница. Агафье привезли электрический самовар, цветастый халат и деревянные ложки. (В. Шукшин. *Срезал*)

这个例子中有两个超句统一体，分别在两个自然段落中。第一个统一体，讲述了老太太的儿子及其家属回村时的情景。这个统一体的空间，就是老太太所居住的小村子。时间虽然没有指明，但可以看出事件发生在一段有限的时间内。统一体的时空连续性，就在于表述始终没有离开这个具体的空间和时间。试想，如果在该统一体中出现诸如 в городе、на другой день 等字眼，势必会使读者感到费解：为什么叙述出现如此大的跳跃。因此，保持统一体的时空连续性，是保证叙述和谐连贯的前提。

  但是，这并不意味着文学作品中的时空是始终不变的。有时它们也会出现隔断和变换，而这个时空的断裂，恰好作为划分统一体界限的重要依据。如在上面的例子中，从第二个自然段起，空间虽然没有变化，但时间上却出现了跳跃：前面的一段时间已经过去，开始了从傍晚时分的叙述。

  一般来说，句首出现表示新的时间段的词语，如 под вечер、к двум часам、на другой день、на следующее утро、через три часа、позже、после обеда 等，常常标志着新的统一体的开始。下面我们再举一个空间变换的例子：

    Внутри вагона слабым накалом желтоватых нитей светилась лампочка, не в силах побороть мрак, запотелая от влаги человеческого дыхания. Люди, втаскивая мешки, багаж, плотно набивались в душную вагонную тесноту. Андрей, как ни старался, не сумел протиснуться в вагон и остался висеть на подножке, ухватившись обеими руками за деревянный поручень. //

    Трамвай выполз на прямую, почти без огней улицу; вдоль нее застыли черные, безжизненные громады зданий. Временами на дуге с терском вспыхивали искры, на миг заливая развалины голубым кинематографическим светом. Мелькнули облицованные гранитом колонны, высившиеся над хаосом бетонных обломков, над торчащими из-под навалов гнутыми, перекрученными железными балками, и Андрей, увидевший это в мгновенном трепетном свете, наконец понял, что за улица, по которой идет трамвай, и стал узнавать город. (Ю. Гончаров. *Война*)

  在这个例子中，第一个自然段描写电车内的情景，写里面的拥挤、浑浊的空气等，而第二个自然段将镜头移向窗外：街道以及被毁坏的建筑物等。这样，根据空间的变换，我们将这两个自然段划分为两个统一体。

三、句际联系因素

此外，句际间的联系性也可作为划分统一体的参考因素。一般认为，统一体内部句子间的联系，比统一体之间的联系更为紧密。因此，句际联系的减弱或消失，就是统一体的界限标志。例如：

Маленькая девочка, ее звали Верочка, тяжело заболела. Папа ее, Федор Кузьмич, мужчина в годах, лишился сна и покоя. Это был его поздний ребенок, последний теперь, он без памяти любил девочку. Такая была игрунья, все играла с папой, с рук не слезала, когда он бывал дома, теребила его волосы, хотела надеть на свой носик-кнопку папины очки... И вот — заболела. // Друзья Федора Кузьмича — у него были влиятельные друзья, — видя его горе, нагнали к нему домой докторов... Но там и один участковый все понимал: воспаление легких, лечение одно — уколы. И такую махонькую — кололи и кололи. // Когда приходила медсестра, Федор Кузьмич уходил куда — нибудь из квартиры, на лестничную площадку, да еще спускался этажа на два вниз по лестнице, и там пережидал. Курил. Потом приходил, когда девочка уже не плакала, лежала-слабенькая, горячая... Смотрела на него. // У Федора все каменело в груди. Он бы и плакал, если бы умел, если бы вышли слезы. Но они стояли где-то в горле, не выходили. От беспомощности и горя он тяжко обидел жену, мать девочки: упрекнул, что та недосмотрела за дитем.
(В. Шукшин. *Как зайка летал на воздушных шариках*)

这个大自然段中，共有四个统一体，而它们的分界处，就是句际联系最为松散的地方。先看第一个统一体。这里的第一句是个语义和形式相对独立的句子：它里面没有任何依赖前文的词语。而第二句则是个非独立的句子：没有上文我们便不知道她爸爸指的是谁的爸爸。同样，第三句中的 это（这）和 его（他的），第四、五句中的省略（省略了名词

девочка 或代词 она），都表明这几个句子是非独立句，即其中含有与上文联系的词语。而第六句，即第二个统一体的第一句，又是一个独立的句子。接下来是几个非独立句。以此类推，我们不再一一分析。

通常认为，独立句之间联系最为松散，而非独立句之间的联系最为紧密。因此独立句的出现可以作为划分统一体界限的参考因素。那么，如何识别独立及非独立句呢？一般来说，含有下列特征之一的句子，就是非独立句：第一，依靠并列连接词与前文联系的，如本例的第七句：Но там...；第二，借助人称代词、物主代词、指示代词、代副词等与前文联系的，如本例第二句：Папа ее...；第三，句中有省略的，如本例第五句；第四，运用倒装词序与前文联系的，如 Лекция называлась 《Сны и сновидения》. Читал ее приезжий молодой человек в больших очках-Дима Крутиков. 但独立句并不总是统一体的第一句，有时统一体从非独立句开始。因此，形式联系只能作为划分统一体界限的参考。

最后，需要明确一点：无论是以意义为依据，还是以结构、时空变换和句际联系性为依据，所划分出来的统一体界限应该是一致的。意义标准是划界的基础，是主要的；其他标准是对它的补充，是辅助的。划分出来的统一体长度不尽相同，但一般在三至五句之间。

第三节 超句统一体的层次

前面我们分析了句子之间的意义关系，这种分析已经突破了传统句法只研究句子内部结构的局限。然而，仅仅注意句际关系是不够的。在一些情况下，相邻的句子之间意义联系很弱，甚至没有任何联系，但话语仍是连贯的。这是因为，在一个上下文中，句子可能处在不同的层次上，孤立地看两个句际间没有关系，但从上下文的角度看，它们是密切相连的。例如：

Тут Демьян Лукич резким, как бы злобным движением от края до верху разорвал юбку и сразу ее обнажил. Я глянул, и то, что увидал, превысило мои ожидания. Левой ноги, собственно, не было. Начиная от раздробленного колена, лежала кровавая рвань, красные мятые мышцы и остро во все стороны торчали белые раздавленные кости. Правая была переломлена в голени так, что обе кости концами выскочили наружу, пробив кожу. （М. Булгаков. *Полотенце с петухом*）这时，杰米杨·卢基奇用急促的、近乎恶狠狠的动作把女孩的裙子由下到上一下撕开，把她的身体暴露在我们面前。我望了一眼，我所看到的超出了我的想象。左边的小腿实际上已经没有了。被轧碎的膝盖血肉模糊，只看见一些破碎了的鲜红的肌肉和横七竖八地支棱着的白色碎骨。右腿的小腿处骨折了，两根断裂的骨头戳破皮肤翘了出来。

这是一个超句统一体，由四个句子组成。如果孤立地看，第三、四句是不连贯的，或者说联系极为松散，但从整个上下文来看，各句之间却组织得很协调、自然，语气是通的。原来，该统一体中有几个层次，而第三、四句恰好处在不同的层次，因此它们表面上看来便不连贯了。让我们来分析一下这个统一体的层次。

先来看句际间的关系。第一句讲医生撕开受伤女孩的裙子，看到了她的伤口；后面三个句子分头描述她受伤的双腿。第一句与后面句子之间是总分关系，这个关系是统领全局的，因此它是该统一体中的第一层次。余下的三个句子，第二句与第四句之间是并列关系，分别描述孩子的两条腿；第三句与第四句之间没有联系，与前面的第二句之间为确切关系，进一步展开前句的思想。

那么，怎样划分统一体的层次呢？首先，要确定句子之间的意义关系；然后，根据这些关系来确定其中最主要的、统管整个统一体的关系，这便是第一层次，接下来依次划分第二、三、四等层次。值得一提的是，在很多情况下，统一体中的层次并非像上例那样明显，因此对这些统一体的划分就要遵循某种特定的原则。我们来看一个例子：

В воскресенье Варюша пошла за махоркой для деда в соседнее село. Мимо села проходила железная дорога. Варюша купила махорку, завязала ее в ситцевый мешочек и пошла на станцию посмотреть на поезда. В селе они останавливались редко. Почти все они проносились мимо с лязгом и грохотом. （К. Паустовский. *Стальное колечко*）星期天瓦柳哈到邻镇去给爷爷买烟叶。镇子旁边有一条铁路。瓦柳哈买了烟叶，用花布包起来，就去火车站上看火车去了。火车在镇子上停靠的很少。差不多都呼啸着从这里驶过。

这个统一体由 5 个句子组成，其中两个句子写 Варюша，另外 3 个句子写铁路和火车。写 Варюша 的句子之间是连贯关系，表明它们叙述的事情是先后发生的；而其余句子之间是并列关系，没有时间的先后之分。那么，如何确定这个统一体中的第一层次呢？我们认为，应该把推动故事情节向前发展的句子之间的关系作为统一体中的主要关系，也就是说，叙事性强的句子应处在第一层次上。在这个例子中，第一、三句，即写 Варюша 的句子，比之其他各句更具叙事性，因为它们表达了时间上的发展（请注意这两句中的动词完成体形式和其他句子中的未完成体形式），因此第一、三句间的关系是该统一体中的第一层次，余下各句构成第二、三层次。

我们可以做这样一个试验——把第一层次的句子删去，只保留第二、三层次的句子：

Мимо села проходила железная дорога. В селе они останавливались редко. Почти все они проносились мимо с лязгом и грохотом. 镇子旁边有一条铁路。火车在镇子上停靠的很少。差不多都呼啸着从这里驶过。

这里的意思是连贯的，但是形式上却不连贯，因为第二、三句之间是用代词 они（它们）联系起来的，而上句里并没有复数名词。显然上文里缺省了某个这样的名词，由此可见这里的第二、三句不在一个层面上。

然而，如果我们保留第一层次的句子，删去其他各句，行文却是既连贯又衔接的，可以把这个层次的句子组织为：

В воскресенье Варюша пошла за махоркой для деда в соседнее село. Варюша купила махорку, завязала ее в ситцевый мешочек и пошла на станцию посмотреть на поезда. 星期天瓦柳哈到邻镇去给爷爷买烟叶。瓦柳哈买了烟叶，用花布包起来，就去火车站上看火车去了。

尽管这里两句间的形式联系欠妥（第二句中的 Варюша 应改作 она），但意义上的联系是显而易见的。因此我们说，叙事性强、能推动事件向前发展的句子是统一体中的第一层次，其他起辅助说明作用的句子是较低的层次。第一层次是叙述的主线，其他层次是支线。

我们再举一例:

Наконец все дела были закончены. Уже запаковали багаж. Приделали второй замок к двери, чтобы не обокрали квартиру воры. Вытряхнули из шкафа остатки хлеба, муки и крупы, чтобы не развелись мыши. И вот мать уехала на вокзал покупать билеты на вечерний завтрашний поезд. (А. Гайдар. *Чук и Гек*) 最后, 所有的事情都办完了。行李也已经整理好了。他们在门上又挂了一把锁, 使小偷偷不到房子里的东西。又把食橱里的面包末啦、面粉屑啦、碎麦片啦, 刷得干干净净, 免得老鼠去做巢。于是妈妈乘车子上火车站, 去买下一天晚上的火车票。

这里推动事件向前发展的是第一句和最后一句, 因此它们构成第一层次; 而其他各句是对第一句的分说, 属于第二、三层次。在这个统一体中, 第一、五句是叙述的主线, 二、三、四句是支线。一方面, 支线只是对主线的扩展和补充, 而主线则是叙事的重点。两者的关系犹如树干与枝叶的关系: 没有树干, 枝叶便无从谈起; 而没有枝叶, 树干则仍可存在; 但另一方面, 枝叶起到点缀、丰富树干的作用。在以上这个例子中, 主干的第一、五句已经把事件的进程交代出来, 假如没有中间的三个句子, 读者仍可了解事情的进展。而作为枝干的第二、三、四句则对主线做了补充叙述和细节性的描写。这三个句子无疑把事情交代得更加清楚, 使叙述更具形象性了。

支线上的句子, 既依附于主线, 同时也对主线产生影响: 没有支线, 主线所表达的内容便不完整, 有时甚至是难以理解的。让我们以具体事例来说明:

Филипп Васильевич подсчитал расстояния и центнеры, и его удивило, что машины делают мало рейсов. Он достал карту, стал смотреть маршрут. Машины петляли через Поповку, и рейс удлинялся чуть ли не на десять километров. Филипп Васильевич спросил, почему не используется прямая дорога. (С. Антонов. *Тетя Луша*) 菲利普计算了一下距离和共担数, 惊奇地发现卡车跑得趟数很少。他拿出地图, 研究起路线来。卡

车在波波夫卡这个地方绕了一个弯子，路线延长了差不多十公里。菲利普问为什么不走直线。

这里的第一、二、四句是叙述的主线，属第一层次；而第三句则是支线，它与前一句构成客体关系，表示主人公在地图上看到的情况。作为支线的第三句，既受制于第二句，又是第四句的基础与前提：没有这一句的描述，后一句主人公所提的问题便没有着落，使人感到费解。然而，作者在该小说再版时却恰好删去了第三句，即叙述的支线，而只保留了主干。请看修改后的这段话语：

  Филипп Васильевич подсчитал расстояния и центнеры, и его удивило, что машины делают мало рейсов. Он достал карту, спросил, почему не используется прямая дорога. 菲利普计算了一下距离和共担数，惊奇地发现卡车跑得趟数很少。他拿出地图，问为什么不走直线。

这里作者删去了原文中的第三句，将二、四句合并为一句。这样一改，行文简练了，但意思却模糊了，主人公提出的问题缺少了交代。因此读者很难准确理解作品中所讲述的事件。

后来，当该小说再次修订再版时，作者意识到了细节描写在这个统一体中的作用，重新恢复了该统一体的原貌，即初版时的形式。

通过这个删减与恢复的例子，我们可以进一步看出叙述的主线与支线之间的关系：二者是相辅相成的，主线相对独立，支线既分支于主线，又对其产生影响，辅助展开主线的思想。

而对超句统一体中层次的划分和对叙述的主—支线的确认，可以帮助我们理清作品的脉络和事情的发展线索，从而更加深刻地理解和把握原文，掌握话语构成的内在规律。

我们曾经做过如下的实验[1]：

  Язык в действии-это текстовая деятельность. Люди общаются не отдельными словами и предложениями, а именно текстами. 运用中的语言就是语篇行为。人们不是用单个的词来交际，而是用句

---

[1] 史铁强：《论语篇的信息性》，《中国俄语教学》2004 年第 2 期，第 3 页。

子，即用语篇交际。

这两句话读起来相当费解，虽然有相同的语义场词（текстовая、текстами），但形式和意义仍不连贯。其原因在于交际链的中断，或称语义缺项：第二句的主位（люди общаются）在回指中找不到先行词，即前句中没有义项与之呼应。由此读者可以做出判断：其中必有语义缺省。事实的确如此。我们在实验中删节了一个句子，现恢复如下：

Язык в действии-это текстовая деятельность. Текст — основная единица общения. Люди общаются не отдельными словами и предложениями, а именно текстами. (Н. Шевченко. *Основы лингвистики текста*) 运用中的语言就是语篇行为。语篇是交际的基本单位。人们不是用单个的词来交际，而是用句子，即用语篇交际。

这样，主位/述位结构就搭建起来了：язык-текстовая-текст-общения-общаются-текстами。可见，科学语篇里截断交际链会影响到信息传递的畅通。但我们不急于做结论，再做一例实验：

Лингвистика оперирует двумя весьма важными, фундаментальными понятиями-язык и речь. Первая изучает языковые системы, вторая-речь. 语言学有两个非常重要的、基本的概念——语言和言语。前者研究语言体系，后者研究言语。

这两句话同样似懂非懂，因为它同前例一样，虽然有相同的关键词（язык、речь、языковые、речь），但后句的主位（первая/вторая）无落脚点。至此读者自然明白其原因。

Лингвистика оперирует двумя весьма важными, фундаментальными понятиями-язык и речь. *Фактически формируются две сферы исследований — лингвистика языка и лингвистика речи.* Первая изучает языковые системы, вторая-речь. 语言学有两个非常重要的、基本的概念——语言和言语。实际上这是两个研究领域，即语言语言学和言语语言学。前者

研究语言体系，后者研究言语。

这是我们恢复后的语篇。主位(первая/вторая)在回指中找到了先行词(лингвистика языка, лингвистика речи)。应该说，语篇的衔接性已不容置疑。然而，我们要告诉读者，这并非该片段的全部，它的原貌如下：

Лингвистика оперирует двумя весьма важными, фундаментальными понятиями — язык и речь. *Раньше лингвистика изучала язык, систему языка, теперь — язык и речь.* Фактически формируются две сферы исследований — лингвистика языка и лингвистика речи. Первая изучает языковые системы, вторая — речь. (Г. Солганик. *Стилистика текста*)语言学有两个非常重要的、基本的概念——语言和言语。从前语言学研究语言，研究语言体系，现在研究语言和言语。实际上这是两个研究领域，即语言语言学和言语语言学。前者研究语言体系，后者研究言语。

我们惊奇地发现，最后一个方案中增加的句子，在省略时并未直接影响语篇的连贯。至此，我们是否可以大体看出以下一些规律？即在接受文学和政论语篇时，读者经常可以根据语境和头脑中已有的对世界的认知，自动生成语篇中缺省的信息成分，而无须作者详述每个环节。而在科学语体中，涉及专业术语和作者的逻辑思维方式，读者单凭百科知识难以填充省略的语义信息。但这里情形也不尽相同，可能有两种情况：链式的主位/述位结构(前句的述位充当后句的主位)不宜省略，因为它是一环扣一环的，如舍甫琴柯的例子中构成了这样一个链条：язык в действии(主位)/ текстовая деятельность(述位)/ текст(主位)/ единица общения(述位)/ люди общаются(主位)，索尔加尼克的例子也显示出类似的主位/述位的变换关系：лингвистика(主位)/ язык и речь(述位)/ лингвистика языка и лингвистика речи(述位)/ первая..., вторая...(主位)。而在我们所实验的平行式结构里，即前句的主位在后句中仍作主位，在个别信息省略的情况下，不至于完全影响对语篇的理解，它仍然是连贯的。当然，这里指的是科学语体的运用，在其他语体中是否也有类似的规律，尚有待于进一步验证。

第四节　超句统一体的分类

超句统一体的意义类型是很复杂的，其中包括几层抽象程度不同的意义：(1)首句的意义类型；(2)后续句与首句的展开模式意义；(3)超句统一体的语义结构；(4)超句统一体的主观情态意义。

句组和超句统一体都由句子组成。在大多数情形下，某一类句子组合或超句统一体都或多或少地受到句子类型的限制：从倾向使用某类句子，到根本不许使用某些类别的句子。划分超句统一体模式的根据之一，就是看句子的主位形式。句子还直接纳入形成超句统一体的语义结构的范畴。句组现象与句子的组合规则以句子的主位性能为基础，而句子语义是这种性能最重要的因素之一。

一、从功能的角度分类

超句统一体是一个表达相对完整思想的单位。它可以交代一件事情（或事情的一部分），可以描写一个人物（或景物），还可以针对某一问题发表看法。根据这几种功能，我们将超句统一体分为叙述型、描写型和议论型。

1. 叙述型超句统一体

叙述型超句统一体是对某一事件或人物的讲述。这种统一体又分为概括叙述型和具体叙述型两类。让我们先看一个概括型的例子。

> Жил на свете маленький цветок. Никтои не знал, что он есть на земле. Он рос один па пустыре, коровы и козы не ходили туда, и дети из пионерского лагеря там никогда не играли. На пустыре трава не росла, а лежали одни старые серые камни. (А. Платонов. *Неизвестный цветок*)从前地球上长着一棵小花儿。谁也不知道它在大地上的存在。它独自开在荒漠上，牛羊都不到那里去，夏令营的孩子们从来不到那里去玩。荒漠上没有草，只有又老又灰暗的石头。

在这个统一体中，作者只对"主人公"цветок(小花儿)作一般性的介绍——交代它的生长地点及其周围的环境。这个概括性的叙述，为后面事件的展开铺设了道路。

一般来说，这种概括叙述型统一体出现在作品的开头，或者作品的中间介绍人物，而事件尚未展开之时。它的结构特点是多用并列句，句子较长，叙述缓慢平稳，语言的形态特点为动词的未完成体形式较多。

　　具体叙述型统一体则与之相反，它表达的是实实在在发生的事情，有确切的时间和地点。人物的每一个动作，事件的每一步展开都看得见摸得着。请看下面一例：

　　　　Шурыгин махнул трактористам... Моторы взревели. Тросы стали натягиваться. Толпа негромко, с ужасом вздохнула. Учитель вдруг сорвался с места, забежал с той стороны церкви, куда она должна была упасть, стал под стеной. （В. Шукшин. *Крепкий мужик*）舒雷金朝拖拉机手们挥了一下手……马达发动了。绳缆拉直了。众人惊恐地小声叫了一声。教师突然冲出来，从教堂将要倒下去的那一边跑过来，站到了墙边。

　　这里叙述的是一个古老的教堂将被拖拉机摧毁的那一瞬间。事情发生在一个具体的时间里，人物的动作清晰可见。从结构上来看，这个统一体中的句子排列，是按照所述事件发展的时间顺序进行的。也就是说，各句所述内容是先后发生的，而不像上例那样没有时间的顺序。这一特点也同样反映在动词的体、时运用上：这里动词均用完成体过去时的形式。为了加快叙述的节奏，作者运用了一连串短小的句子，突出渲染了紧张的气氛。

　　对比以上两种统一体不难看出：在概括叙述中时间范畴退居第二位，而在具体叙述中它占据首位，尽管可能没有被明确指明。

　　2. 描写型超句统一体

　　描写型超句统一体用来描绘和刻画人物或事物的某些固有特征。如果说叙述型超句统一体是动态的，那么描写型超句统一体则是静止的。它选取人或事物的某一侧面和某一时刻对其进行描述。

　　描写型超句统一体可以分为人物描写、环境描写和景物描写。

　　人物描写，也称肖像描写，一般包括人物的相貌、衣着、举止及发式等。例如：

　　　　Первым из учительской вышел инспектор. Это был новый инспектор, еще далеко не старый человек, красавец, с острой бородкой и седыми висками. На нем был не сюртук, но форменная щегольская тужурка из толстого черного диагоналевого сукна с серебряными звездочками статского советника на синих бархатных петлицах. Эти серебряные звездочки были похожи на сильно увеличенные снежинки. Его мягкие шевровые сапоги на резинках приятно скрипели, и от него приятно пахло свежим одеколоном и брокаровским мылом. (В. Катаев. *Электрическая машина*)

在这个描写型超句统一体中，先交代了人物的身份、年龄以及相貌。然后写他的服饰，从制服式上衣到软羊皮皮靴。从这一段人物肖像的描写中，我们还看到他的某些个性特点，如根据他的衣着打扮及身上散发的香水气味，我们可以看出这是一个极注重仪表整洁的人。

环境描写指对人物所处的空间环境的描绘，如一幢房子、一间卧室以及身边的物品等。通过对环境的描写，也可以揭示出人物的某些特点，如家境、职业、爱好、生活习性等。例如：

Старушка тоже как будто обрадовалась гостям и ввела их в большую комнату. Пол этой комнаты был грязен, окна пусты, стол был накрыт клеенкой, и эта бурая клеенка с дырами на углах давно уже приросла к крышке стола, высохла и заколенела. В комнате стояли широкая кровать и длинная лавка. В стенах торчали ржавые гвозди... (Г. Семенов. *Сим-Сим*)

施先生住在上海愚园路上临街的一幢小洋楼里，二楼朝南，书房、客厅、餐厅和卧室合而为一。床头悬挂名人和友朋的字画，经常掉换，我记得起的就有康有为、沈从文、周退密、潘素等。老式写字桌前小玻璃柜内陈放着他老人家近年雅兴大发搜集的文物古玩，都是玲珑剔透、惹人喜爱的小物件。（陈子善：《拾遗小笺》）

这两个例子都是对居室的描写。第一例里通过对老太婆所居住的房间的描写，可以看得出她的家境贫寒，生活得孤单清苦，无人照料。第二例是对文人书房的描写，各种装饰透着文化气息。

景物描写则是指对大自然风光的描绘，如天气、地理环境及大自然现象等。请看下例：

> Закат почти угас, только маленькая розовая лента, с каждой секундой все более бледнея, чуть окрашивала край пух облака, точно в истоме неподвижно застывшего в потемневшем небе. В степи было так тихо, грустно застывшего в потемневшем небе. В степи было так тихо, грустно, и непрерывно лившийся с моря ласковый плеск волн как-то еще более оттенял своим монотонным и мягким звуком эту грусть и тишину. Над морем, одна за другой, ярко вспыхивали звездочки, такие чистенькие, точно вчера только сделанные для украшения бархатного южного неба. (М. Горький. Емельян Пиляй)

这里描绘了一幅海边大自然的画面，傍晚的余晖映照着天上的云彩，静悄悄的草原上只听得见海浪的声音，大海的上空亮起了一颗颗小星星，仿佛特意点缀着夜空。在这个描写中，既有天上的，也有地面的；既有画面的，又有声音的，构成了一幅美丽的景象。

在描写型超句统一体中，动词大多用未完成体形式，表明被描述事物处在共时的分布状态。

3. 议论型超句统一体

议论型超句统一体，是作者或叙事者对某一事物或现象发表的看法。完整的议论应该包括论点、论证和结论三个部分，但是实际上许多议论型超句统一体只有其中的一两个部分，而将其他部分合而为一。例如：

Природа вручает женщине предмет ее любви, и она же, природа, как будто не до конца доверяя самой себе, требует от женщины, чтобы она подвергла свой идеал дальнейшей доработке. Дальнейшей 《доводке》, как сказали бы на современном заводе, выпускающем промышленную продукцию.	大自然让女人成为爱的对象，同时，大自然似乎不完全信任自己，要求女人把自己的理想再雕琢一下。做到"完善"，就像一个现代化工厂完成它的产品一样。

И вот если мужчина смел, женщина, по требованию природы, должна работать над тем, чтобы он был еще и умен; если он умен, чтобы был смел и честен, если он бронзовый-кое-где заменить бронзу деревом, если деревянный, соединить дерево с бронзой. Если он талантлив, тогда немыслим перечень всего того, что должна совершить женщина.

(С. Залыгин. *Мария и Мария*)

如果说男人是勇敢的，那么女人遵照大自然的要求就应该让男人再变得聪明；如果男人是聪明的，那还要让他成为勇敢的和诚实的，如果他是一块铜，那就在什么地方把铜换成木头，如果是木头，那就让木头和铜结合起来。如果他有天赋，那么这里所说的女人该做的一切都是不可思议的。

在这个统一体中，先提出论点：大自然让女人成为爱的对象，同时，大自然似乎不完全信任自己，要求女人把自己的理想再雕琢一下。然后具体阐述这一观点，假设几种情况来说明它。

议论型超句统一体中的句际关系，实际上就是原因和结果的关系，也就是提出问题，而论证则是对它的回答。下面再举一例：

Человек-как забытый клад в степи: копнешь верхний слой, а за ним столько разных сокровищ и сокровенностей, что дух захватывает... Чего только нельзя найти в прошлом незамысловатом человеке?... (А. Бухов. *Человек и курорт*) 人就是被遗忘的草原上的宝藏：挖掉最上面的一层，下面就是各种珍宝和宝物，让你屏息……在一个过去的、简单的人的身上什么东西找不到呢？……

这里的第一句中包含了论点和论证两部分，而第二句既是对前面观点的发挥，又是对论述的总结。

在议论型超句统一体中，动词一般均使用未完成体现在时的形式：它不指某一具体时间，而是泛指一切时间。

除以上三种类型外，话语中还时常有混合型的统一体，即在一个统一体中包含了三种形式或其中的两种形式。这里限于篇幅，我们不再把它作为一类单列出来，只顺便提及，以引起读者的注意。

二、从结构的角度分类

超句统一体是由两个以上的句子构成的。统一体中的句子之间有着一定的意义和句法联系。研究表明,句际间的联系有两大基本类型:链式联系和平行式联系。根据统一体内部句法结构的差异,我们将它们区分为链式结构统一体和平行式结构统一体。

1. 链式结构统一体

在这种统一体中,句子之间的联系像链条一样,一环扣着一环。前面句子中的某一成分,出现在后面的句子中。换句话说,对后面句子的理解,要依赖对前面句子的把握。例如:

> Дня через два Климов встретил па улице знакомого *инженера* когда-то пришлось быть вместе в командировке по одному делу. *Тот* посетовал. жена у дочери в Калуге, родился внучонок, уехала помогать, проживает там с полгода, не меньше. А *его*, как на грех, посылают в долгую командировку в Барнаул, Вообще-то это хорошо, оттуда можно привезти полушубок, пофартит дубленки жене и дочери, но квартиру приходится оставлять па замке, а *это* немного опасно. (Ю. Гончаров. *Инженер Климов. Вы его знали...*)
>
> 王春丽在那张铁管床上坐下来,床栏上的绿漆全部掉光了,黑油油的,床对过是那个黄油漆的大立柜,立柜上的镜子已经乌了,照人总是模模糊糊。靠窗是那张两屉桌,桌上是一堆山竹皮……(王祥夫:《一步一徘徊》)

这两个例子里的每后一句都与前一句有着密切的联系,也就是说,每后一句中都有一个句子成分是前文中提到的。在第一个例子里,假如不看第一句,我们便不知第二句中的 тот 指的是谁;没有第一、二句,就无法理解第三句中 ero 的所指;而第三句中的 это,在没有上文的情况下,更是难以捉摸的。

在链式结构的统一体中,句子的排列可能有以下几种情况:
(1)前一句中的补语,成为后一句中的主语。

> Он жил в непрерывном и легком *волнении. Волнение* все

нарастало, пока не превратилось в ощущение неправдоподобного и почти нестерпимого счастья, когда ему принесли телеграмму всего из трех слов: 《Буду двадцатого встречайте》. (К. Паустовский. *Белая радуга*)

(2)前一句中的补语，在后一句中仍作补语。

Подошли к *трактористам*, чтобы хоть оттянуть время — побежали звонить в район и домой к учителю. Но *трактористам* Шурыгин посулил по бутылке на брата и наряд 《на исполнение работ》. (В. Шукшин. *Крепкий мужик*)

(3)前一句中的主语，在后一句中成为补语。

Он стал рассчитывать, строго и внимательно озирая пространство. *Его* даже увлекала эта непростая охота. (П. Тихонов. *Поединок*)

(4)前一句中的主语，在后一句中仍为主语。

Не успели мы отдышаться в кленовом полумраке, из дождя начали выпадать *градины*. Сначала *они* были маленькие и матовые, как вареные пескариные глаза, и скатывались по кронам, потом покрупнели — волчьи картечины, да и только, и пробивали, лохматили, ссекали листья. Одна градина жиганула Кешу по уху, и в его глазах заблестели невольные слезы. (Н. Воронов. *Нейтральные люди*)

这条路往南去是一个花园，往北去是一个果园，靠果园又是一个医院，王春丽当年就出生在这个医院里。医院现在还在，但那长满李子树的果园却早就从地面上消失了，就像自己城里的那个亲妈，早已消失得无影无踪去了另一个世界。那个世界不要吃不要穿……(王祥夫：《一步一徘徊》)

2. 平行式结构统一体

在这种统一体中，句子之间的关系是平行的、并列的。后面的句子与前面的句子处于相等的地位，而不是像链式联系那样，由前面的句子派生出来。但是，这并不是说，在平行式统一体中，几个句子是毫不相干、互不联系的。尽管各个句子表达各自不同的事物，但其中某些共同的意义，将这些句子联结成为一个完整的统一体。例如：

  Над городом белело выцветшее, безоблачное небо. По улице волнами летела острая пыль, и прохожие останавливались, повернувшись спиной к ветру и придерживая шапки. Сухо и бессильно шуршали листья акаций. (С. Антонов. *Новый сотрудник*)

这里的三个句子中，有三个不同的描述对象：无云的天空，街上刮起的尘土及路上的行人，还有沙沙作响的树叶。这三个句子是并列的、互不依附。但是它们之间有着共同的东西：都在描绘大自然中的景象。被描述的几个事物合为一体，构成一幅完整的画面，而每个句子绘出了这幅画的一部分。

  平行式统一体可以是描绘型的，也可以是叙事型的。例如：

  Кто-то зазвонил в колокол, когда они вошли. Кто-то захлопал в ладоши. Какая-то женщина в джинсах окуталась дымом сигареты, какой-то сильный человек с волосатыми руками принял плащи и унес куда-то. Другой, такой же волосатый, вошел в комнату с балкона, другая женщина в длинной юбке, идя следом за ним зябко поежилась и близоруко сощурилась, вглядываясь в лица новых гостей. (Г. Семенов. *Святая*)

这里连续用了几个平行式句子：кто-то...；кто-то...；какая-то...；какой-то...；другой...；другая...，来叙述客人走进陌生房间时的情景。这几个句子在意义和结构上都处于平等的地位。

  一方面，平行式统一体中的各个句子，可以有相同的结构和词序，如上例中所有的句子都是人称句，都按照主语在前，谓语在后的词序排列；而另一方面，统一体中的各句，也可以有不同的结构和词序。例如：

> Было тихо на улице. Снежинки летели мелкие и редкие, но они уже успели припорошить скованную дорогу, раскрошенный кочан капусты, желтеющий посреди дороги, крыши и поля. Резиновые сапоги деревянно стучали по промерзшей земле, и идти было легко.
> (Г. Семенов. *Куковала кукушка*)

在这个统一体中，第一句是无人称句，没有主语；而第二、三句则是人称句，都按照主谓语的顺序排列词序。因此我们说，平行式统一体中的句子，并不一定都有相同的结构，重要的是后面的句子在形式上并不依附于前面的句子。

另外，还存在一种混合式超句统一体，里面既有链式联系，又有平行式联系。限于篇幅，这里不再举例。

三、从逻辑的角度分类

超句统一体要求逻辑连贯地表达思想。统一体中句子的排列，不是杂乱无章的而是遵循着一定的规律，体现一定的逻辑关系的。一般来说，句际间的逻辑关系有三种：时间关系；空间关系；总分关系。根据这三种关系，我们区分出三种统一体。

1. 时间关系统一体

在这种统一体中，句子与句子是依靠时间联系起来的。这里又分为顺序时间和倒序时间两种情况。让我们先看第一种情况：

> Четыре дня работали пионеры, удобряя землю на пустыре. А после того они ходили путешествовать в другие поля и леса и больше на пустырь не приходили. Только Даша пришла однажды, чтобы проститься с маленьким цветком. Лето уже кончалось, пионерам нужно было уезжать домой, и они уехали. (А. Платонов. *Неизвестный цветок*)

这个统一体就是按照正时间顺序排列句子的：把先发生的事先说，后发生的事后说。为了表示时间的流逝，统一体中用了 после того、однажды、лето уже кончалось 等词语，说明各句间的时间关系。

另外，文学作品中还大量使用倒时间顺序排列句子的方法。例如：

Филипп оделся потеплее и пошел к парому.

Паромщиком он был давно. Во время войны его ранило в голову, работать плотником он больше не смог и пошел паромщиком.

(В. Шукшин. *Осенью*)

这里，后两句所叙述的内容，显然发生在第一句的内容之前。其中第三句的内容又在第二句的内容之前。因此我们说，这个统一体中的句子，是按照倒时间顺序排列的。

2. 空间关系统一体

在这种统一体中，句子的排列是按照人或事物所处的空间位置依次进行的。例如：

У самой воды выглядывали из травы голубые незабудки. А дальше цвела дикая рябина. А еще дальше высокой стеной поднимались высокие кусты боярышника и шиповника. Ветки их так переплелись, что казалось, будто красные цветы шиповника и белые цветы боярышника расцвели на одном и том же кусте. Шиповник повернул цветы к солнцу. Его цветение совпадало с самыми короткими ночами-нашими русскими северными ночами, когда соловьи поют всю ночь, и солнце почти не уходит за горизонт. (К. Паустовский. *Во глубине России*)

家里只有一张四尺长三尺宽的桌子，这张桌子的功能向来瓜分得十分明确。靠里的那一端常年放着一个圆竹罩子，罩子底下摆的是剩饭剩菜。外边那一端是妈妈和二姨婆卷烟丝的地盘。竹罩子和卷烟纸中间的那块狭小空间，才是她每天做作业的地方。她没有地方摊开课本，她只能把作业本压在课本上，挪来挪去地看。（张翎：《阵痛》）

第一个超句统一体是按照从近到远的顺序展开的，其中用了 дальше、еще дальше 等词语，来表示所描述事物的空间位置；第二个超句统一体是围绕桌子展开的空间描述，它由里到外，最后再集中在中间地方，似乎用一个摇动的摄像机把整个空间连同其细节陈设扫了一遍。

说到这里，有必要明确一点：根据时间和空间关系划分出来的统一体,在形式上很像叙述型和描写型超句统一体。的确,它们在很多情况下是吻合的。但是两者并不是一回事。首先,叙述、描写和议论是根据统一体的功能,即所起的作用划分的,而时间、空间和总分则是根据统一体内部句际间逻辑关系来确定的;其次,这两种分类方法有时并不吻合。例如:

Лейтенант Анатолий Гурьянов медленно ехал на гнедом своем коне Наскоке. А за ним ехали его пушки. Впереди разведчики внимательно рассматривали дорогу. (Б. Тихонов. *Мост*)

这是一个叙述型超句统一体,然而它里面句际之间并非是时间关系,而是空间关系,用 за ним,впереди 来表达这种关系。再如:

Она сидела на кроватке, лицом к окну. Подбитая ракета, распадаясь в воздухе, освещала блестящие от слез глаза и светлые волосики, до того легкие, что их колебало дыхание. Наконец небо погасло, и тотчас же в силу вошли осенние звезды. Поздний месяц, как светлый ковшик, закачался в окне. (В. Инбер. *Бессонница*)

这个统一体是属于描写型的,但是句际间却体现了时间关系,如后两句中完成体动词的运用以及表时间的副词 наконец,都表明时间关系占主导地位。所以我们说,功能分类和逻辑分类是不一样的。

3. 总分关系统一体

这种统一体是按照所述事情的重要性来排列句子次序的。首先把所要表达的重要内容,即中心思想,先总说;然后再分述其他内容,进一步展开中心思想。例如:

Через две недели провожали вчерашних десятиклассников. Ломкая колонна неторопливо вытягивалась из школьного дворца, а по обе стороны стояли люди. Мальчишки кричали и махали плакатами, взрослые молчали. Колонна двинулась по переулку, сворачивая на Арбат, к Смоленской, провожающие шли по тротуарам, а девушки, надевшие в этот день лучшие

свои платья, в драгоценных туфельках семенили по мостовой. В конце Арбата стали отставать знакомые, потом друзья, но девушки шли до конца, до Киевского вокзала, до ворот, дальше которых никого не пускали. И стояли у этих ворот тихо и обречено, пока ребят не погрузили в эшелоны.
(Б. Васильев. *Старая «Олимпия»*)

这里叙述的是战争开始时送十年级学生上前线的情景。在统一体的第一句里便点明所要叙述的中心内容，这一句是总说。以下各句详细描述送别的过程：队伍怎样行进，孩子和成年人的表情如何，以及姑娘们的行动等。这些句子是分说，进一步展开第一句的内容。

一般来说，在总分关系统一体中，第一句是核心，称为小主题，后面各句围绕小主题而展开，进一步揭示它的内容。我们再看一例：

В Усть-Курте мне не повезло. Начальника строительного района, к которому я летел на самолете из Москвы, ехал на поезде из Иркутска и тащился на развальнях, на месте не оказалось. За день до моего приезда он отправился в управление на совещание, и до такой погоды раньше чем через неделю его не ждали. (С. Антонов. *Порожний рейс*)

没有比女性更难做的了。打扮得太好，叫作"冶容诲淫"；完全不打扮也不行，因为女要"为悦己者容"。完全没有才华，会被轻视和玩弄；如果过于有才华，就简直不会被当作女性看待。(蒋方舟：《女性的角色》)

这两个例子里的超句统一体小主题就是第一句，它概括了统一体的核心内容。接下来的几个句子都围绕这个小主题展开，进一步说明它。但也有时小主题不在第一句话里，而是在后面的某个句子中。例如：

女性不能过得失败，可是最好也不要太过成功。长久以来都有一种观念：成功女人的婚姻与生活大都不幸福，所以应该回归平凡，学会用一手好菜拴住老公的胃才是明智的做法。我在很长时间内都深以为然，后来才意识到：成功女性只是少数，所以她们的不幸福的案例就会被夸大，而大多数女性的无奈与

妥协在数量上其实更多。另外，成功女性幸福的阈值更高，这根本不是一场公平的竞赛。（蒋方舟：《女性的角色》）

这个超句统一体的小主题就在第二句里，即女性不能太成功。

在一些总分关系统一体中，为了更加突出中心思想，在结尾时也使用有概括意义的句子，形成环状结构。此时的句际关系，可以称为总分总关系。例如：

В те дни пустынным был восточный берег. Мертвые станки, брошенные избушки. Рыбацкие избы без окон и дверей, по крышу занесенные снегом. Ни дыма, ни огонька, ни человека, ни собаки（Б. Горбатов. Обыкновенная Арктика.《Рассказ о двух мужчинах》）

这个例子的第一句先点明了小主题，然后对它分述，进行个别描写，最后一句重又概括小主题，用排比的形式突出这一思想。

以上我们列举了超句统一体分类的几种情况。由于篇幅限制，很多观点无法细述。但仅从以上的粗略分析中，便不难看出超句统一体的某些特点以及连贯话语的构成规律。句子在话语中的排列，不是随随便便、杂乱无章的，只要我们细心观察，是可以找出一些规律性的东西的。

第五节　超句统一体在教学中的应用

研究超句统一体及其构成规律对外语教学，尤其是连贯语教学有着积极的意义。多年来，外语界有一种提法：打好基本功，扩大知识面……何谓基本功？有人解释为语音、语法、词汇三要素。那么，是否意味着练好发音，掌握语法，记住单词就等于学会一门外语呢？问题显然没有这样简单。我们不妨从学生的习作中取出两句作以分析：

У нас в институте большая спортивная площадка. Каждый день после занятий на площадке много студентов: одни играют в баскетбол, другие-в волейбол или в футбол. 我们学院有个大操场。每天课后操场上有很多学生：有的打篮球，有的打排球或踢足球。

从语法和词汇角度看，这两个句子都是正确的，而且交际目的也已经达到：读者一看便知讲的是什么。但用连贯话语的观点来分析，第二句中有两点不妥：词序和句际联系手段。先分析一下词序。根据连贯话语的实际切分法，在没有主观评价及感情色彩的话语中，主位在前，述位在后。而在上例的第二句中，площадке 是主位，其余为述位，на площадке 应调至句首。因此，上例应改为：

  У нас в институте большая спортивная площадка. На площадке каждый день после занятий много студентов: одни играют в баскетбол, другие-в волейбол или в футбол. 我们学院有个大操场。操场上每天课后有很多学生：有的打篮球，有的打排球或踢足球。

下面再看句际联系。上述两句是靠名词重复的方法连接起来的，而事实上俄国人在此种情况下更喜欢用人称替代的方法，即把 на площадке 改为 на ней。这样，修改后的话语应为：

  У нас в институте большая спортивная площадка. На ней каждый день после занятий много студентов: одни играют в баскетбол, другие-в волейбол или в футбол.

由此可见，外语教学不应仅限于语言教学，还应包括言语及连贯话语的内容。应该让学生了解有关的话语知识，熟悉连贯语的构成规律，掌握常用的句际连接方法。在实际教学中，还应结合汉语的特点及学生言语（口头或书面）中常见的错误，进行对比分析，使学生有现实感。

我们认为，连贯语教学从低年级起就应贯穿于实践课中，使学生从一开始就懂得连贯的概念，学会识别哪些句子间是连贯的或不连贯的。譬如可选取下面两组句子让学生判断，指出其中连贯的并说明为什么：

  Китай — одна из величайших и древних стран мира. Наши дети очень любят сказки. Какое время года часто льют дожди?

  Китай — одна из величайших и древних стран мира. Она находится в Восточной Азии. По числу населения Китай занимает первое место в мире, а по площади — третье после

России и Канады.

根据学到的知识，学生马上会看出，第二组句子是连贯的，因为它们都用来揭示同一个小主位——Китай。由此使学生懂得，连贯的表达就是围绕一个中心思想进行，即所谓的扣题，凡与此中心有关的就写（或说），无关的就摒弃；关系密切的详写，联系不大的略写。而下面一段习作中就有与中心意思无关的离群句子：

Мой брат — очень способный мальчик. У него в школе много друзей. Ему всего 12 лет, а он уже научился чинить электроприборы: магнитофон, радиоприемник и даже телевизор. Отец с гордостью называет его «мастером на все руки».

这段话的中心意思是夸奖弟弟的才能，而第二句与这一思想无关，是个多余的句子，应该删去。

前面已经谈到，话语中的句子排列是有次序、有层次的。先说什么和后说什么，是由逻辑关系决定的。因此，连贯语教学问题在某种程度上也是培养学生逻辑思维的问题。这里不妨采用以下练习：教师选取某段话语，打乱句序，然后要求学生按照事物发展的逻辑关系和句子的外部形式，将它们重新组织成连贯话语。例如：

В этой вечер люди по традиции выходят полюбоваться луной, едят «юэбин». Недаром ей посвящен специальный праздник, который называется «праздник Луны» или «праздник Середины осени». Его встречают 15-го августа по лунному календарю, когда луна бывает особенно яркой и красивой. Луна играла большую роль в старом китайском календаре.

经过思考，学生很快会理出其中的层次关系：这四句话都是围绕 луна 展开的，而第四句中 луна 第一次被提到，因此它应该是这个超句统一体的第一句；接下来由 луна 引出传统的节日 праздник Луны，因此第二句应该紧跟上句，这两句的句际联系是代词对应（луна-ей）；再往下交代节日的时间，并且 праздник 和 его 的对应关系也恰好说明本段的第三句也正是排序后的第三句，最后一句是练习给出的第一句，讲人们如何庆祝这个节日，所用的连接手段是指示代词 этот。
　　与此同时，还可举出学生习作中的层次颠倒错误作为反面例子加以比较。例如：

　　①Незаметно прошли каникулы, и начался новый семестр. ② Ой, как бежит время! ③ К первому сентября мы уже вернулись в институт...

　　这里应先说"时间过得很快"，然后才能谈到"暑假不知不觉地过去了"，继而由开学引出学生返校等话题，因此调整后的语序应该是：②①③。
　　最后谈一下表达的一致性问题。任何事物都存在于一定的时间和空间中，对事物的描写或阐述，一般也应选取一定的时间和角度进行，不能忽东忽西、忽此忽彼，那样便会破坏超句统一体的一致性。如下面一段习作：

　　Мой любимый человек-учитель по физике. Когда мы учились в школе, он помогал нам не только в учебе, но и в жизни. Сейчас хотя он уже на пенсии, по-прежнему заботится о своих учениках. Помню, однажды я заболел, учитель на своем велосипеде отвез меня в больницу...

　　这里叙述的时间出现了不和谐的跳跃：一会儿讲教师的现状，一会儿又回忆中学时代发生的事情。改正的方法或删去第三句，或先集中写教师的现状，然后回忆往事。
　　另外，学生作文中在表达的角度上也经常出现混淆现象。例如：

　　Мы поднялись на вершину горы. Перед нами открылся широкий вид парка. Вдали зеленый густой лес, а под ногами река, как длинна лента, течет с севера на юг. На берегу реки видно, как рыбы играют в воде.

　　这里开始讲"我们"登上山顶，看到山下的树林和小河，此时叙述的出发点在山上，而第四句却意外地将叙述角度移至山下的河边，这样就出现了视点上的矛盾，因此应将这个句子删去。

结　语

　　我们尝试建立一个较为完善的语篇语法学体系；力求在吸纳国内外最新研究成果的基础上系统地论述学科的属性。提供了语篇研究的方法，特别是在解决该领域多年遗留的老大难问题上取得了一些突破。

　　我们借鉴句子语法学的理论，将语篇语法学分为两个部分：第一部分是句法学，研究句子内部的构成规律，但已经不再是传统意义上的句子成分分析和句子类型划分，而是结合语境探索句子的交际结构，分析运用中的语言；第二部分是章法学，研究超句子单位的组合规律，包括句组中句子之间的意义关系，独立句子之间的外部衔接手段，以及超句统一体的建构规则和基本类型。

　　这项成果有一些理论创新，提出了语言研究的新视角。传统上，句子的分类都是从语言体系着手，根据逻辑类型分为叙述句、描写句和判断句或根据句子的主要成分分为动词谓语句、名词谓语句、形容词谓语句、主谓谓语句等。这些类型的划分都是在句法层面上进行的，是对语言的静态描写，与交际语境不直接挂钩，对于具体语言环境中使用哪种句式，没有明确的指导意义。而语言的基本功能在于交际，只有运用中的语言描写才能更加全面地揭示语言的本质。"小王开了门"这句话在不同的语境中可以说成"开门的是小王"、"门是小王开的"、"门小王（已经）打开了"、"门（被）小王打开了"，等等。这些话语对应的客观事实是一个，但它们的表层含义都不相同，运用的情景也不一样，每个句式对应着各自的语境（即上文说了什么）。因此，对句子本质的认识和句型分类应该结合语境进行，而不是仅仅看句子成分或谓语类型。本研究成果尝试根据交际结构的主位特点划分句子，不论句法上什么词类作谓语或主语，我们只看语境要求什么成分占据主位的地位，并根据其特点划分出相应的句式。然后对这个句式进行详细的描述，包括主位的语义特征、语法形式特点、述位的类型、修辞中性词序和主观词序等。

　　我们依据实义切分的理论，以主位作为观察坐标，从语法（主语）、逻辑（主体）、交际（主题）多个角度综合考虑，确定了9种句子类型。考虑到言语展开规律的相通性和语言体系的独特性，也为了更好地对比和比较，我们在每种类型中分别写出相同内容的汉语和俄语句子，借以表明它们属于同一切分类型，并同时指出句法结构上可能存在的差异。

这个研究把语言体系与交际环境结合起来，主要考察词序对意义表达的影响，这意味着：（1）说每句话时，不仅要考虑该句子本身是否正确，是否符合语法规则，还要考虑其交际任务，并据此确定词的排列顺序；（2）把交际任务与该语句类型联系起来，确定在什么样的交际任务下使用哪些句式；（3）区分语句的修辞中性表达和带主观色彩的表达，并进而了解语言中有多少可供使用的句式变体。

语篇语言学的任务是要搞清楚句子与句子之间的衔接规律。两个或更多的句子组成句组，句组中成分之间存在着语义和形式上的联系。划分意义类型有助于搞清楚句子之间的逻辑联系，便于进行语篇分析和说出合乎情理的连贯话语。语篇要表达一系列的事件、事实、行为，而事件之间存在着某种联系，这些联系要用语言手段表达出来。我们划分出的重复、替代和零形式三种类型的联系手段，可以涵盖任何句子之间的连贯关系。这部分研究的创新表现在对三种类型的使用理据的分析上，也就是说，我们不仅仅展示了这样或那样的衔接手法，而且具体地论证了在哪些情况下使用哪些形式。

超句统一体是语篇中大于段落的语义结构单位，对它的研究有助于理清语篇作者的思路和事件发展的脉络，搞清言语类型的组织规律和话题转换的规律。超句统一体有其结构特点。人们讲话从一个话题转入另一个话题，从一个情节过渡到另一个情节，这些都是有规律可循的。它的外部标志是段落和章节的划分，实质上体现了说话人的言语思路。

本项研究的主要观点和分析方法散见于各章各节之中，但突出的学术思想体现在几个方面：

第一，语境思想。语言的本质在于应用，一切为使用服务，而语言使用离不开语境。语篇既然属于言语，就与语境和交际有关，因此语篇语法学的任务之一是研究符合语境和交际条件的语言表达形式，如动词体、词序、指称形式的选择等。同样一个意思，在不同的语境下有不同的表达形式，无论汉语还是外语，无不如此。这项研究从一开始就不是从结构主义的语言体系出发，而是始终把语境作为参照点，围绕语境展开对句子结构和词语顺序的分析。

第二，语义思想。本课题始终把形式与内容结合起来考察，把语义置于优先考虑的因素。语篇首先是一个语义单位，表达完整的思想和内容。语义处在话语的底层，承载着信息内容和说话意图。语篇研究从来不是单纯的形式分析，机械地按照外部形态把语言分类，只能导致荒诞的结论("王冕死了父亲"和"王冕救了父亲"绝不应混同为一个结构)。语篇研究应该把语义和语法结合起来,探索出逻辑"主体"、语法"主语"和话题"主位"之间的互动关系。语篇不是简单的形式符号,它是内容和意义的载体,是形义结合的产物。

第三,综合思想。语言上升到语篇层面,是多种因素聚合的力量,涉及说话人和听话人两个方面,这就必然触及语用问题。语篇研究同时涵盖语言结构、话题、交际结构、语用目的和语体修辞等诸多因素。在研究中,我们始终注意将语法、语义、语用和修辞这些层面综合起来,力求全面、客观、准确地把握语言和言语的本质属性,抓住语言生成的基本规律。

语篇是语言学中最大的研究客体,结构异常复杂。为了搞清楚语篇织体的细微之处,我们大量运用了对比的方法,不仅有语种的对比,还有版本的比较,拿经典作家对自己文字修改的例子来说明语篇构成的基本规律,这是更形象、更有说服力的例证。作者的终极目标是建立语篇语法理论体系和制定微观分析方法的指导原则,前者可以使人们对语篇本质的认识提高一步,后者为语言应用服务。本研究成果中还较多地使用了实验方法,即把经典作家的例子分解开来,换作其他的说法,体会变化后是否有存在的合理性,如没有,则力图找到原文的合理解释。分析过程中,句子的拆分、词序或句序的调整,以及句子结构改变等手法都用来突出某种现象的特点。此外,研究中还较多地使用了量化统计的方法,通过数量统计,得出某种现象的使用频率并进而对比不同现象的重要程度,譬如对重复、替代和零形式衔接手段在俄语和汉语里使用频率的统计,说明俄语更加注重形式衔接,更倾向于运用代词替代,而汉语则较多选用词汇重复和省略方式。定量分析的对象主要是句际联系手段,其功能在于揭示和描述不同手段之间的差异和制约因素,用概率统计的方法来搞清数量规律,并以此确定语篇的本体性质。

首先,本项研究成果的一大特色,是极其丰富的语料。这些语料有两大特点,一是名家名著;二是名著修改。成果中绝大部分语料出自名家之笔,如普希金、托尔斯泰、巴乌斯托夫斯基、茅盾、老舍、王蒙等。这些经典作家的例子给我们提供了鲜活的语言运用样板,它们在我们的研究中往往不是孤立地被引用,而是在一个较广泛的上下文中,这就为辨析语篇属性提供了广泛的空间。其次,这项研究成果中有大量作家原版和修改版之间的对比。成果中搜集的语料均为作者的第一手材料,包括数百条中外作家改笔的例文。通过对比,一方面揭示语言的共性和特性；另一方面可以窥视作家修改文章的视角，从中看到文字加工和词语锤炼的方法。在比较版本的同时，还运用了数据统计方法，包括对某个作品的原文及其译文的比较，有时甚至比较同一作品的两种不同译文。

本项研究的突出特色是实用性。作者始终遵循以我为主、应用至上的原则。以我为主，是说外国理论只是供我们借鉴的一个角度，归根结底，我们的研究对象要立足于本国语言，为本国语言学的发展服务。为了这个目标，作者力求在分析中，尽量多地采用母语的例子，并以此检验这个或那个方法是否适合于分析汉语。与此同时，为了使更多的读者理解俄语的例子，力求尽可能多地把外文示例翻译成中文，个别地方有较详尽的分析和解读，便不再配上译文。所谓应用至上原则，是说这项研究不是为理论而理论，而是有着实实在在的应用价值，这个价值就是它的实用性，它可以广泛运用于写作课、文学赏析课或语篇分析等课程中，帮助学生领悟语篇分析作为语言和文学交叉学科的特点，理解语篇的本质和精髓，掌握分析要领和分析方法。

这项研究成果是建立语篇语法体系的一次有益尝试。笔者借鉴了俄罗斯语篇研究成果，吸收中国传统文章学和修辞学的合理成分，结合自身多年的语言观察和教学实践，系统地探讨了语篇各层级的组织和建构。研究的重点在具体语境中的言语，词的理序及其理据。这项成果对于国内语言学的研究，特别是语篇系统研究，提供了可资借鉴的分析角度，以及丰富的参考语料和数据，对于更加全面地认识语言本质有积极的意义。成果中反复多次进行的双语或三语对比，对我们体会语言的民族差异和学习外语有一定的借鉴作用。这项成果可以用于母语和外语教学中，让传统的语言教学由句子上升到语篇的高度。

参考文献

外文文献

[1] Beaugrande, R. De & Dressler, W. U.: *Introduction to text Linguistics*, London, Longman, 1981.

[2] Haiman, J. & Thompson S.: *Clause Combining in Grammar and Discouse*, Amsterdam, John Benjamins, 1988.

[3] Halliday, M. A. K. & Ruqaiya Hasan: *Cohesion in English*, 北京, 外语教学与研究出版社, 2001。

[4] Ronald Carter, Angela Goddard, Danuta Reah, Keith Sanger, Maggie Bowring, Working with Texts: *A core book for language analysis*, London and New YorkRo, utledge, 1997.

[5] Академия наук СССР, Институт русского языка: *Словарь синонимов русского языка в двух тома*, Под. ред. А. П. Евгеньева, том второй, Ленинград, из-во 《Наука》, 1971.

[6] Анисимова Е. Е: *Лингвистика текста и межкультурная коммуникация (на материале креолизованных текстов)*, М., Издательский центр 《Академия》, 2003.

[7] Апресян Ю. Д.: "Типы коммуникативной информации для толкового словаря", *Язык: система и функционирование*. М., Наука, 1988.

[8] Арутюнова Н. Д.: "Субъект", *Лингвистический энциклопедический словарь*, Гл. Ред. В. Н. Ярцева, 2-е изд., М., Большая Российская энциклопедия, 2002.

[9] Бабенко Л. Г., Казарин Ю. А: *Филологический анализ текста, Практикум*, М., Академический проект, Екатеринбург, Деловая книга, 2003.

[10] Болотнова Н. С.: *Филологический анализ текста*, М., Флинта, Наука, 2007.

[11] Булаховский Л. А.: *Курс русского литературного языка*,

Киев，Вища школа，1952.

［12］Бурвикова Н. Д. ： *Типология текстов для аудиторной и внеаудиторной работы*，М. ，Русский язык，1988.

［13］Валгина Н. С. ： *Теория текста*，М. ，Логос，2003.

［14］Вейхман Г. А. ： *Грамматика текста*，М. ，Высшая школа，2005.

［15］Гальперин И. Р. ： *Текст как объект лингвистического исследования*，М. ，Наука，1981.

［16］Гореликова М. И. ，Магомедова Д. М. ： *Лингвистический анализ художественного текста*，М. ，Русский язык，1983.

［17］Городникова М. Д. и др： *Лингвистика текста и обучение ознакомительному чтению в средней школе*，М. ，Просвещение，1987.

［18］Горшков А. И. ： *Русская словесность：От слова к словесности. 10—11 классов*，5-е изд. ，стереотип，М. ，Дрофа，2001.

［19］Зарубина Н. Д. ： *Текст：лингвистический и методический аспекты*，М. ，Русский язык，1981.

［20］Золотова Г. А. и др： *Русский язык：От системы к тексту. 10 кл.* ，М. ，Дрофа，2002.

［21］Ковтунова И. И. ： *Современный русский язык：Порядок слов и актуальное членение предложения*，М. ，1976.

［22］Крылова О. А. ，Хавронина С. ： *Порядок слов в русском языке*，М. ，Русский язык，1976.

［23］Крылова О. А. ： *Коммуникативный синтаксис русского языка*，М. ，Изд-во РУДН，1992.

［24］Лосева Л. М. ： *Как строится текст*，Под ред. Г. Я. Солганика，М. ，Просвещение，1980.

［25］Любичева Е. В. ，Ольховик Н. Г. ： *От текста к смыслу и от смысла к тексту（Текстовая деятельность учащихся）*，САГА，Азбука-классика，2005.

［26］Матезиус В. ： "О так называемом актуальном членении предложении，перевод с чешского языка"，*Пражский лингвистический кружок*，М. ，Прогресс，1967.

［27］Мещеряков В. Н. ： *Учимся начинать и заканчивать текст*，М. ，Флинта，Наука，2004.

［28］Москальская О. И. : *Грамматика текста*, М., Высшая школа, 1981.

［29］Николаева Т. М. : "Лингвистика текста. Современное состояние и перспективы", *Новое в зарубежной лингвистике*, вып. Ⅷ, *Лингвистика текста*, М., Прогресс, 1978.

［30］Пешковский А. М., *Русский синтаксис в научном освещении*, Изд. 6-е, М., Учпедгиз, 1938.

［31］Поспелов Н. С. : "Проблема сложного синтаксического целого в современном русском языке", *Ученые записки МГУ, Труды кафедры русского языка*, кн. 2, БЫП. 137, 1948.

［32］Поспелов Н. С. : "Сложное синтаксическое целое и основные особенности его структуры", *Доклады и сообщения Ин-та русского языка АН СССР*, Вып. 2. М., 1948.

［33］Распопов И. П. : *Актуальное членение предложения. На материале простого повествования преимущественно в монологической речи*, Под ред. Д. Г. Киекбаева, Изд. второе, М., Либроком, 2009.

［34］Реферовская Е. А. : *Коммуникативная структура текста в лексико-грамматическом аспекте*, Л., Наука, 1989.

［35］Розенталь Д. Э. и Теленкова М. А. : *Словарь-справочник лингвистических терминов*, Изд. 2-е, М., Просвещение, 1976.

［36］Розенталь Д. Э. : *Русский язык*, 10-11 кл., 2-е изд., М., Дрофа, 1998.

［37］Розенталь Д. Э. : *Русский язык. Для школьников старших классов и поступающих в вузы*, 4-е изд, М., Дрофа, 1999.

［38］*Русская грамматика АН СССР*, т. Ⅱ, М., Наука, 1980.

［39］Солганик Г. Я. : *Синтаксическая стилистика (сложное синтаксическое целое)*, М., Высшая школа, 1973.

［40］Солганик Г. Я. : *От слова к тексту*, М., Просвещение, 1993.

［41］Солганик Г. Я. : *Стилистика текста*, М., Флинта, Наука, 2003.

［42］Солнцев В. М. : "Грамматическая структура и актуальное членение предложения", *Восточное языкознание: грамматическое и актуальное членение предложения*, М., Наука.

［43］Степанова Л. С. : *Система работы с текстом. На уроках*

русского языка и литературы，М．，Вербум-М，2005．

［44］*Стилистический энциклопедический словарь русского языка*，Под ред．М. Н. Кожиной，М．，Флинта，Наука，2003．

［45］Топоров В. Н.："Риторика"，*Лингвистический энциклопедический словарь*，Гл．Ред．В. Н. Я．рцева，2-е изд．，М．，Большая Российская энциклопедия，2002．

［46］Фигуровский И. А.："От синтаксиса отдельного предложения-к синтаксису целого текста"，*Русский язык в школе*，3，1948．

［47］Фигуровский И. А.：*Синтаксис целого текста и ученические письменные работы*，М．，Учпедгиз，1961．

［48］Филиппов К. А.：*Лингвистика текста*，Изд-во С.-Петербургского университета，2003．

［49］Шведова Н. Ю．："Детерминирующий объект и детерминирующее обстоятельство как самостоятельные распространители предложения"，*Вопросы языкознания*，6，1964．

［50］Шведова Н. Ю．："Существуют ли всё-таки детерминанты как самостоятельные распространители предложения？"，*Вопросы языкознания*，2，1968．

［51］Шевченко Н. В.：*Основы лингвистики текста*，М．，Приор-издат，2003．

中文文献

［1］白春仁：《文学修辞学》，长春，吉林教育出版社，1993。

［2］〔德〕布斯曼：《语言学词典》，陈慧瑛等编译，北京，商务印书馆，2003。

［3］陈平：《汉语零形回指的话语分析》，《中国语文》1987年第5期。

［4］陈平：《现代语言学研究：理论方法与事实》，重庆，重庆出版社，1991。

［5］辞海编辑委员会：《辞海》，上海，上海辞书出版社，1980。

［6］丁声树等：《现代汉语语法讲话》，北京，商务印书馆，1961。

［7］何明延：《"死"的别名和委婉说法》，中国修辞学会华东分会主编：《修辞学研究》第2辑，合肥，安徽教育出版社，1983。

［8］胡裕树主编：《现代汉语》，上海，上海教育出版社，1981。

[9]黄国文：《语篇分析概要》，长沙，湖南教育出版社，1988。

[10]黎锦熙：《新著国语文法》，长沙，湖南教育出版社，2007。

[11]李行健：《现代汉语规范词典》，北京，外语教学与研究出版社，语文出版社，2004。

[12]廖秋忠：《现代汉语篇章中指同的表达》，《中国语文》1986年第2期。

[13]刘晓林：《也谈"王冕死了父亲"的生成方式》，《中国语文》2007年第5期。

[14]吕冀平：《主语和宾语的问题》，胡裕树主编：《现代汉语参考资料》（下），上海，上海教育出版社，1982。

[15]吕叔湘：《狙公赋茅和语法分析——1982年语法讨论会上的发言》，《汉语学习》1982年第4期。

[16]〔英〕马修斯：《牛津语言学词典》，上海，上海外语教育出版社，2000。

[17]麦克米伦出版公司编：《麦克米伦高阶英汉双解词典》，杨信彰等译，北京，外语教学与研究出版社，2005。

[18]史铁强：《俄汉语篇代词回指对比》，《外语学刊》2001年第4期。

[19]史铁强：《论语篇的信息性》，《中国俄语教学》2004年第2期。

[20]沈家煊：《"王冕死了父亲"的生成方式——兼说汉语如何"糅合"造句》，《中国语文》2006年第4期。

[21]沈家煊：《"计量得失"和"计较得失"——再论"王冕死了父亲"的句式意义和生成方式》，《语言教学与研究》2009年第5期。

[22]王灿龙：《人称代词"他"的照应功能研究》，《中国语文》2000年第3期。

[23]王福祥：《话语语言学概论》，北京，外语教学与研究出版社，1994。

[24]王凯符等：《古代文章学概论》，武汉，武汉大学出版社，1983。

[25]王力：《中国现代语法》，北京，商务印书馆，1985。

[26]〔英〕韦迈尔：《牛津中阶英汉双解词典》，北京，商务印书馆，2001。

[27]吴为章、田小琳：《汉语句群》，北京，商务印书馆，2000。

[28]吴贻翼等：《现代俄语语篇语法学》，北京，商务印书馆，2003。

[29]徐赳赳：《现代汉语篇章回指研究》，北京，中国社会科学出版

社，2003。

［30］许余龙：《对比语言学概论》，上海，上海外语教育出版社，1992。

［31］张道真编著：《实用英语语法》，北京，商务印书馆，1979，第2版。

［32］张寿康：《说"结构"》，胡裕树主编：《现代汉语参考资料》(下)，上海，上海教育出版社，1982。

［33］张志公主编：《现代汉语》(下)，北京，人民教育出版社，1985。

［34］周祖谟：《关于主语和宾语的问题》，胡裕树主编：《现代汉语参考资料》(下)，上海，上海教育出版社，1982。

［35］朱永生等：《英汉语篇衔接手段对比研究》，上海，上海外语教育出版社，2001。

［36］朱云生、苗兴伟：《英汉省略的语篇衔接功能对比》，《山东外语教学》2002年第1期。